企业群体公民行为研究

—— 提升企业整体竞争力的利器

吕政宝　著

东南大学出版社

SOUTHEAST UNIVERSITY PRESS

图书在版编目(CIP)数据

企业群体公民行为研究:提升企业整体竞争力的利器/吕政宝著.--南京:东南大学出版社,2013.11

ISBN 978-7-5641-4586-6

Ⅰ.①企… Ⅱ.①吕… Ⅲ.①企业管理-组织管理学-研究 Ⅳ.①F272.9

中国版本图书馆 CIP 数据核字(2013)第 246031 号

企业群体公民行为研究——提升企业整体竞争力的利器

著　　者	吕政宝
出版发行	东南大学出版社
社　　址	南京市四牌楼 2 号(邮编:210096)
出 版 人	江建中
责任编辑	唐　允
印　　刷	兴化印刷有限责任公司
开　　本	700mm×1000mm　1/16
印　　张	14
字　　数	280 千字
版　　次	2013 年 11 月第 1 版
印　　次	2013 年 11 月第 1 次印刷
书　　号	ISBN 978-7-5641-4586-6
定　　价	32.00 元

* 东大版图书若有印装质量问题,请直接联系营销部,电话:(025)83791830。

前　言

　　对于企业而言,最宝贵的资源是人力资源,其直接决定着企业的生存与发展,对企业经营战略的制定和执行起着保障作用。同时,为了提升整个企业的竞争力,员工仅完成基本的工作任务远远不够,必须表现出更加卓越的行为。因此,诸如团队合作、主动创新、积极自主等行为对现代企业来讲就显得格外重要。

　　随着越来越多的组织开始放弃与科学管理思想对应的金字塔式的层级组织结构,而逐步转向更加适应信息时代的扁平化的网络型组织的过程中,工作团队的组织方式成为实现组织扁平化管理的最有效途径之一。可以预言,团队将是未来企业中的主要组织形式,将成为组织中重要的社会单元。工作团队的绩效水平将直接影响组织绩效水平的高低,其重要性程度将大大超过单个员工。

　　因此,企业管理的实践也要求对组织公民行为的研究不能再仅仅局限于个体层面上,而是应该继续扩展,从群体层面上对组织公民行为进行研究。这对于促进群体以及群体成员的个体组织公民行为,进而提升组织的整体竞争力具有非常重要的作用。

　　所谓群体公民行为是指工作群体作为整体所表现出来的,有利于促进整个组织总体目标实现的,用于支持本群体及其成员、本群体所在组织、组织内其他工作群体及其成员,以及组织外部利益相关公众的一种角色外行为。它是一个群体层次的变量。在中国文化背景下,展开对群体公民行为的研究,对于进一步丰富组织公民行为研究理论和促进企业通过工作团队的设计以实现组织结构扁平化改革,从而促进企业的整体竞争力提升具有重要意义。

　　根据研究的焦点问题,全书分为五篇共十章。第一篇为问题的提出与研究综述和整体研究设计,包括第一、二、三章,通过对已有文献的梳理,提出了本研究的主题和整体研究思路;第二篇为群体公民行为在企业中的内容结构研究,包括第四、五两章;第三篇为企业中影响群体公民行为的变量研究,包括六、七两章,探讨了CPM领导行为的三个机能及整体、程序公正氛围、认知信任、情感信任、群体凝聚力和群体与组织目标一致性等对群体公民行为具有显著影响的作用机制;第四篇为群体公民行为对企业中个体绩效和企业整体绩效提升的实证研究,包括八、九两章,主要是验证了群体公民行为对员工工作满意度、个体组织公民行为、组织承诺、个体任务绩效、离职意向的影响机制;第五篇为群体公民行为及其相关因素的个案比较研究,即第十章。通过扎根理论的研究进一步细化了在群体公民行为形成与发展过程中的影响因素。

　　本书是在我的博士学位论文基础上修改而成的,所以首先必须感谢我的博士导师凌文辁教授及方俐洛研究员,没有他们就没有我的博士论文,也就更没有本书的最终面世。两位先生作为组织行为学界的学术泰斗,早已是秀出班行、著作等身,却依然虚怀若谷、潜心典籍、孜孜不倦,令我等后辈汗颜。尤其是两位先生在我的论文修改过程中所体现出来的高尚品德和严谨作风将永远是我辈需要学习的。其次要感谢我的硕士生导师马超老师,是马老师把我引入组织行为学的研究领域,一步一步引导我走上一个研究者之路。最后,感谢重庆三峡学院科技处、经管院及东南大学、西南交通大学为本书的最终出版所付出的心血。

　　作为一个学术界的晚辈,认识能力和学术水平尚在上升阶段,故而本书的语言难免生涩,错误之处也在所难免,恭请各位前辈、专家、学者不吝赐教,希望本书能成为我进一步成长的一个重要阶梯。

吕政宝

2013 年 6 月 3 日

目　录

第一篇　整体研究综述与研究设计

第一章　引言…………………………………………………………… 2

1.1　问题的提出 ……………………………………………………… 2

1.2　研究意义 ………………………………………………………… 4

第二章　文献综述……………………………………………………… 5

2.1　群体公民行为研究的缘起与发展 ……………………………… 5

2.2　群体公民行为的前因变量 ……………………………………… 11

2.3　群体公民行为的后果变量……………………………………… 16

2.4　以往研究的不足………………………………………………… 20

第三章　研究内容与研究设计 ……………………………………… 22

3.1　研究的总体构想………………………………………………… 22

3.2　研究内容与基本研究假设……………………………………… 23

3.3　研究方法与研究过程…………………………………………… 27

第二篇　群体公民行为问卷的编制与分析

第四章　群体公民行为的内容结构研究 …………………………… 32

4.1　企业群体公民行为内容结构的预研究………………………… 33

4.2　探索性研究……………………………………………………… 36

4.3　验证性研究……………………………………………………… 41

4.4　企业群体公民行为问卷的信度和效度检验…………………… 49

4.5　结果与讨论……………………………………………………… 53

4.6　小结……………………………………………………………… 58

第五章 群体公民行为认知在相关变量上的差异性比较研究 ……… 59

　5.1　研究目的 ………………………………………………… 59

　5.2　人口学与组织学特征变量 ……………………………… 59

　5.3　研究方法 ………………………………………………… 60

　5.4　研究结果 ………………………………………………… 60

　5.5　综合与讨论 ……………………………………………… 63

　5.6　小结 ……………………………………………………… 66

第三篇　群体公民行为的前因变量研究

第六章 领导行为与群体公民行为的关系研究 ………………… 68

　6.1　研究目的 ………………………………………………… 68

　6.2　研究假设 ………………………………………………… 69

　6.3　研究方法与程序 ………………………………………… 71

　6.4　研究问卷质量分析 ……………………………………… 74

　6.5　研究结果 ………………………………………………… 89

　6.6　综合讨论 ………………………………………………… 99

　6.7　小结 ……………………………………………………… 105

第七章 人际信任、群体凝聚力与群体公民行为的关系研究 …… 106

　7.1　研究目的 ………………………………………………… 106

　7.2　研究假设 ………………………………………………… 107

　7.3　研究方法与程序 ………………………………………… 108

　7.4　问卷质量分析 …………………………………………… 110

　7.5　研究结果 ………………………………………………… 117

　7.6　综合讨论 ………………………………………………… 122

　7.7　小结 ……………………………………………………… 126

第四篇　企业群体公民行为的后果变量研究

第八章 群体公民行为与员工态度及行为的关系研究 ………… 128

　8.1　研究目的 ………………………………………………… 128

8.2　研究假设 ……………………………………………………… 129

8.3　研究方法与程序 ……………………………………………… 129

8.4　问卷质量分析 ………………………………………………… 131

8.5　研究结果 ……………………………………………………… 140

8.6　综合讨论 ……………………………………………………… 150

8.7　小结 …………………………………………………………… 154

第九章　群体公民行为与群体效能的关系研究 …………………… 155

9.1　研究目的 ……………………………………………………… 155

9.2　研究假设 ……………………………………………………… 155

9.3　研究方法与程序 ……………………………………………… 157

9.4　问卷质量分析 ………………………………………………… 158

9.5　研究结果 ……………………………………………………… 166

9.6　综合讨论 ……………………………………………………… 170

9.7　小结 …………………………………………………………… 172

第五篇　群体公民行为的定性比较研究

第十章　群体公民行为及其相关因素的个案比较研究 ……………… 174

10.1　研究目的 …………………………………………………… 174

10.2　公司个案简介 ……………………………………………… 174

10.3　研究方法与程序 …………………………………………… 177

10.4　量化研究结果 ……………………………………………… 179

10.5　质性研究结果与比较 ……………………………………… 187

10.6　综合结果与讨论 …………………………………………… 191

10.7　小结 ………………………………………………………… 192

参考文献 ……………………………………………………………… 194

附录 …………………………………………………………………… 206

第一篇　整体研究综述与研究设计

第一章 引言

1.1 问题的提出

众所周知,对于企业而言,最宝贵的资源是人力资源,其直接决定着企业的生存与发展,对企业经营战略的制定和执行起着保障作用。人力资源的宝贵性不仅体现在其能够按照企业既定的要求完成工作职责,更为重要的是其具有灵活自主性,能够针对所处的具体环境作出恰当的反应。现代企业之间的竞争实质上就是人力资源的竞争,企业员工的行为表现对企业的成败具有不可估量的影响作用。这种竞争特点使企业对员工的工作表现提出了更高的要求,员工仅完成基本的工作任务远远不够,必须表现出更加卓越的行为。因此,诸如团队合作、主动创新、积极自主等行为对现代企业来讲就显得格外重要。Katz(1964)提出,员工有三种基本行为对于一个组织来说至关重要:(1)为加入和维持组织内成员身份而必需的活动;(2)以可靠方式完成特定角色所要求的行为;(3)角色规定的职务行为之外的创新性和自发性的活动。Smith 等(1983)首次提出和使用"组织公民行为"这个概念来概括第三种行为,并通过实证研究探索这种行为的内在本质和结构维度。1988 年,Organ 及其同事正式将这种行为定义为组织公民行为(Organizational Citizenship Behavior,简称 OCB),并明确指出,组织公民行为是一种得不到组织的正式报酬体系直接或明确的回报的、员工自愿表现出的角色外行为,这种行为能从总体上促进组织的有效运作。后来的研究者虽然还陆续使用了角色外行为、组织自发性行为、亲社会组织行为、情景绩效、关系绩效、边缘绩效等词语来概括这种行为,但是使用最多的还是组织公民行为的说法。

由于组织公民行为(例如员工表现出的积极主动、帮助同事、提出建设性意见、创造性地解决问题等角色外行为)对组织的有效运作和绩效提升非常有利,所以自 Organ 教授提出组织公民行为的概念以来,学者们对组织公民行为展开了大量的研究,并取得了非常丰富的研究成果(Organ, Podsakoff & Mackenzie, 2006; Podsakoff 等,2000;曾秀芹,车宏生,孙晓敏,2008)。但是这些研究中的大量研究对组织公民行为只是从个体层面上加以界定和探讨,并没有涉及组织层面。虽然如此,纵观对组织公民行为研究的近十年来的文献,仍然可以看出,有很多研究者已经开始注意到将个体水平的组织公民行为和群体水平的组织公民行为加以区别对待,对组织公民行为做多层面的研究(Karam,Kwantes,2006;林泉,林志扬,2008)。Organ 和 Ryan(1995)不仅提出了组织公民行为研究当前的关键问题是探讨"组织公民行为是否存在其他模式",而且明确指出"其他层面的组织公民行为分析必将丰富对组织公民行为概念以及组织理论和其他人力资源管理概念的研究"。Schnake 和 Dumler(2003)更是直接对组织公民行为的研究层面进行了划分,并提出了一个三层面模型即:个体层面、群体层面和跨层面模型,并且强调当前组织公民行为方面的研究者多关注群体层面的组织公民行为研究。

　　而后,随着组织研究的多层次理论和研究的发展,越来越多的学者认识到,对组织公民行为的研究确实不能仅仅局限在个体层面上,而是应该从多个层面,多角度,多视角地进行探讨。对组织或群体层面的组织公民行为研究也越来越成为研究的重点之一。由此,群体公民行为成为组织公民行为研究领域的一个热点(曾秀芹,车宏生,孙晓敏,2008)。但是遗憾的是,虽然已经有很多学者了解了研究群体层面的组织公民行为的重要意义,也进行了一系列研究,但是他们在关于什么是群体公民行为,群体公民行为内容结构如何,群体公民行为前因、后果变量包括哪些,以及这些变量对群体公民行为的作用机制是怎样的等问题都没有达成一个统一的意见。甚至仅在对群体层面的组织公民行为名称上,就有若干种不同的叫法,如群体层次的组织公民行为(Unit-Level OCB,简称 UOCB,Schnake & Dumler,2003)、团队公民行为(Team Citizen Behavior,简称 TCB,Pearce & Herbik,2004)、公司公民行为(Colledtive Citizen Behaviork,简称 CCB)、群体公民行为(Group Citizen Behavior,简称 GCB,Chen,X. P. 等,2005)、群体组织公民行为(Group Organizational Citizen Behavior,简称 GOCB,曾秀芹,车宏生,孙晓敏,2008)等。而对群体公民行为的前因与后果变量的研究则大多借鉴了个体组织公民行为的研究,把个体组织公民行为的前因、后果变量转换为群体变量,继而探讨这些变量与群体公民行为之间是否相关。然而,群体公民行为作为一种群体现象,与情境高度相关,其包含了相互作用和群体动力成分,结构和功能都与个体组织公民行为是不同的。因此,从组织行为学研究的本身来看,非常有必要继续对群体公民行为进行研究。

　　进入 21 世纪以来,世界经济全球化、信息化、虚拟化的步伐日益加快,面对快速变化的环境,组织需要做出更及时、更准确的反应。越来越多的组织开始放弃与科学管理思想对应的金字塔式的层级组织结构,而逐步转向更加适应信息时代的扁平化的网络型组织结构。众多扁平化方法中,工作团队无疑是实现组织扁平化管理的最有效途径之一。可以预言,团队将是未来企业中的主要组织形式,将成为组织中重要的社会单元。工作团队的绩效水平将直接导致组织绩效水平的高低,其重要性程度将大大超过单个员工。因此,企业管理的实践也要求对组织公民行为的研究不能再仅仅局限于个体层面上,而是应该继续扩展,从群体层面上对组织公民行为进行研究。这对于促进群体以及群体成员的个体组织公民行为,进而提升组织绩效水平具有非常显而易见的重要作用。

同时,科学的研究必须进行情境化,也就是将研究置于一定的情境当中。情境化在管理研究中越来越重要(Johns,2006)。而我国通常被认为是一个具有集体主义文化的社会,在个人主义文化的社会中,个体的自我概念是独立自我的概念;而在集体主义文化的社会中,个体的自我概念则是相互依存的自我的概念。这就意味着在集体主义文化背景下,个体更容易将自己识别为某个群体中的一员,而为了维持自己作为群体成员的地位,个体对周围他人的行为和反应更加敏感,更倾向于遵从群体中的社会规范。许多等(2007)研究认为,中国文化背景下的组织公民行为是深受人际关系影响的。由此可见,群体层面的组织公民行为在我国的研究和管理实践中更应该引起重视。但遗憾的是,迄今为止,我国对群体公民行为的研究还仅仅局限在对国外研究的综述与探讨上,采用实证方法对群体公民行为进行研究并公开发表的文献仍属凤毛麟角。

综上所述,基于组织行为学研究本身的需要,工作群体与团队日益突显的作用,中国文化的集体主义背景等因素,我们提出"企业群体公民行为的内容结构及其前因与后果变量研究"这一课题,采用实证的方法,具体探讨在我国文化背景下,群体公民行为的内容结构、群体公民行为的前因与后果变量以及这些变量与群体公民行为的作用机制。

1.2 研究意义

首先,本研究通过采用实证方法研究中国情境下群体公民行为的内容结构,是国内较早采用实证方法对群体公民行为进行的研究,能够丰富组织公民行为研究方面,尤其是群体层次的组织公民行为研究方面的理论,为以后与这方面相关的研究工作奠定基础;其次,本研究所编制群体公民行为问卷可以为以后在中国本土进行群体组织公民研究提供一个理论框架;再次,对群体公民行为前因与后果变量以及它们之间的作用机制的研究不仅能够进一步丰富这方面的研究理论,还能为管理者的团队工作管理提供新颖的理论基础。总之,本研究不仅具有一定的理论意义,能够总结和进一步拓展群体公民行为的理论,而且对于现实的组织管理,尤其是工作群体管理也有一定的实践指导意义。

第二章　文献综述

2.1　群体公民行为研究的缘起与发展

2.1.1　群体公民行为的概念

在组织行为学研究领域,对群体层次的概念进行准确而清晰的界定本身就是一个比较困难的事情。如果不仅要准确界定而且要其与个体层次的概念相区别,就更加困难了。群体公民行为的定义同样如此。因此,很多研究者在对群体公民行为研究的过程中,很少对其概念界定与内涵解释,而是直接进行研究(Ehrhart,2004)。但是任何科学的理论都是建立在准确的概念基础之上的,概念是理论的基本元素。不精确的概念会导致模糊的研究命题和假设以及对组织现象的不正确认识,甚至导致知识难以积累(Osigweh,1989)。故而,在进行一项科学的系统研究之前,必须要对相关的概念进行清晰而明确的界定。

首先,什么是工作群体?关于工作群体的定义众说纷纭。在这些定义概念当中,Alderfer(1977),Hackman(1987)和Robbins(1994)的定义最为流行。他们认为,工作群体是指一种为了实现某一目标而相互协作的由个体组成的正式群体,并总是置身于一个或更大的社会系统之中(如社区、组织)作为群体成员,他们要完成在群体中所担负的任务,同时他们所要完成的任务要影响到别人。群体在组织心理学中往往被团队所取代。但是,群体与团队之间又存在着一些本质的差异。Katzenbach 和 Smith(1993)认为,在许多情况下,"团队"比"群体"有更多的含义:只有当群体成员间发展到有共同的承诺感和力求协同行动的时候,该群体才发展成为团队。Robbins(1994)则认为,所有的工作团队都是群体,但只有正式群体才能成为工作团队。在本研究中,所指的工作群体是指在一个组织中存在的正式群体,外延方面以工作团队为主,也包括其他一些类型的正式群体,但不包括非正式群体。

其次,关于群体公民行为定义方面。早在 1988 年,Organ 教授就指出:在组织中,单独的、一次性的组织公民行为很难对组织绩效产生较大的影响,员工个体的组织公民行为的跨时间累积或者多个员工个体的组织公民行为的累积才有助于组织整体绩效的提升。也就是说,单独一个员工或单独一次的组织公民行为对群体绩效提升的贡献程度有限,只有多个成员的、多次组织公民行为的积累才能对组织绩效的提升起到显著的作用,而这种积累就类似于群体公民行为。群体公民行为是在多个员工的个体组织公民行为的基础上形成的。作为群体层面的组织公民行为(Group—level Organizational Citizenship Behavior)与个体层面的组织公民行为(Individual-level Organizational Citizenship Behavior),二者的关系是非常密切的,既相互区别又相互联系。

在已有的研究中,研究者分别根据自己的关注点,对群体层面组织公民行为进行了探讨,并分别赋予其特定的名称。总结起来,比较有代表性的大概包括:群体层面的组织公民行为(Unit-Level Organizational Citizenship Behavior,简称 UOCB)、团队组织公民行为(Team Organizational Citizenship Behavior,TOCB)、公司公民行为(Collective Citizenship Behavior,CCB)、群体公民行为(Group Citizenship Behavior,GCB)等(Ehrhart & Naumann, 2004;Karam & Kwantes, 2006;Koys, 2001;Pearce & Herbik, 2004;Podsakoff, Ahearne & MacKenzie, 1997;Schnake & Dumler, 2003;Chen, Lam, Naumann & Schaubroeck, 2005;Chen, Lam, Schaubroeck & Naumann,2002)。具体见表2.1。但是到目前为止,仍然没有一个可以被学术界所普遍接受的概念。

表 2.1　群体公民行为的相关概念

研究者	概念名称	概念内容
Ehrhart & Naumann(2004) Karam & Kwantes(2006)	群体层面的组织公民行为(UOCB)	群体内部的成员所表现出来的组织公民行为标准水平(normal level)
Koys(2001) Pearce & Herbik(2004)	团队组织公民行为(TOCB)	团队及成员所表现的支持团队的行为
Podsakoff, Ahearne, & MacKenzie (1997) Schnake & Dumler(2003)	公司公民行为(CCB)	一个公司组织中所有成员的组织公民行为的整体体现
Chen, Lam, Schaubroeck & Naumann(2002) Chen, Lam, Naumann, & Schaubroeck(2005)	群体公民行为(GCB)	组织中的工作群体作为一个整体,从事或参与支持其他工作群体或整个组织的行为,是一种独特的群体现象

上述概念都是在不同的时代背景和研究目的下提出的,因此它们具有不同的关注点。但是通过仔细分析,仍然可以发现所有的概念都在尽量保持经典的组织

公民行为定义的基础上与个体层面的组织公民行为区别开来。

　　群体层面的组织公民行为(UOCB)概念强调,其关注的是整个群体的组织公民行为,是一个标准水平(Normal Level),而不是平均水平(Average Level),这也是群体公民行为的一个特点。Ehrhart(2004)在他的文章中为了让读者更为清晰地了解 UOCB 的概念,着重强调了群体层面的组织公民行为不同于个体层面的组织公民行为的平均值:首先,群体层面的组织公民行为是一种对群体标准行为模式的知觉,因而其关注点应放在"群体作为整体是如何被知觉的"上面,而不是放在每个成员的组织公民行为上;其次,群体层面的组织公民行为与个体层面的组织公民行为的平均值在结构上有所不同,因为群体层面的组织公民行为具有社会规范作用,即包含了相互作用的成分。

　　从团队组织公民行为(TOCB)的概念界定上来看,其指的是团队及其成员所表现出来的支持本团队的行为。因此,这种行为的出发点是本团队及其成员的利益,而非整个组织,支持其他团队及其成员或组织的行为是不属于此类行为的。所以说,团队组织公民行为的概念只是抓住了群体公民行为的一部分,并没有全面涵盖群体公民行为。

　　公司公民行为(CCB)的概念界定抓住了群体公民行为的"整体性"特征,但是仔细分析其概念却不难发现,虽然其努力强调公司公民行为是不同于个体层面的组织公民行为的,但是却把一个群体或组织内所有成员的个体组织公民行为的总和作为公司公民行为。简单地讲就是其认为若干个体组织公民行为的总和就是公司公民行为。很明显,其对于组织层面的组织公民行为的认识也不全面。

　　Chen 等(2002,2005)的群体公民行为(GCB)的概念界定将组织公民行为的实施主体换成了工作群体,但在行为客体上只是"其他的工作群体和组织"。也就是说,只要是工作群体作为实施主体在群体间和组织内所实施角色外行为都可以用群体公民行为加以概括。比如,管理学院帮助国际交流学院召开新生指导会,管理学院为了准备学校运动会而做的额外努力等,都属于群体公民行为。但是其忽略了组织层面的组织公民行为的另外几个方面,如工作群体对自己的成员和相关利益公众所实施的有助于实现组织目标的角色外行为等。因此,Chen 等(2002,2005)的群体公民行为仅是从一个特例的方面描述了群体公民行为。

　　综上所述,以往研究中的对组织层面的组织公民行为的界定均具有其各自的合理性与情境性,但也存在其不合理、不全面之处。即使 UOCB 的概念界定有其合理性,但是由于其用词与对组织公民行为的三个层面上的划分说法过于接近,因此,从表面接受性和理解容易度上讲,也不如群体公民行为。在总结上述概念基础上,本研究采用 Chen, Lam, Schaubroeck 和 Naumann(2002)以及 Chen, Lam, Naumann 和 Schaubroeck(2005)的叫法,对群体层次的组织公民行为命名为群体公民行为,但是在具体内涵方面是与他们有所不同的。研究者根据相关文献对群体公民行为作如下定义:群体公民行为是指工作群体作为整体所表现出来的,有利于促进整个组织总体目标实现的,用于支持本群体及其成员、本群体所在组织、组织内其他工作群体及其成员以及组织外部利益相关公众的一种角色外行为(吕政宝,凌文辁,马超,2010)。这个概念包括四个方面的含义:第一,群体公民行为的实施主体是工作群体,而不是群体成员,群体成员的个体组织公民行为的总和与平均水平都不是群体公民行为;第二,群体公民行为实施的目的是促进整个组织总体目标的实现,不管这种目的是有意的还是无意的;第三,群体公民行为的实施客体包括本群体、本群体内的成员、本群体所在的组织、组织内的其他群体、组织内其他群体的成员、组织外部利益相关公众六个方面;第四,这种行为虽然能促进组织的有效发展,但却是一种角色外行为,即这种行为得不到组织的正式薪酬体系的直接或明确的回报。

概括起来,群体公民行为应具有以下三个特点:第一,整体性。群体公民行为是工作群体作为一个整体所表现出来的行为,它不同于个体组织公民行为的实施主体为员工个体,单独一个员工的组织公民行为不是群体公民行为。同时,群体公民行为不是群体中所有成员个体组织公民行为的平均水平,而是对群体标准行为模式的知觉。第二,规范性。群体公民行为具有个体组织公民行为所不具备的"社会规范作用",群体公民行为是一种群体现象,能够发展成为一种群体规范,从而影响群体成员的工作行为与态度,其不仅能够提升个体的绩效水平,而且能够帮助群体成员判断哪些行为是合乎规范的。第三,情境性。群体公民行为是一种群体现象,与情境高度相关。比如,在我国集体主义文化背景下,个体就更容易将自己识别为某个群体中的一员,从而为了维持自己作为群体成员的地位,而对周围他人的行为和反应更加敏感,更倾向于遵从群体中的社会规范。

2.1.2 群体公民行为研究方法与内容结构概述

研究方法方面,当前已有的文献中,对群体公民行为的内容结构测量研究主要有两种方式:一种是通过测量群体内每个成员的组织公民行为,间接测量群体公民行为,即首先测量群体内每个成员的组织公民行为,然后汇总到组织层次上,用总和或者均值来代表群体公民行为;一种是直接测量群体公民行为,用领导、员工或组织行为学专家作为评价主体——参与者,根据不同的参与者与研究目的选择不同的测量方法,直接测量群体公民行为。后一种方式常用的具体方法有问卷法、观察法、访谈法等。

Chan(1998)介绍了两种可以用来研究群体层次组织公民行为的模型(model):"直接共识模型(direct consensus model)"与"对象迁移共识模型(referent-shift consensus model)"。直接共识模型先对群体中每个成员的组织公民行为进行测量评价,然后汇总到群体层次,采用这种研究模型的研究者最后一般都导致采用了群体成员的组织公民行为的平均值来代表群体公民行为的值。其中，Somech 和 Drach-Zahavy（2004）对群体公民行为的研究就是采用这种方法。"对象迁移共识模型"则是对个体组织公民行为的问卷进行对象迁移，即用"工作群体"替换原问卷项目中的被评估对象"个体"，然后对群体中的成员展开调查，测量群体成员对群体公民行为整体水平的感知，最后对各成员的感知进行一个汇总平均，得到群体公民行为。因此用这种模型测量的群体公民行为其内容结构与个体公民行为几乎完全相同。Ehrhart（2004）及 Ehrhart 等（2006）的研究采用的就是这种测量方法。

除了 Chan（1998）介绍了两种模型之外，我国学者曾秀芹、车宏生等（2008）认为还包括第三种方法，即专家评定法。这种测量方法同样认为群体公民行为是群体的整体特性，但是在评价对象上不是让群体成员评定，而是请专家来评定，这些专家包括研究人员和群体的领导者等。Koys（2001）和 Bachrach 等（2006）的研究都采用了这种方法。不同的是 Bachrach 等（2006）在对群体帮助行为的研究中所选用的专家就是研究者自己，研究者采用录像的形式直接观察并记录被试组帮助他人的行为；Koys（2001）在其研究中的专家是群体的领导者，即让群体的领导者评估其下属的组织公民行为整体水平。但是总的来说，采用这种方法的研究并不多见，而且由于其研究方法过多地依赖于所谓"专家"的主观意见，而不是普遍的群体成员，因此其效度值得怀疑。

根据对群体公民行为的定义，虽然"直接共识模型"的测量对象是员工，能够直接获得相关数据，避免某些误差，但其测量仅仅是对多个员工的个体组织公民行为的汇总求均值，而群体成员的组织公民行为的总和与平均水平都不是群体公民行为，用这样的结果来代表群体公民行为显然缺乏代表性。"对象迁移共识模型"则不同，它直接测量群体内每个成员对群体公民行为整体水平的知觉，因此既照顾到参与者的直接代表性，又照顾到群体公民行为是工作群体作为整体所表现出来的一种组织公民行为，所以更具有合理性。但是其在具体方法上直接将测量个体层次的组织公民行为的量表进行对象转换则显得科学性不够，因为虽然群体公民行为与个体公民行为具有一定的联系，但却是具有不同意义的两个概念，借鉴个体组织公民行为的量表编制方法和条目还可以，直接进行替换就难以包括群体公民行为的全部信息。Chen X-P 等人（2005）对群体公民行为的研究显然也认识到了这一点，所以在进行研究的时候，没有直接进行替换，而是在组织公民行为量表的基础上进行了重新编制，以一家跨国银行香港分行 148 个工作群体中的 743 名员工为研究样本编制形成群体公民行为量表进行测试。

在群体公民行为的内容结构上，当前直接对群体公民行为的结构维度进行的研究还比较缺乏，绝大部分都是在研究群体公民行为与其他变量的关系过程中顺带进行了探讨。而这些研究主要是以单维度的研究为主，即把群体公民行为作为一个整体进行测量，用以研究它与其他的变量之间的关系，Somech 和 Drach-Zahavy（2004）、Chen X-P 等（2005）绝大多数的研究者都是采用这种方法。把群体公民行为作为一个多维度变量的研究比较少，其主要是采用"对象迁移共识模型"进行研究的学者，Ehrhart（2004）及 Ehrhart 等（2006）的研究最具代表性，但是其主要的维度都是从个体组织公民行为的维度中推理出来的，个体层面的组织公民行为有多少个维度，群体公民行为就有多少个维度，而不是直接进行的系统科学研究。如 Ehrhart（2004）的研究就是将个体组织公民行为的"助人"与"顺从"两个维度直接嫁接到了团体层次的组织公民行为上，转换成了"群体助人行为"和"群体顺从行为"进行研究。

而在当前个体层次的组织公民行为的内容结构维度的研究方面，从 Katz（1964）在进行行为分类时，就强调了这种行为的"创新性"、"自发性"和"角色外"等特征。Smith 等（1983）通过实证研究的方法进一步提出，组织公民行为为包括"利他"和"顺从"两个方面。Organ（1988）将扩展为五个维度，分别是"利他"、"尽职"、"运动员精神"、"谦恭"和"公民美德"。之后，Graham（1991）、Morrison（1994）、Van Dyne 等（1994）又采用不同的分类方式对组织公民行为的结构维度进行了研究，提出了更多其他的维度（如组织忠诚）。虽然国内对组织公民行为的结构维度研究量表主要来自 Farh（1997，2004）和 Podsakoff（1997），但是也存在不一致的现象。如有的将组织公民行为作为一个整体变量进行测量（吴志明、武欣，2006；唐翌，2005；苏方国，赵曙明，2005；王晓春，孙红超，2005），有的将组织公民行为分成几个维度或者层面进行测量，典型的有三维度测量方式（吴志明，武欣，2005）、四维度测量方式（郭晓薇，李成彦，2005）、五维度测量方式（龙君伟，曹科岩，2006；李靖，2003，2004；李超平等人，2006；陈连生，2005；傅永刚，许维维，2005）、九维度测量方式（姚艳虹，肖石英，2006）。如果按照前面的推理方法，个体层面的组织公民行为有多少个维度，群体公民行为就有多少个维度，那么关于群体公民行为的内容结构就会出现到底有多少维度的无休止的争论。因此，非常有必要在群体公民行为的具体维度方面采用比较科学的方法进行探讨。

综上所述，虽然在对群体公民行为的研究方面，不同的学者研究方法运用不同，而且他们对群体公民行为的内容结构缺少界定，但是，根据本研究对群体公民行为的概念界定和各种方法的分析仍然可以得出：第一，与个体层面的组织公民行为一样，群体公民行为也是一个多维度的结构，但是在具体的维度构成方面与个体层面的组织公民行为是存在区别的；第二，对群体公民行为内容结构的研究，应借鉴"对象迁移共识模型"，参考专家的意见，运用科学的方法编制问卷，利用员工作为评价者，直接测量员工对群体公民行为的知觉。

2.2　群体公民行为的前因变量

2.2.1　领导行为与群体公民行为

迄今为止,有关领导到底是个体层次的现象还是群体层次的现象依然没有达成一个一致的结论,以 Dansereau(1975)为代表的研究者认为,由于领导者会根据不同的下属而采取不同的风格,所以领导是个体层次的现象;而以 Katerburg&Hom(1981)和 Vecchio(1982)为代表的研究者则认为,由于领导者会对同一群体成员采取相似的行为,所以领导是一个群体层次的概念。具体到本研究中,我们认为领导行为应该是一个群体层次的变量。以往大量的研究已经证实,不同的领导风格与行为与个体水平的组织公民行为显著相关(Ehrhart,2004)。Smith 是最早证实这一现象的研究者之一,他与他的合作者在 1983 年就验证了领导支持行为对组织公民行为的"利他"与"顺从"两个维度的显著关系。自此之后,国内外研究者相继都对此展开了领导行为与组织公民行为关系的研究,大量的研究主要关注于任务导向型与关系导向型领导以及交易型与变革型领导对组织公民行为的影响作用。

任务导向型与关系导向型领导:关于这方面的研究最多,同时不同的研究者也赋予了它们不同的名称,主要包括 Direct Leadership and Supportive Leadership (Podsakoff, 2003; Organ 等, 2006); Task-oriented and Relationship-oriented Behavior (Schnake, umler & Cochran, 1993); Initiating Structure and Consideration (Schnake, Cochran&Dumler,1995)等。这些研究者分别验证了任务导向型领导与关系导向型领导对组织公民行为的影响。其中,Podsakoff(2003)的研究表明,任务导向型的领导对组织公民行为是负向影响的关系,而关系导向型则是正向影响的关系;Organ 等(2006)则从组织公民行为的角度出发,验证了关系导向型领导对组织公民行为各个维度的正向影响关系;Chen& Farh(1999)在中国台湾样本中对变革型领导对组织公民行为的影响作用研究也证实了这一点;而李超平和时勘(2003)研究变革型领导与领导有效性的关系时发现,领导魅力、智能激发和个性化关怀对下属的额外努力具有正向的影响作用,而感召力与下属额外努力之间的关系并不显著。其他一些从跨文化的角度进行研究的研究者(如:Yukl, 2002;Northouse, 2004)的研究结果虽然也都有一些不同之处,但是整体结果都与此类似,这就更加表明了这两种领导行为对组织公民行为具有显著影响。

交易型与变革型领导(Transactional and Transformational Leadership):Podsakoff, Mackenzie, Moorman 和 Fetter (1990)最早证实了其与组织公民行为的显著关系。此后,Podsakoff 等人在 2000 年采用不同的被试样本再一次验证了

变革型领导与组织公民行为之间的显著关联,并且证明了变革型领导比交易型领导对组织公民行为更具有预测力。Pillai 等(1999)则探讨了公平感知和信任作为变革型领导影响组织公民行为等个体结果变量的中介变量。Chen& Farh(1999)的研究也表明关系导向的变革型领导行为对包括组织公民行为在内的个体结果变量的影响作用比任务导向的变革型领导行为更强。

此外,对组织公民行为具有比较显著影响作用的领导行为还包括魅力型领导(Deluga,1995a),领导者成员交换关系(Wayne & Green,1993),领导者的监控行为(Niehoff & Moorman,1993),领导者信任创建行为(Deluga,1995b)等。朱瑜和凌文辁(2003)在总结了大量的有关组织公民行为的研究后指出:领导行为对员工组织公民行为的影响最大,几乎所有的领导行为维度都与组织公民行为有显著相关。

虽然领导行为对于组织层面的群体行为的影响作用是显而易见的,但是领导风格与行为对群体公民行为的影响作用的研究仍然比较少(Ehrhart,2004;Pearce & Herbik,2004)。已有的文献中,Salam 等(1996)首先证实了任务导向型领导(Direct Leadership)对群体层面的组织公民行为具有负向影响作用;Chen 等(2002)则发现了关系导向型领导(Supportive Leadership)对群体公民行为的显著正向影响作用;Martin 等(2007)采用跨文化比较研究的方式研究了任务导向型领导与关系导向型领导对群体公民行为的影响作用。结果表明,任务导向型领导对群体公民行为具有显著的负向影响作用,而关系导向型领导则对群体公民行为具有正向的影响作用。Ehrhart(2004)研究了服务型领导(Servant-Leadership)与群体公民行为之间的关系,结果表明,服务型领导对群体公民行为具有显著的正向影响作用,而且还验证了程序公正氛围在这两者之间的中介作用。此外,Chen 等(2005)还发现领导对工作群体的支持行为对于群体公民行为也具有显著的正向影响作用。

综上所述,我们可以看出,领导行为对于组织公民行为与群体公民行为具有显著的影响作用。而由于中国独特的文化氛围,这种关系在中国应该表现得更加突出(吕政宝、凌文辁、马超,2010)。Triandis(1995)和 Gelfand(1998)在研究文化时,将集体主义分成垂直关系的集体主义(vertical collectivism)和水平关系的集体主义(horizontal collectivism),前者以等级为基础,后者以平等为基石。同时指出,中国文化倾向于垂直关系的集体主义。也就是说,中国的集体主义是以领导为核心的。由此可以推断,在中国文化背景下,领导行为能够更为显著地直接影响群体公民行为。Wong(2001)在研究中国文化与领导时发现,品德是中国领导的核心。凌文辁等人(1987,2000)经过多年的探索,提出的领导模型就体现这一特点。他们的领导模型包含三个维度,分别是个人品德(Character and Moral)(简称为 C 因素)、工作绩效(Performance)(简称为 P 因素)和团体维系(Maintenance)(简称为 M 因素)。所研制的"CPM 领导行为评价量表"在中央部门、地方政府和企业等上百个单位的领导班子考核中进行了试用,并对其信度和效度进行了检验,取得了良好的效果,受到了广泛的好评。CPM 模型与俄亥俄州立大学的两维度模型(Sceihriesheim, Cogliser & Neider, 1995)不同的是,CPM 理论突出了个人品德的因素,突出了中国特色。基于这种考虑,本研究中拟采用"CPM 领导行为评价量表"探讨领导行为对群体公民行为的影响。

2.2.2　程序公正氛围与群体公民行为

Thibaut & Walker(1975)的研究发现,不管结果如何,只要人们拥有对过程进行控制的权力,整体上的公正感知都能够得到提升,并同时提出了一个新的概念——程序公正,他们对程序公正的定义是:员工对用来确定结果的程序和方法的公正性的知觉。国内学者周浩、龙立荣等人(2005)研究表明:在组织公正感的三个变量中,程序公正最为重要,而且其主要影响与组织有关的效果变量,而另外两个变量则主要影响具体的、以个人为参照的效果变量;国外学者 Moorman 分别于1991 年和 1993 年两次考察了组织公正感与组织公民行为的关系,两次研究的结果都表明了程序公正要比组织公正感的另一个变量——分配公正对组织公民行为的影响要强得多,两次研究都发现了程序公正与组织公民行为的显著正相关,但是分配公正却不存在这种相关。同时研究者还发现,如果控制了程序公正与组织公民行为的关系,那么组织承诺、工作满意感等变量与组织公民之间的相关关系也将不再显著。这两项研究表明了一个共同的结果:在组织公正感中,程序公正是组织公民行为最重要的影响因素。

程序公正氛围是一个比较新的概念,近几年才有学者考察它与组织公民行为及群体公民行为之间的关系。程序公正氛围是从组织中群体的角度出发提出的概念,是指工作群体产生的,对自己受到的与程序公正有关的组织政策、实践和程序的知觉(Naumann & Bennett, 2000)。非常明显的,程序公正氛围是一个群体层次的变量。在此之前,已有研究证明,程序公正氛围要比分配公正本身更能影响群体成员对于组织公民行为的认知(Brockner, 2002)。此外,Mossholder, Bennett 和Martin (1998)曾用"程序公正背景(Procedural Justice Context)"一词研究个体工作满意感与对公正的知觉之间的关系。这些研究都证实了,程序公正氛围对于组织公民行为具有一个显著的影响作用,尤其是对组织公民行为中的助人行为维度。甚至在控制了个体对程序公正的知觉变量影响之后,结果也是如此。他们的研究表明,如果一个群体中的成员认为自己所在的工作群体作为一个整体能够被组织所公正的对待,尤其是程序上公正的对待,就能增强他们的工作积极性与主动性,促使他们做出一些额外努力的角色外行为,即组织公民行为。

由于程序公正氛围是一个组织层面上的变量,通过前面的推导,本研究推论出,程序公正氛围不仅能够促进群体成员的组织公民行为,而且能够有效地促进群体公民行为,Ehrhart(2004)、Chen 等(2005)都曾经发现程序公正氛围与群体公民行为显著正相关,同时,Ehrhart(2004)的研究还表明,程序公正氛围还是领导行为变量与群体公民行为之间的部分中介变量。

2.2.3　人际信任与群体公民行为

人际信任是一个个体层面的变量,其指的是某个人对另外一个人所持有的信心的程度,以及愿意按照该人的语言、行动和决策等采取行动的程度(McAllister,1995)。McAllister(1995)同时指出人际信任不是一个单维变量,而是包含了认知信任和情感信任的二维结构。认知信任是我们在认识了解到有关某一个人可信任性证据之后,而产生信任对方的意愿。也就是各种对方是否值得信任的证据,如他的人格、背景、意图、能力、言行一致等,都可能会让我们愿意信任对方,而我们在考虑这些证据的过程是一种认知的程序,因此经由这种程序产生的信任就称为认知信任。认知信任包括可信度(McAllister,1995;Rempel 等,1985)、诚信、胜任力(Mayer 等,1995)、责任性(Cook & Wall,1980)等。在一个群体之中,如果成员之间形成认知信任,就会减少花费在搜索信息、监督他人行为等事情上的时间,从而提高群体成员之间的合作效率。情感信任的定义是:我们基于对某一个人的情感依附而愿意信任对方。人际信任关系在发展一段时间之后双方会逐渐产生情感的交流,这种情感的交流会加深双方的信任关系。但双方的情感需要经过一段时期的培养之后才可能发展,因此不大可能出现在人际关系刚开始的时候,而比较可能出现在较亲密的人际关系中。研究发现,在情感信任程度较高的工作群体中,群体成员会把其他成员的问题当成是自己的问题并愿意主动提供帮助。同时,也能够促进群体成员与别人分享自己的信息和专长,并且更加默契地合作,从而提高了群体与组织的绩效以及团队福利。

信任是人际关系中最重要的元素之一,对人际信任的研究结果表明:提高人际信任,降低员工的不确定性与风险认知,促进人际间的合作与凝聚力,由此人际信任会促使双方都愿意对对方做出承诺。此时,互惠的道德义务感就会出现,即使在没有明显的好处时,我们也乐于帮助对方,甚至愿意牺牲自己暂时的福利,以追求双方长远的福利。这种愿意自我牺牲、不计代价的精神和行为就是一种组织公民行为。Steven Appelbaum(2004),Dennis(2005),Shimon L. Dolan(2005)等的研究都发现了这一现象,即人际信任与组织公民行为显著正相关。

其实,这种显著的正相关不仅会出现在个体层面,即使在群体层面,如果群体内部成员之间的人际信任增强,工作群体本身的士气与凝聚力都会显著增强,当一个群体内部人际信任高的群体作为行为主体在组织中行为时,相应地也会增加群体公民行为,形成一种有利于提升群体与组织工作绩效的工作环境。

2.2.4　群体凝聚力与群体公民行为

群体凝聚力又称群体内聚力,是由群体对成员的吸引力和成员对群体的向心力以及成员之间人际关系的紧密程度综合形成的,是使群体成员固守在群体内的内聚力量。具体表现为群体内部成员之间互相吸引并希望继续留在群体内的程度(Organ & Hamner,1982),也就是群体成员对该群体的接纳程度,一个群体对于它的组成成员的内在吸引力。这个变量具有非常明显的群体特性,因此群体凝聚力是个群体层次的变量。

群体凝聚力首先会产生人际间的相互吸引,即工作群体内部成员由于共同的兴趣、愿望或共同的目标而相互了解、共同活动,形成相互之间的认同。这种心理和行为取向使群体成员之间形成某种程度的团结,使人们愿意在一起,并产生较强的持续互动,而人们之间持续的互动会形成一种行为规范,这是互动的参与者都接受并共同认可的、指导相互行为的规则。最终,在规范约束下,群体成员会把群体的目标自觉地作为自己的目标,把群体规范内化为自己的行为准则。在很多情况下,成员的个人目标与群体目标并不完全吻合,如果成员能对群体产生依赖,即意识到个人目标的实现需要通过群体目标而达到,那么,成员就会认同群体目标,群体的凝聚力就会增强。这时,就会产生一致的群体行为。而群体行动的成功和成员对成功的分享会进一步强化相互认同和群体认同,群体的凝聚力会进一步增强。

Brief 等(1986)的研究发现,群体凝聚力能够显著促进群体内部成员组织公民行为的产生,如责任意识、创新意识、主动精神、主动助人行为等。而当这种行为指向组织内的其他工作群体时,内部凝聚力高的工作群体之间会表现出比凝聚力低的群体更多的公民行为。随着群体凝聚力的进一步发展,当这种现象演变成为一种群体内部的规范,反过来会进一步约束其内部成员的行为,使群体成员表现出越来越多的组织公民行为。George 和 Bettenhausen (1990) 的研究就曾表明,群体凝聚力对群体层次的亲社会行为具有正向预测作用,而亲社会行为与公民行为在意义上也存在很多相近之处。因此,本研究认为,群体凝聚力与群体公民行为之间应该具有显著正相关关系。

此外,群体凝聚力与群体公民行为之间是否存在积极相关一定程度上依赖于群体与组织目标的一致性(Pearce,2004;王磊,2008)。相关研究表明:群体凝聚力高,群体与组织目标一致性程度高的群体生产效率会大幅度提高;群体凝聚力高,群体与组织目标一致性程度低会导致生产率降低;而即使群体凝聚力低,但是群体与组织目标一致性程度高时,群体生产率会得到中等程度的提高;如果群体凝聚力低,群体与组织目标一致性程度低则会对群体生产率毫无影响。从群体公民行为的发生来看,如果群体目标与个体目标是一致的,就意味着拥有相同的"朋友"与"敌人",而这种相似性会加强工作群体对组织的认同。综上所述,本研究发现,当群体目标与组织一致时,一个凝聚力强的群体会有利于群体和组织目标的完成,当群体目标与组织不一致时,凝聚力强的群体与凝聚力低的群体之间没有什么不同,甚至有可能以牺牲组织目标为代价以完成群体目标。因此一个高凝聚力群体在与其他组织中的群体交往中表现出多少群体公民行为会受到群体目标与组织目标的一致程度的影响。群体目标与组织一致的群体要比目标不一致的群体更有可能表现出群体公民行为。Pearce (2004)的研究表明,群体凝聚力与群体组织目标一致性之间会产生交互作用,并对群体公民行为有预测作用。

2.2.5 小结

从以上研究概述可以看出,群体公民行为的大多数前因变量与个体层次上的组织公民行为的前因变量同源。只是关于前者的研究强调群体层次,而关于后者的研究则强调其为个体层次的变量。如:程序公正氛围就是源于组织行为学和心理学关于组织公正感中的程序公正感的研究;领导行为则是从"对每个个体的独特行为"个体变量迁移为"对群体所有成员的相似行为"的群体变量。通过比较可以发现,这些变量对个体和群体两个层次的组织公民行为的影响作用大同小异。但是尚缺乏研究对其进行一个整合,而且大部分研究都不是在中国大陆进行的。由于群体公民行为具有比较强的情境依赖性,在我国文化背景下,员工个体更倾向于将自己识别为某个群体中的一员,而不是一个单独的个体,在维持自己的群体成员地位时,个体对周围环境与他人的行为和反应比西方一些国家更加敏感,由此导致更倾向于遵从工作群体中的行为规范。因此,在我国文化背景下检验群体公民行为的前因变量与后果变量的影响机制就显得比较重要。

2.3 群体公民行为的后果变量

2.3.1 群体公民行为与群体效能

组织公民行为能够促进组织绩效(或群体效能)已经在很多研究中得到了证实。朱瑜和凌文辁(2003)总结了组织公民行为对组织绩效的影响。他们指出,尽管所有研究者都相信组织公民行为可以增强组织绩效,增进组织管理效能,但对这一假设进行直接验证却比较困难。但是,他们经过综合已有的研究结果发现,组织公民行为与组织的工作绩效、产品质量、小组的工作量都存在显著相关;组织公民行为与组织中的浪费行为、操作效率、客户抱怨、客户满意感、工作质量等变量也有非常密切的关系。在组织公民行为的各个维度中,又以助人行为对组织总体绩效的贡献最为显著。

曾秀芹,车宏生等(2008)则比较系统地阐述了当前国外研究者对群体公民行为与群体效能关系的研究所取得的一系列成果。他们认为,有关群体公民行为对群体效能影响的研究可以根据选取的样本与群体效能指标分为两个阶段:第一阶段的样本主要集中在保险销售、生产制造、餐饮等行业的团队或组织,而在群体效能指标上则主要选取销售额、收入、成本、产出数量和质量、客户满意度等绩效指标(Podsakoff,1997);第二阶段的样本选择开始更为广泛——军队、知识工作团队等均进入了考察范围,选取的群体效能指标方面也更加丰富多样,出现了团队成员满意度等指标。这两个阶段的研究以 2006 年为分水岭,2006 年以前主要以Podsakoff 及其同事的研究为代表,主要特点是研究样本较为同质,效能指标也侧重于经济和财务;而 2006 年以后样本与效能指标选择上都开始变得更为科学规范和丰富。具体研究如表 2.2 所示。

表 2.2　组织公民行为与群体效能的相关关系主要相关研究一览表

阶段	研究者	研究内容与结论
第一阶段	Organ(1988)	组织公民行为的跨时间或跨个体积累能够提高组织(群体)效能
	George & Bettenhausen (1990)	最早探讨了群体层面的组织公民行为与群体效能的关系,结果表明,群体的亲社会行为与群体的销售业绩之间存在显著的相关关系
	Podsakoff & Mackenzie (1994)	研究了组织公民行为与保险销售团队绩效之间的关系,发现运动员精神和公民美德与团队绩效之间存在正向关系,而助人行为与团队绩效之间存在负向关系
	Podsakoff, Ahearne & Mackenzie (1997)	对造纸业的生产工作团队进行的研究表明,助人行为与团队工作产出的数量和质量之间均存在正向关系,而运动员精神只与团队工作产出的数量之间存在正向关系
	Walz & Niehoff (1996)	以连锁快餐店为研究对象进行了群体层次的研究,结果发现,助人行为、公民美德、运动员精神都与顾客投诉呈负相关关系,助人行为和运动员精神与餐馆食物浪费也呈负相关关系,助人行为与餐馆的运营效率、收入、顾客满意度和服务质量等都呈正向关系。在这项研究中,他们还发现组织公民行为可以解释餐馆整体绩效 29 %的变异

阶段	研究者	研究内容与结论
第二阶段	Koys(2001)	同样是基于连锁餐馆样本展开的,结果表明,员工的组织公民行为对餐馆的顾客满意度和收益具有预测作用
	Ehrhart,Bliese & Thomas (2006)	以军队这种特殊群体为样本,研究了群体层次组织公民行为中的助人行为与四个军队效能指标之间的关系,结果表明群体的助人行为与四个效能指标都存在显著关系,而且在控制了群体过程(群体凝聚力、冲突和领导效能)的影响后,助人行为依然对三个效能指示具有显著的预测作用
	武欣、吴志明、张德 (2007)	以高科技组织的知识工作团队为研究对象,探讨了群体层次组织公民行为对团队效能的作用机理,结果表明群体层次组织公民行为对团队绩效和团队成员的满意度均产生积极影响,并且会通过群体效能感的中介效应对团队绩效产生影响

2.3.2　群体公民行为与员工的组织公民行为及任务绩效

有研究表明在一个工作群体中,同事的组织公民行为对其他员工的组织公民行为具有正向影响,即表现出一种相互促进的趋势。也就是说,在一个工作群体中,某位员工的同事们表现出较高水平的组织公民行为会促使该员工也倾向于表现出较高水平的组织公民行为(Bommer,Miles &Grover, 2003)。而群体公民行为是群体作为一个整体所实施的组织公民行为,其会形成一种氛围,这种氛围更会促进个体的组织公民行为。

在组织公民行为与员工的工作任务绩效关系方面,Podsakoff 和 Mackenzie 早期的研究表明,组织公民行为解释了 17% 的员工工作绩效变异;组织公民行为中的一些维度,如运动员精神和公民美德与绩效成正相关,帮助行为与绩效成负相关。Podsakoff 和 Ahearne(1998)为了避免以往研究的不足,在同一组织中采用相同的测量标准,从而保证了绩效评价标准的一致性,研究结果也验证了组织公民行为与工作群体绩效间的这种紧密相关性。研究显示,组织公民行为解释了产品数量变异的 25.7 %,解释了产品质量变异的 16.7%;帮助行为、运动员精神与产品的数量呈显著正相关关系,同时,帮助行为还与产品的质量显著相关,而公民美德与产品的数量和质量都不相关。

由于群体公民行为所形成的一种氛围能够影响员工的个体组织公民行为水平,而员工的个体组织公民水平又可以影响其工作任务绩效。由此可以推断,群体公民行为应该能够促进员工个体的任务绩效。

2.3.3　群体公民行为与员工的工作满意感、组织承诺及离职意向

Tepper 等(2004)的研究中对同事组织公民行为与员工工作满意度和情感承诺之间的关系进行了考察。结果发现,如果上司较少滥用职权,那么同事的组织公民行为与员工的工作满意度和情感承诺之间存在正相关关系;反过来,如果上司滥用职权的情况发生较多时,那么同事的组织公民行为与员工工作满意度之间呈负相关的关系,而与员工情感承诺无相关关系。在中国文化背景下,吴志明、武欣(2006)选用中国企业为研究样本的研究中,也同样发现,同事的组织公民行为和员工感受到的组织公民行为规范会作为社会规范对组织公民行为产生影响,结果表明,这两种社会规范对组织公民行为都具有显著影响。

从以往有关于组织公民行为和员工离职意愿的研究文献中,本研究发现,在一个组织中具有离职意愿的员工所表现出的组织公民行为数量与质量均显著低于不具有离职意愿的员工(Chen, Hui & Sego, 1998),也就是说表现出较少组织公民行为的员工倾向于具有离职意向。而以往在研究员工离职的原因时,很多组织行为学家都是从个体的角度展开的(如,Hom & Griffith, 1991),但是随着研究的深入,越来越多的研究者认识到,组织本身的因素也是引起员工离职的一个主要原因。根据 Salancik 和 Pfeffer(1978)的社会信息处理理论(Social Information Processing Theory, SIP),个体首先从他所处的环境中获取各种信息线索,然后综合成对周围环境的一个整体的认知,并在这个认知的基础上采取相适应的行为。其行为方式大概可以分为三种,即适应环境,改变环境以及离开当前环境,因此,员工的离职有很大方面的原因是由于组织方面的因素引起的,而群体公民行为便是这些因素之一。

群体公民行为与员工的离职意向是存在一个负向的相关关系的,一个群体的组织公民行为越多,那么其成员的离职意向就越低,反之亦然。因为,首先,群体公民行为会影响个体的组织公民行为水平,而员工的组织公民水平又是预测其离职意向的一个重要指标(Chen 等, 1998),已经有研究(Chen 等, 2005)表明,群体公民行为能够通过作用于个体的组织公民行为进而影响员工的离职意向;其次,群体公民行为有一种"社会规范"或者"组织文化氛围"的作用,这种作用能够影响员工的认知方式,最终对员工的行为起到影响作用,使其减少离开群体或组织的意愿(Salancik & Pfeffer, 1978)。

总之,当群体作为一个整体进行组织公民行为活动,不管是对本群体成员,还是帮助其他群体完成工作任务,抑或是为了完成组织目标而做出很多的额外努力,作为该群体的成员都会很赏识这种行为,进而产生一种身为该群体成员的自豪感和满意感,这种自豪感会促进其组织归属感和组织承诺,提高员工对组织未来的期

望。这就使得员工很少会产生自动离职的愿望,进而降低了离职率。

2.3.4　小结

综观相关文献,关于组织公民行为的后果变量的研究非常少,而关于群体公民行为的后果变量方面的研究就更是少之又少了。但是根据这些有限的文献,本研究仍然可以推断群体公民行为与群体层面的组织(群体)效能和个体层面的员工的态度与行为存在显著的相关关系。具体来说,群体公民行为能够促进群体效能,能够显著提升员工的工作满意感和组织承诺水平,增加员工的个体组织公民行为,并降低离职意向,降低离职率。

2.4　以往研究的不足

随着组织研究的多层次理论和研究的发展,越来越多的研究者开始对组织公民行为的三个层次进行相关的研究,尤其是群体层面的组织公民行为——群体公民行为更是成为研究的一个热点。但是通过文献分析我们可以发现,虽然以往的研究者已经对群体公民行为的概念、内涵及测量方法进行了初步探索,对群体公民行为前因变量与后果变量及其影响机制进行了初步研究,但是有关群体公民行为的研究才刚刚开始起步,还有很多值得进一步深入探讨研究的地方,主要体现在:

(1) 概念尚不明确,结构尚不清晰

虽然很多学者对群体层次的组织公民行为进行了研究,但是由于群体层面的概念界定本身的难度,导致很多研究者并没有给出明确定义。即使有定义的研究也存在对群体公民行为到底包括哪些行为,其实施主体与受益者包括哪些个体或群体等问题的争论。在内容结构方面到底包括哪些因素,研究者也没有给出一个清晰的结论,大部分都是作为一个单维度的变量进行研究。即使存在多维度,也是从个体层次的组织公民行为的因素构成推论而出,而非实证研究成果。而群体公民行为作为一个群体层次的变量,其必然要比个体层次的组织公民行为更为复杂,需要我们进一步采用实证的方法,探讨其概念内容和结构。同时鉴于我国文化的高情境性特征,在我国尤其需要开展这方面的研究。

(2) 前因与后果变量的选择直接移植于个体组织公民行为的研究

综观群体公民行为研究的相关文献,其相关变量的选择大多是借鉴了个体层次的组织公民行为的相关变量展开研究。但是,群体公民行为是一个群体层面的变量,其具有很多独特的内容,尤其是其高情境相关性是个体组织公民行为所不具备的。因此,相关变量与个体组织公民行为的作用机制可能与群体公民行为存在显著的不同之处。再有就是大部分的研究相关变量都是把群体公民行为作为后果变量,缺少对群体公民行为后果变量方面的研究,这与组织公民行为的研究如出一辙。

（3）缺少作用机制的整体性研究

相关的研究要么是关于群体公民行为的前因变量的研究，要么是关于其后果变量的研究，从整体上采用同一样本进行统一探讨的研究较少，而且对于其前因变量如何影响群体公民行为，群体公民行为如何影响后果变量，哪些变量在其中起到了调节与中介的作用等问题还缺少答案。

（4）缺少跨层次的研究

由于群体公民行为是一个群体层次的变量，所以很多研究仅是从群体层次探讨其形成与作用机制，而很少涉及个体层次的员工态度与行为，导致其研究成果难以得到推广。因此应从跨层次的角度，既研究群体层次群体公民行为的前因与后果变量及影响机制，还应拓展到个体层次，探讨其对员工的态度与行为的影响机制。

（5）缺少个案研究和定性研究

绝大部分关于群体公民行为的研究都是采用大规模取样的定量研究方式，但是要研究复杂的社会现象，仅仅用这种方法是有其局限性的，这种方法适合在宏观层面上大规模地进行社会调查，但是不适合在微观层面进行细致深入的动态研究。要想继续深入了解群体公民行为的形成与作用机制，还必须要有个案研究和定性研究的支撑。

鉴于此，本研究旨在总结国内外研究的基础上，采用定量与定性相结合的研究方法，开发适合中国文化背景的企业群体公民行为问卷，从群体与个体两个层面，采用大规模取样与个案研究相结合的方法探讨相关的前因变量对群体公民行为的作用机制、群体公民行为对群体效能和员工个体态度及行为的作用机制以及群体公民行为的形成与发展过程中的影响因素等，并在此基础上初步提出促进群体公民行为的策略。

第三章　研究内容与研究设计

3.1　研究的总体构想

　　根据对相关文献的分析,提出本研究的总体构想是:在编制适合中国文化背景下的群体公民行为问卷基础上,探讨群体公民行为的内容结构及其在不同的组织学特征上的差异;探讨 CPM 领导行为、人际信任及群体凝聚力对群体公民行为的作用途径;探讨群体公民行为对组织效能和员工个体行为与态度的作用途径;选取典型企业,了解群体公民行为在企业实践中的具体表现;对群体公民行为的形成与发展过程中的促进与阻碍因素进行定性研究,以更加深入地了解群体公民行为形成与发展中的影响因素,并在此基础上初步提出促进群体公民行为的策略。涉及的变量中既有群体层次的变量,也有个体层次的变量,其中,本研究中界定为群体层次的变量有 CPM 领导行为、群体公民行为、程序公正氛围、群体与目标一致性和群体效能,测量方法均采用"对象迁移共识模型"的方法,测量群体成员对这一变量的认知,然后运用科学的统计方法汇总到群体层次;其他变量为个体变量,采用问卷直接测量。

　　具体研究构想如图 3.1 所示。

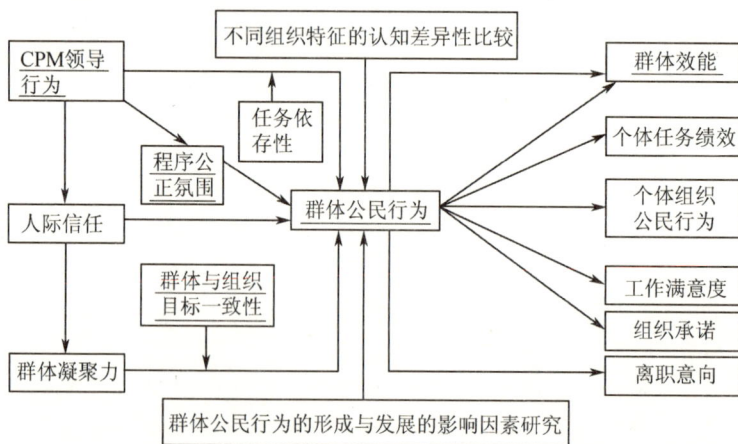

图 3.1　研究总体构想概要图(注:加下划线的变量为群体层次变量)

3.2 研究内容与基本研究假设

根据研究构想,本研究主要进行以下七项研究。

研究一：群体公民行为的内容结构研究

当前已有的文献中,对群体公民行为的内容结构进行测量研究主要有两种方法:一种是通过测量群体内每个成员的组织公民行为,间接测量群体公民行为,即首先测量群体内每个成员的组织公民行为,然后汇总到组织层次上,用总和或者均值来代表群体公民行为;一种是直接测量群体公民行为,用领导、员工或组织行为学专家作为评价主体——参与者,根据不同的参与者与研究目的选择不同的测量方法,直接测量群体公民行为。根据 Chan(1998)介绍的两种可以用来研究群体公民行为的模型,结合群体公民行为的特点,本研究选择"对象迁移共识模型",参考专家的意见,运用科学的方法编制问卷,利用企业员工作为研究被试,直接测量群体公民行为,并用科学的统计方法汇总。同时,我们认为,与组织公民行为一样,群体公民行为应该也是一个多维度的结构,而且在具体的维度构成方面与个体层面的组织公民行为及国外的研究是存在区别的。

假设 1:群体公民行为是多维度的结构,与国外研究和个体组织公民行为不同,有其独特性。

研究二：群体公民行为认知在相关变量上的差异性比较研究

Pearce 等(2004)在团队层次上研究了组织公民行为,研究团队的规模与团队的组织公民行为之间关系不显著。Somech 和 Drach-Zahavy (2004)在组织层次上研究了组织学习与组织公民行为的关系,Burton (2003)则研究了组织文化、管理价值观这些组织层次的因素与组织公民行为的关系,他们则发现这些组织特征能够影响群体公民行为。Guzzo, Salas & Associates(1995)的研究发现,群体的规模与群体成员间的合作程度、群体成员的参与度和满意度均呈现负向相关关系。就群体规模而言,随着群体人数的增加,成员之间的密切程度会降低,群体性的行为也会因此而减少。鉴于中国企业的现状,本研究选择了组织规模、企业经济类型、行业属性、所在地区等组织特征变量;性别、年龄、受教育程度、工作时间、职务层次等人口统计学特征作为控制变量进行研究。

假设 2:群体公民行为认知在不同的组织学特征和人口学特征上存在显著性差异。

研究三：领导行为与群体公民行为的关系研究

大量的研究已经证实,不同的领导风格与行为与个体水平的组织公民行为显著相关(Ehrhart,2004)。比如,变革型领导(Podsakoff 等,2000)、魅力型领导(Deluga, 1995)、支持型领导(Organ, 2006)、领导-成员交换(Wayne & Green,

1993)等都能提高组织成员的组织公民行为;交易型领导的奖赏维度与组织公民行为正相关,惩戒维度与组织公民行为负相关(Podsakoff 等,2000)。

群体公民行为方面已经得到验证的有服务型领导(Servant Leadership)(Ehrhart,2004)、支持型领导(Supportive Leadership)(Euwem 等,2007)对群体公民行为具有正向预测作用;命令型领导(Directive Leadership)(Euwem 等,2007)对群体公民行为具有负向预测作用。本研究中用于测量领导行为的 CPM 模型与以往研究比较,最大的不同之处就在于,突出了个人品德的因素。从功能上讲,C 因素起示范表率作用,P 因素指向目标的完成,M 因素的功用在于对团队的维系和强化。从领导与群体公民行为的关系来考虑,CPM 中的 C 因素与服务型领导的功用比较接近,主要反映的是领导的道德责任(Moral Responsibilities);P 因素与命令型领导较为相似;M 因素与支持型领导较为一致。基于这种考虑,提出如下假设:

假设 3:领导行为的不同因素(C、P、M)分别对群体公民行为具有显著影响。

同时,根据 Ehrhart(2004)和 Chen 等 (2005)的研究我们同时认为程序公正氛围、人际信任在其中起中介作用。同时,如果群体成员工作任务依存性高,要求其他群体成员更多的投入和合作,群体之间的交流也较为频繁,为了维护群体形象,会促使群体成员营造一种有利工作的环境,成为群体层面的组织公民行为的一个潜在来源。因此我们认为,群体工作特征是其调节变量。故而提出以下假设:

假设 4:程序公正氛围、人际信任是领导行为与群体公民行为的中介变量。

假设 5:任务依存性是领导行为与群体公民行为的调节变量。

研究四:人际信任、群体凝聚力与群体公民行为之间的关系研究

综合以往对人际信任的研究可以发现:提高人际信任,可以促进人们之间的沟通,有利于人们的协作,增强组织凝聚力,提高工作效率,合理配置资源,从而降低组织运行和管理成本。Dennis(2005),Shimon L. Dolan(2005),Steven Appelbaum(2004)等的研究都支持人际信任与个体层面组织公民行为显著正相关。不仅在个体层面,即使在群体层面,如果群体内部人们之间的人际信任增多,群体内部无论是士气还是凝聚力,都会显著增强,当一个群体内部人际信任高的群体在与其他群体交往时,也会增加群体层次公民行为,形成一种有利于工作绩效的工作环境。同时,根据 George 和 Bet Tenhausen(1990)的研究,群体凝聚力对群体层次的亲社会行为具有正向预测作用,Pearce(2004),王磊(2008)都指出,群体凝聚力与群体公民行为之间是否存在积极相关一定程度上依赖于群体与组织目标的一致性。因此我们提出以下假设:

假设 6:人际信任显著影响群体公民行为。

假设 7:群体凝聚力显著影响群体公民行为。

假设8:群体凝聚力是人际信任与群体公民行为的中介变量。

假设9:群体与组织目标一致性是群体凝聚力与群体公民行为的调节变量。

研究五:群体公民行为与员工的态度和行为的关系研究

根据 Podsakoff 和 Ahearne(1998)以及 Bommer,Miles 和 Grover（2003）的研究结果,我们可以推论出群体公民行为对于员工绩效行为的两个方面,任务绩效和组织公民行为都具有显著影响。Tepper 等 （2004）的研究同时也发现,如果上司较少滥用职权,那么同事的组织公民行为水平与员工的工作满意度和情感承诺之间存在正相关关系。群体公民行为作为一个群体层面的变量对于员工个体具有一种"社会规范"的影响作用,因此我们有理由相信,群体公民行为能够显著影响员工个体的态度与行为,结合以往组织行为学研究这对工作满意感、组织公民行为、组织承诺和离职意向的研究成果,我们提出以下假设:

假设10:群体公民行为对工作满意感具有显著影响。

假设11:群体公民行为对离职意向具有显著影响。

假设12:群体公民行为对员工组织承诺具有显著影响。

假设13:群体公民行为对员工个体组织公民行为具有显著影响。

假设14:群体公民行为对员工个体任务绩效具有显著影响。

假设15:工作满意感、组织承诺是群体公民行为与个体组织公民行为的中介变量。

假设16:工作满意感、组织承诺是群体公民行为与个体任务绩效的中介变量。

研究六:群体公民行为与群体效能的关系研究

在个体组织公民行为方面,朱瑜和凌文辁(2003)总结了组织公民行为对组织绩效的影响。他们指出,组织公民行为与组织的工作绩效、产品质量、小组的工作量都存在显著相关;与组织中的浪费行为、操作效率、客户抱怨、客户满意感、工作质量等变量也有密切关系。而在群体层次的组织公民行为方面,George 和 Bettenhausen (1990),Koys(2001),Ehrhart,Bliese 和 Thomas (2006) 均采用不同的样本,从不同的侧面进行了阐述和检验,根据他们的研究结论,我们有理由相信:

假设17:群体公民行为对群体效能具有显著影响。

由于群体公民行为是一个群体层面的变量,其对群体效能的影响应该是间接作用的,也就是说,应该通过一定的中介,这个中介也就是个体的工作绩效,根据绩效的研究成果,我们选择了个体组织公民行为与个体任务绩效两个变量作为中介变量进行研究。

假设18:个体组织公民行为、个体任务绩效是群体公民行为与群体效能的中介变量。

在不同的组织或不同的工作小组中,群体公民行为对群体效能的影响是否不同? Campion 等人研究发现,团队规模与团队效能成正相关关系,团队成员背景的异质性及其特长与团队效能则没有相关或成负相关关系。而 Magjuka & Baldwin (1991)研究发现,团队规模越大、团队成员的异质性越大(据各种各样的工作,团队成员所拥有的)以及获得信息的途径越畅通,这些因素与团队效能的关系就越明确。同时,团队几乎总是被置于一个更大的社会系统之中(如社区、学校、商业组织等)。这些社会系统被认为是影响团队绩效的重要因素之一。团队引入组织会引起整个组织的性质和效能及其团队绩效的变化。团队效能的变化能使比其更大的社会系统随之产生变化。因此我们提出:

假设 19:工作小组规模是群体公民行为和团队效能的调节变量,随着工作小组规模的扩大,群体公民行为对团队效能的影响加强。

假设 20:组织规模是群体公民行为和团队效能的调节变量,随着组织规模的扩大,群体公民行为对团队效能的影响减弱。

研究七:群体公民行为及其相关因素的个案比较研究

鉴于我国目前对群体公民行为的研究还不广泛和深入,选取有代表性的典型企业个案,采用定量与定性两种方法对当前我国企业的群体公民行为及其相关因素进行研究,深入探讨群体公民行为在我国具体企业中的表现与差异,了解具体企业中群体公民行为与相关因素的关系,探索群体公民行为形成与发展过程中的促进因素与阻碍因素具有重要的理论意义和实践价值。本研究采取代表性理论抽样的方法,选取有代表性的企业,运用问卷调查和扎根理论的研究方法,从定量的方面研究群体公民行为在企业中的具体表现,了解具体企业中群体公民行为与其相关因素的关系;从定性的角度探讨企业中群体公民行为的形成与发展过程中的促进因素与阻碍因素。20 世纪 60 年代以来,社会科学家们越来越意识到:要研究复杂的社会现象,仅仅用定量的方法有一定的局限性,定量研究适合在宏观层面上大规模地进行社会调查,但是不适合在微观层面进行细致深入的动态研究。前面的研究均是采用定量的方法对群体公民行为进行了分析研究,在此基础上,为了进一步深入了解在我们的本土文化下群体公民行为所包含的具体、细微的内容,宜采用非概率目的性抽样,对目标样本进行访谈,探讨群体公民行为的影响因素,并初步形成促进群体公民行为形成的策略。本研究所采用的是定性方法中"扎根理论"的研究范式(Grounded Theory Approach),指的是通过系统收集和分析资料之后,从资料衍生而来理论,即理论衍生于资料。这毕竟是依据经验或透过推测(事情该如何)就将一系列的概念聚合在一起,因此更为接近现实。由于"扎根理论"是从资料建立起来的,更能提供洞察、促进理解,并对行动提供有意义的引导 (Strauss & Corbin,1990,1998)。根据约翰·W·克雷斯威尔(2007)对定性研究的论述,定性研究里面,研究者陈述需要研究的问题而不是目的或者假设,这

些研究问题包括两种形式:一个中心问题,若干相关辅助问题。我们提出该研究的问题是:

问题1:企业群体公民行为及其与相关变量的关系在具体的企业中表现是否是一致的?

问题2:哪些因素影响了群体公民行为的形成与发展?

问题3:哪些因素促进了群体公民行为的形成与发展?

3.3　研究方法与研究过程

3.3.1　研究被试

根据研究的需要和群体公民行为的特点,我们从东北地区、华东地区、华南地区和华北地区选取在行业属性、企业规模、企业经济类型具有代表性的企业,采用随机抽取的方式从企业中以工作小组或团队为单位选取企业员工与管理者作为被试,并尽量做到在人口统计学特征上的平衡。

3.3.2　研究方法

(1) 调查方法:主要包括文献分析法、访谈法、问卷调查法和定性研究中的扎根理论。

运用文献分析法和访谈法(形式上包括个别访谈和小组访谈;内容主要参考关键事件访谈法)获取群体公民行为调查问卷的项目,采用专家访谈法对问卷进行初步的效度分析与修改,并进行预试,获得信度和效度较高的调查问卷,为后续的研究提供研究工具。从信度与效度以及适应性的角度筛选相关变量的问卷,外文问卷进行严格的翻译与回译,中文问卷检验其信度与效度,综合成一份问卷进行调查,探讨相关变量与组织公民行为的关系。在此基础上,采用定性研究中的扎根理论,采用非概率目的性抽样,对目标样本进行访谈,以更深入了解我国文化背景下群体公民行为形成与发展过程中的影响因素。

(2) 统计方法:主要包括探索性因素分析、验证性因素分析、描述性统计方法、相关分析、方差分析、回归分析、多层线性、结构方程模型等,统计软件主要采用EXCEL2003、SPSS16.0、LISREL8.70、AMOS16.0等。

具体为,采用探索性因素分析探讨群体公民行为的内容结构,并用验证性因素分析对模型进行验证,同时检验问卷的信、效度;采用多方差分析、回归分析和多重比较的方法探讨群体公民行为认知在不同的人口学、组织学特征上的差异;采用结构方程全模型和回归分析、典型相关分析等方法探讨前因变量对群体公民行为的影响机制和群体公民行为对后果变量的影响机制。

本研究的主要研究内容与相对应的研究方法和统计分析方法如表 3.1 所示。

表 3.1　研究内容与主要调查方法、统计分析方法一览表

研究内容	调查方法	统计分析方法
1. 群体公民行为的内容结构研究	文献分析、BEI 个别与小组访谈、问卷调查	探索性因素分析,验证性因素分析信度与效度检验的相关方法等
2. 群体公民行为认知在人口学与组织学变量上差异性比较	问卷调查	方差分析,T 检验,多重比较分析等
3. 领导方式(CPM)对群体公民行为的影响研究	问卷筛选,问卷翻译与回译,问卷调查	结构方程建模,层次回归分析等
4. 人际信任、群体凝聚力与群体公民行为之间的关系研究	问卷筛选,问卷翻译与回译,问卷调查	结构方程建模,层次回归分析等
5. 群体公民行为对员工的态度与行为的影响研究	问卷筛选,问卷调查	结构方程建模,层次回归分析等
6. 群体公民行为与群体效能的关系研究	问卷筛选,问卷翻译与回译,问卷调查	结构方程建模,层次回归分析等
7. 群体公民行为及其相关因素的个案比较研究	问卷调查,案例分析,访谈,录音转录,资料分析	描述统计、相关分析;分辨、提炼并描述资料,概念化意义单元,发展类别

3.3.3　研究过程

根据研究内容,本研究的研究过程主要分为四个阶段。

(1) 群体公民行为的内容结构的确定和问卷的研制

首先采用文献分析法、访谈法与开放式问卷调查的方法确定初试问卷的项目,采用专家访谈法对问卷进行初步的效度分析与修改,编制预试问卷并做问卷的可读性分析。选择有代表性的样本进行预试,问卷项目主要采用里克特六点计分法,以避免居中趋势,获得信、效度较高的调查问卷。采用探索性因素分析对预试问卷所获数据进行统计分析,获得群体公民行为调查问卷,然后大范围施测,对获得数据进行探索性因素分析和验证性因素分析,探索并验证群体公民行为的内容结构,并对问卷进行信、效度检验,获得信、效度比较好的调查工具,为后续研究提供基础。

(2) 不同人口学、组织学特征的群体公民行为认知的差异性比较

问卷设计时,将组织特征变量作以下划分:组织规模(50 人以下;50～100 人;101～500 人;501～1000 人;1001～2000 人;2001 人及以上)、工作小组规模(5 人及以下;6～10 人;11～15 人;16～20 人;21 人及以上)、企业经济类型(民营;国有;中外合资;外商独资;港澳台独资或合资)、行业属性(工业;商业;制造业;交通运输业;饮食、服务业;其他)、所在地区(华南地区;华东地区;华北地区;东北地区;其他),对获得的数据进行方差分析或 T 检验,比较不同组织特征的群体公民行为员工认知的差异性。

(3) 群体公民行为与其相关前因变量、后果变量、中介变量以及调节变量之间的作用机制探讨

搜索文献,进行文献分析和问卷、量表比较,选取本研究领域内信度、效度较高,适应性较好的问卷作为相关变量的测量工具。对外文问卷进行翻译与回译,并检验其在本研究的样本中的信度与效度,对中文问卷检验其信度与效度。然后将这些问卷与研究所获得的群体公民行为问卷综合成一份问卷进行调查,探讨相关变量与组织公民行为的关系。所选取的相关变量包括:CPM 领导行为、程序公正氛围、人际信任、群体凝聚力、群体与组织目标一致性、任务依存性、群体效能、工作满意感、离职意向、组织承诺、个体组织公民行为和个体任务绩效。

(4) 群体公民行为及其相关因素的个案比较研究

选取具体的企业案例,采用定量与定性相结合的研究方法,从微观层面探讨企业群体公民行为及其相关变量。定性研究主要运用扎根理论方法进行,首先确定访谈提纲,采用非概率目的性抽样,按照访谈提纲对目标样本进行访谈,并在访谈过程中做好笔记和录音。资料分析,访谈资料的分析和处理按照以下主要步骤:由逐字稿分辨、提炼并描述与研究有关的资料;对意义单元进一步概念化;初步类别的发展;进一步层次性类别的发展;核心类别的发展。通过这个过程进一步深入了解在中国文化背景下群体公民行为形成与发展的具体影响因素,并形成促进群体公民行为形成的策略建议。

具体研究流程如图 3.2 所示。

```
┌─────────────────────────────────┐
│   研究文献的收集、整理与分析      │
└─────────────────────────────────┘
              ↓
┌─────────────────────────────────┐
│   确定研究内容和研究假设          │
└─────────────────────────────────┘
              ↓
┌─────────────────────────────────┐
│   提出研究设计与研究方案          │
└─────────────────────────────────┘
              ↓
┌─────────────────────────────────┐
│   深度访谈（个别与小组）          │
└─────────────────────────────────┘
              ↓
┌─────────────────────────────────┐
│   开放式问卷调查                  │
└─────────────────────────────────┘
              ↓
┌───────────────────────────────────────────┐
│ 整理由文献调研、访谈和开放式问卷得到的项目，编制初始问卷 │
└───────────────────────────────────────────┘
              ↓
┌─────────────────────────────────┐
│ 专家访谈法修订项目，形成预试问卷  │
└─────────────────────────────────┘
              ↓
┌─────────────────────────────────┐
│ 用预试问卷进行预试，并对结果进行分析 │
└─────────────────────────────────┘
    结果理想              结果不理想
      ↓                      ↓
┌──────────────────┐  ┌──────────────────┐
│ 编制正式问卷，进行正式调查 │  │ 个案比较研究与群体公民行为的形成与发展的影响因素分析 │
└──────────────────┘  └──────────────────┘
      ↓                      ↓
┌──────────────────┐
│ 对调查数据进行整理和统计分析 │
└──────────────────┘
      ↓                      ↓
┌─────────────────────────────────┐
│ 对结果进行理论解释，并与前人研究进行比较 │
└─────────────────────────────────┘
              ↓
┌─────────────────────────────────┐
│   总结研究成果，撰写学位论文      │
└─────────────────────────────────┘
```

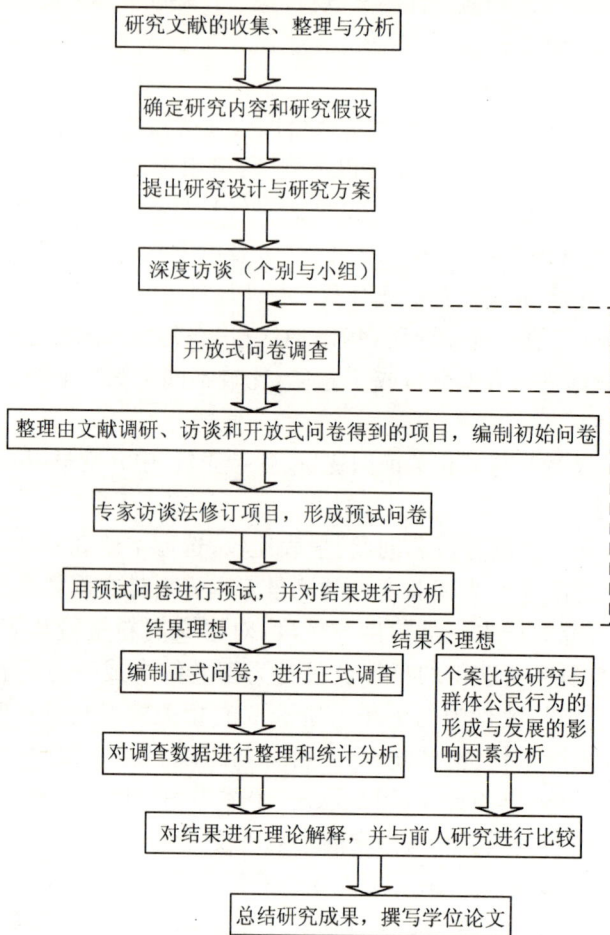

图 3.2　研究流程图

第二篇　群体公民行为问卷的编制与分析

第四章　群体公民行为的内容结构研究

组织公民行为是指员工自愿采取的一种角色外行为,这种行为得不到组织的正式报酬体系直接或明确的回报,但能从总体上促进组织的有效运作。由于员工表现出的积极主动、帮助同事、提出建设性意见、创造性地解决问题等组织公民行为,都非常有利于组织实现有效运作和任务绩效,所以自 Organ 教授提出组织公民行为的概念以来,学者们对组织公民行为展开了大量的研究,并取得了非常丰富的研究成果(Organ,Podsakoff & Mackenzie,2006;Podsakoff 等,2000;曾秀芹、车宏生等,2008)。但是大部分研究都是针对个体层面的组织公民行为。Schnake和 Dumler(2003)总结了组织公民行为研究的多层面模型,即:个体层面、群体层面和跨层面模型,并且呼吁大家关注群体层面的组织公民行为研究。

当前,面对外部环境的日益快速变化,企业组织要想做出更及时、更准确的反应,必须放弃或改良与科学管理思想对应的金字塔式的层级组织结构,而逐步转向更加适应信息时代的扁平化的网络型组织结构。其中,工作团队或群体无疑是实现组织扁平化管理的一个有效途径。可以预言,团队或群体将是未来企业中的主要组织形式,将成为组织中重要的社会单元。工作团队的绩效水平将直接导致组织绩效水平的高低,其重要性程度将大大超过单个员工。因此,对组织公民行为的研究不能再仅仅局限于个体层面上,而是应该继续扩展,从群体层面上对组织公民行为进行研究。这对于促进群体以及群体成员的个体组织公民行为,进而提升组织绩效水平具有非常显而易见的重要作用。

当前直接对群体公民行为的内容结构的研究还比较缺乏,已有的绝大部分研究都是以单维度的研究为主。研究者将群体公民行为作为一个整体进行测量,用以研究它与其他的变量之间的关系(如 Somech & Drach-Zahavy,2004;Chen X-P,2005 等),仅有的为数不多的研究将群体公民行为视为一个多维度的变量(如Ehrhart,2004;Ehrhart,2006 等),但是其维度都是从个体组织公民行为的维度中推理出来的,而没有直接进行系统的探索和验证。如 Ehrhart(2004)的研究就是将个体组织公民行为的"助人"与"顺从"两个维度直接嫁接到了团体层次的组织公民行为上,转换成了"群体助人行为"和"群体顺从行为"进行研究。

研究方法方面,主要有 Chan(1998)介绍的"直接共识模型"与"对象迁移共识模型"以及我国学者曾秀芹、车宏生等(2008)概括的"专家评定法"。三种方法各有优缺点,但是"对象迁移共识模型"这种方法直接测量群体内每个成员对群体公民行为整体水平的知觉,既照顾到了参与者的直接代表性,又照顾到了群体公民行为是工作群体作为整体所表现出来的一种组织公民行为,我们认为其最具有合理性。因此在研究方法方面,将借鉴"对象迁移共识模型",但是在其在具体方法上重新编制问卷,直接测量群体成员对群体公民行为的知觉,以探讨群体公民行为认知的结构和在人口学、组织学特征方面的差异性,在之后的研究中,将经过科学的数据调整转化为群体公民行为。

4.1　企业群体公民行为内容结构的预研究

4.1.1　研究目的

在文献综述分析的基础上,采用科学的方法编制企业群体公民行为问卷并探索我国文化背景下企业群体公民行为的内容结构,为下一步的研究提供一套有效的测量工具。

4.1.2　研究方法

本研究首先对国内外有关群体公民行为和组织公民行为的文献进行收集和分析,并在此基础上对群体公民行为进行概念界定,确定收集项目的范围,然后确定访谈提纲和开放式问卷并进行调查。在访谈和开放式问卷调查的基础上,结合文献检索的相关反映群体公民行为内容的条目,确定企业群体公民行为的项目,形成群体公民行为问卷,然后,采用随机抽取样本的方法,在我国企业中展开问卷调查,对获得的数据进行统计分析来探索中国企业群体公民行为的内容结构。

4.1.3　问卷条目的收集与筛选

（1）文献研究

通过检索国内外有关群体公民行为的全部文献,确定群体公民行为的概念内涵并收集国内外有关群体公民行为研究中的具体项目,并在此基础上初步形成企业群体公民行为开放式问卷题目和半开放式访谈提纲。

（2）深度访谈

为了了解企业群体公民行为在企业实际情境中的具体表现,研究者先后对八名企业员工(包括管理者和普通员工)进行了个体深度访谈,其中包括各层次管理者六名,他们的学历均在本科以上,并具有 4 年以上工作经验,其他两人为普通员工。小组访谈对象为广州市某汽车销售有限公司的十二名员工。

访谈采用半结构化的方式,结合头脑风暴和 BEI 关键事件访谈法来进行。首先,访谈主持人确定访谈主题,将群体公民行为的概念呈现给访谈者,并举例,然后请被访谈者回忆一年来工作中亲身经历或观察到的群体公民行为的具体案例。访谈者根据交谈的情景适时加以追问,如:"具体是什么事情,为什么会发生,都涉及哪些人?""您觉得您的工作团队当时应该采取哪些具体行动,为什么?""结果如何?"等。最后,访谈者还让被访谈人对以往学者们对群体公民的相关研究做出评价。访谈结束后,将被访谈者的谈话观点总结成文字资料,形成群体公民行为的相关句子和条目,共获得127个项目。

（3）开放式问卷调查

开放式问卷调查的优点是可以大量地、比较系统地收集问卷项目。在开放式问卷中,要求调查对象尽可能列出在日常工作中亲身经历的或观察到的有关企业群体公民行为的行为表现。调查对象为广州某成人教育机构的学员(主要来自广州某理工大学成教学院和某外语外贸大学成教学院)以及上海、山东一些企业的员工,问卷形式包括纸质问卷和电子问卷两种,共发放问卷150份,回收有效问卷136份,有效回收率为90.7%。

在开放式问卷中,调查问题的问法是:群体公民行为是指工作群体作为整体所表现出来的,有利于促进整个组织总体目标实现的一种角色外行为。您所在的工作团队或者部门做过哪些不属于本部门职责范围内,但是能够促进公司的整体的正常运作与发展的事情? 请您至少列出十条以上。(详见附录一)调查结束后,对问卷反映的项目进行汇总,合并意义相同的项目,删除含义明显偏差的项目,共获得284个项目。

（4）预试项目整理

将通过以上三阶段收集的项目进行综合,形成了一个有489个条目的项目集合。研究者首先对里面明显重合的条目进行了汇总与合并,形成了一个包含372个条目的项目集合,然后与两名人力资源管理专业的博士研究生进行讨论,经过对项目频数的统计,将内容重复的项目合并,将语意不清的条目删除,将具有多重含义的条目进行分拆,形成最初始的原始问卷。为了保证题目的准确性与可读性,研究者邀请了四名高校人力资源管理专业的教授、副教授针对群体公民行为的定义进行条目的修改和删除,同时在广州某成人教育培训班上让34名学员(均为在职企业界人士)对问卷可读性进行评价,然后修改。最后保留了40个条目,修改了指导语,从而形成了企业群体公民行为的初始问卷。为了避免居中趋势,问卷的每一个条目均采用里克特六级计分法,即"非常不符,不太符合,有些符合,比较符合,符合,非常符合"六个主观等距级别。为检验预试问卷的内容项目的有效性,以及是否清晰地表达了要表达的内容和是否符合企业实际情况,在预试问卷完成后,研究者又请了某大学5位企业管理专业博士生和3位企业管理人员对问卷进行检查、确认。最后,获得了一份具有一定的重要性和普遍性,能够真正反映出企业群体公民行为内容的预试问卷。当然,还需要进行预试以确定问卷项目对问卷主题的重要性程度。

4.1.4　预试

（1）被试

本研究的预试是在广州、沈阳、青岛、上海的少数几家企业中进行,共发放问卷500份,回收有效问卷354份,回收有效率为70.8%。

（2）研究工具

包含40个项目的企业群体公民行为预试问卷（具体条目见附录二）。

（3）统计方法

统计方法为项目分析、相关分析、探索性因素分析等,采用的统计软件为SPSS16.0。

（4）预试结果分析

对调查所获得的数据,研究者主要是通过项目分析与探索性因素分析进行处理的。项目分析又称为项目区分度分析,主要是测验项目对所要测量的特质的区分程度或鉴别能力;探索性因素分析主要是通过把多个难以解释,而彼此有关的变量转化为少数有概念化意义、彼此独立的因素,以获得问卷的结构效度,因此是一种潜在结构的分析方法。

第一步,综合采用"相关法"和"临界比率法"对预试问卷的40个项目的调查数据进行分析。"相关法"计算的是每个项目与测验总分的相关程度,如果该项目与总分的相关系数显著,则说明项目具有鉴别能力,同时,相关系数越大,表明项目的鉴别力越强;"临界比率法"首先求出每名被试的总分,然后按照高低分进行排序,将得分在前27%的作为高分组,后27%的作为低分组,对二者在每个项目上的得分平均数进行差异显著性 T 检验,如果 t 值显著,则说明该项目具有良好的鉴别力。经过检验,预试40个项目得分与总分数的相关系数计算结果和40个项目区分度的分析结果表明,所有的项目的区分度指标均为良好,都具有鉴别度。当然,这两项指标用于对项目进行筛选时,仅能供参考,项目筛选主要还要进行探索性因素分析。

第二步,对预试问卷获得的调查数据进行探索性因素分析。在分析中首先对问卷的适合度进行了检验。结果显示,本研究中的数据的 KMO 值为0.959,Bartlett球形检验的 χ^2 值为19617.580,伴随概率（显著性水平）小于0.001,达到非常显著的水平,表明该数据非常适合进行因素分析。然后,对预试数据进行探索性因素分析,提取因素的方法采用主成分分析法,因子转轴方法为正交方差极大法进行。按照统计学标准,结合碎石图,删除因素共同度低、因素负荷低以及多重负荷的项目。经过多次不断地探索,得出比较稳定的企业群体公民行为问卷的四因素结构,并最终确定包含 16 个项目的调查问卷(具体条目见附录三)。

4.2 探索性研究

4.2.1 研究目的

运用预试研究得到的包含 16 个项目的企业群体公民行为问卷在我国企业中随机抽取样本进行比较大规模的调查,对调查数据进行探索性因素分析,以确定我国文化背景下企业群体公民行为的内容结构,并最终形成企业群体公民行为正式问卷。

4.2.2 研究方法

(1) 被试

面向全国,在华南地区、华东地区、华北地区和东北地区选取广州、东莞、深圳、济南、莱芜、潍坊、青岛、上海、杭州、北京、石家庄、天津以及沈阳、锦州、葫芦岛等城市的多家企业发放问卷 900 份,收回有效问卷 652 份,有效回收率为 72.4%。被试及被试所在工作群体和组织的具体情况如表 4.1 和表 4.2 所示。

(2) 研究工具

采用预试后确定的由 16 个项目组成的企业群体公民行为问卷。以里克特六点量表进行测量,"1"到"6"选项分别依次代表"非常不符,不太符合,有些符合,比较符合,符合,非常符合"六个主观评价的等距级别。

表 4.1 探索性因素分析数据来源被试个人情况一览表($N=652$)

人口统计学变量	类别	人数	有效百分比(%)
性别	男	304	46.6
	女	348	53.4
年龄	20 岁以下	28	4.3
	20~25 岁	371	56.9
	26~30 岁	164	25.2
	31~35 岁	55	8.4
	36~40 岁	17	2.6
	41~45 岁	10	1.5
	45 岁以上	7	1.1

续表

人口统计学变量	类别	人数	有效百分比(%)
学历	初中及以下	12	1.8
	高中或中专	90	13.8
	大专	233	35.7
	.本科	278	42.6
	研究生及以上	39	6
工作时间	1 年以下	39	6.0
	1~2 年	52	8.0
	2~4 年	265	40.6
	4~7 年	260	39.9
	7~9 年	8	1.2
	9 年以上	28	4.3
职务	普通员工	356	54.6
	基层管理者	168	25.8
	中层管理者	91	14.0
	高层管理者	37	5.7

表 4.2　探索性因素分析数据来源被试所在群体与组织情况一览表($N=652$)

组织特征变量	类别	人数	有效百分比(%)
企业规模	50 人以下	111	17.0
	51~100 人	110	16.9
	101~500 人	142	21.8
	501~1000 人	103	15.8
	1001~2000 人	114	17.5
	2001 人及以上	72	11.0
工作小组规模	5 人及以下	218	33.4
	6~10 人	212	32.5
	11~15 人	79	12.1
	16~20 人	67	10.3
	21 人及以上	76	11.7

组织特征变量	类别	人数	有效百分比(%)
企业性质	民营	322	49.4
	国有	141	21.6
	中外合资	81	12.4
	外商独资	63	9.7
	港澳台商独资或合资	45	6.9
行业属性	工业	131	20.1
	商业	148	22.7
	制造业	100	15.3
	交通运输业	73	11.2
	饮食服务业	129	19.8
	其他	71	10.9
地区	华南地区	262	40.2
	华东地区	124	19.0
	华北地区	93	14.3
	东北地区	154	23.6
	其他	19	2.9

（3）调查过程

本次问卷调查的问卷来源主要有以下两种方式：一是通过联系在企业的同学、朋友介绍,由研究者亲自到企业施测;二是委托一些企业员工在本企业派发问卷。这两种方式均遵循一个原则,就是在一家企业最多只选取3个工作小组,派发问卷。调查方法的主试为研究者本人或较为专业的人士,非研究者本人作主试时,主试都经过了研究者的详细培训。每次施测的过程中,均遵守了严格的测试程序:先由主试向答卷者讲明本次问卷调查为匿名调查,调查内容只会用于本次的学术研究,绝对不会对答卷者和答卷者所在的部门、企业产生任何不利影响,以打消其顾虑,如实填写。为了保证被试能够充分理解问卷填写方法,正式题目之前设置了一个练习题。收回的问卷研究者均事先进行了科学筛选,并且在筛选问卷时采用比较严格的标准,对人口统计学变量未填写的问卷、漏填题项数超过三个的问卷、整个问卷中连续5个以上选项相同的问卷、明显乱填的问卷进行了剔除,以保证问卷是答卷人认真填写的和所填答的内容能够反映群体公民行为的真实状况。

（4）统计方法

本研究中所采用的统计方法主要是项目分析、相关分析和探索性因素分析,使用的统计软件为 SPSS16.0。

4.2.3　研究结果与分析

对通过调查获得的 652 份有效问卷的数据进行探索性因素分析,提取因素采用主成分分析方法,因子转轴采用正交方差极大法进行,将特征根大于 1 作为取舍因素和项目的标准,同时参照碎石图来确定因素的数量。结果表明,本次调查中的企业群体公民行为的结构与预试结果一致,为四因素结构。样本的 KMO 值为 0.900,Bartlett 球形检验的卡方值为 3162.133,自由度为 120,显著性水平小于 0.001,达到非常显著水平,表明适合进行因素分析,同时总方差解释率达到 76.276%。各项目的共同度、因素负荷、方差解释率和累计方差解释率见表 4.3。

根据因素分析的结果,结合有关文献资料和各因素所包含的项目,对各因素命名如下:

因素一:群体道德。主要内容包括:工作群体不会为了本小组利益而损害公司利益、不会为了本小组利益而损害其他小组的利益、行为规范符合公司要求以及会刻意与其他小组融洽相处。

因素二:组织忠诚。主要内容包括:工作群体能时刻维护公司形象,会参加并支持公司的各种联谊、会议等,会主动参与公司的变革行动以及会向公司提供相关的意见建议等。

因素三:团队精神。主要内容包括:与其他工作小组相比,该工作群体出勤率较高,会主动向其他小组介绍自己的工作经验,会积极进行内部变革,以谋求公司最大利益以及会与其他工作小组联络与沟通等。

因素四:助人行为。主要内容包括:工作群体关心小组成员的个人生活问题,会帮助小组成员解决生活中遇到的困难,会给其他工作量沉重的小组提供支援以及会帮助遇到困难的其他工作小组的成员等。

表 4.3　企业群体公民行为内容结构的因素分析结果及各项目的共同度(N=652)

项目	因素负荷				共同度
	F1	F2	F3	F4	
V1 我的工作小组不会为了本小组利益而损害公司利益	.833				.742
V2 我的工作小组不会为了本小组利益而损害其他小组的利益	.747				.651

项目	因素负荷				共同度
	F1	F2	F3	F4	
V3 我的工作小组的行为规范符合公司要求	.727				.627
V4 我的工作小组会刻意与其他小组融洽相处	.632				.562
V5 我的工作小组时刻维护公司形象		.746			.643
V6 我的工作小组会参加并支持公司的各种联谊、会议等		.726			.605
V7 我的工作小组会主动参与公司的变革行动		.710			.632
V8 我的工作小组会向公司提供相关的意见建议		.643			.514
V9 与其他工作小组相比,我的工作小组出勤率较高			.729		.613
V10 我的工作小组会主动向其他小组介绍自己的工作经验			.708		.576
V11 我的工作小组会积极进行内部变革,以谋求公司最大利益			.669		.620
V12 我的工作小组会与其他工作小组联络与沟通			.553		.575
V13 我的工作小组关心小组成员的个人生活问题				.751	.616
V14 我的工作小组会帮助小组成员解决生活中遇到的困难				.708	.629
V15 我的工作小组会给其他工作量沉重的小组提供支援				.619	.598
V16 我的工作小组会帮助遇到困难的其他工作小组的成员				.595	.573
方差解释率(%)	17.774	17.219	15.921	15.690	
累计方差解释率(%)		34.994	50.915	66.604	

从这四个因素所包含的具体内容来看,它们基本上从不同的方面反映了群体公民行为的不同构面。为了检验这四个因素是否反映了群体公民行为这个同一主题,研究者接着进行了相关性检验。计算结果表明(如表4.4所示),企业群体公民行为内容结构的四个因素之间具有显著的相关性,说明这四个因素能够形成一个统一的整体,共同反映了群体公民行为这个主题。

表 4.4 企业群体公民行为四因素的相关矩阵(N＝652)

	M	SD	群体道德	组织忠诚	团队精神
群体道德	17.9288	3.82332			
组织忠诚	17.7696	3.85158	.481**		
团队精神	15.7305	3.98869	.429**	.516**	
助人行为	15.0408	3.97772	.404**	.467**	.546**

注:**表示在 0.01 水平上显著

4.3　验证性研究

4.3.1　研究目的

通过前一个阶段的研究,我们得出了企业群体公民行为的四因素模型,但是企业群体公民行为的内容结构是否就是四因素模型,仅依据探索性因素分析的结果还不能完全确定。在本研究中,企业群体公民行为是否还存在其他可能的结构模型以及四因素模型是不是最优模型等问题都不能确定。故而,还需要通过验证性因素分析(Confirmatory Factor Analysis,CFA)加以解决,通过协方差结构模型(Covariance Structure Modeling,CSM)或称结构方程模型(Structure Equation Modeling,SEM),进一步对探索性因素分析所得到的企业群体公民行为四因素模型的合理性和优越性进行模型检验。通过验证性因素分析,我们可以检验和确定研究者所提出的某种特定的结构关系的假设是否是预期的形式(邱皓政,2004)。因此本研究利用正式群体公民行为问卷再次对相关企业进行实测,对所获得的数据进行验证性因素分析,进一步对经由上述探索性因素分析得到的企业群体公民行为的内容结构模型的合理性与优越性进行检验,并通过对它与其他可能存在的竞争模型进行比较,进而对其拟合优度作出判断。

4.3.2　研究方法

(1)被试

根据验证性因素分析要求,研究者重新对验证性因素分析所需要的数据选取了样本。本次调查依然面向全国,在华南地区、华东地区、华北地区和东北地区选取广州、东莞、深圳、济南、莱芜、潍坊、青岛、上海、杭州、北京、石家庄、天津以及沈阳、锦州、葫芦岛等城市的多家企业,共发放 1000 份问卷。回收后,经检查,有效问卷有 647 份,有效回收率为 64.7%。被试及被试所在群体和组织的具体情况见表

4.5 和表 4.6。

（2）研究工具

采用前一阶段研制的由 16 个项目组成的企业群体公民行为正式问卷（为了后续研究，里面加入了本研究所涉及的其他变量的问卷或量表）。仍然以里克特六点量表进行测量。

（3）调查过程

由于本阶段的研究数据不仅要用于验证群体公民行为的内容结构，同时其数据的大部分还将要用于对相关前因、后果变量的研究，因此本次调查中除了前面所述的相关要求外，对被试的工作时间和群体规模提出了要求，要求工作时间必须两年以上，小组规模不得少于五人。保障手段有二：一是在发放问卷的过程中选取的群体为五人以上，答卷人工作年限在两年以上；二是收回问卷之后，对问卷中出现的工作时间低于两年和群体规模小于五人的予以剔除。

表 4.5 验证性因素分析数据来源被试个人情况一览表（$N=647$）

人口统计学变量	类别	人数	有效百分比（%）
性别	男	310	47.9
	女	337	52.1
年龄	20 岁以下	0	0
	20～25 岁	207	32.0
	26～30 岁	248	38.3
	31～35 岁	155	24.0
	36～40 岁	18	2.8
	41～45 岁	11	1.7
	45 岁以上	8	1.2
学历	初中及以下	13	2.0
	高中或中专	168	26.0
	大专	217	33.5
	本科	162	25.0
	研究生及以上	87	13.4

人口统计学变量	类别	人数	有效百分比(%)
任职时间	1 年以下	0	0
	1～2 年	0	0
	2～4 年	307	47.4
	4～7 年	289	44.7
	7～9 年	17	2.6
	9 年以上	34	5.3
职务	普通员工	343	53
	基层管理者	173	26.7
	中层管理者	87	13.4
	高层管理者	44	6.8

表 4.6　验证性因素分析数据来源被试所在群体与组织情况一览表(N=647)

组织特征变量	类别	人数	有效百分比(%)
企业规模	50 人以下	100	15.5
	51～100 人	159	24.6
	101～500 人	143	22.1
	501～1000 人	101	15.6
	1001～2000 人	55	8.5
	2001 人及以上	89	13.8
工作小组规模	5 人及以下	200	30.9
	6—10 人	214	33.1
	11—15 人	81	12.5
	16—20 人	58	9.0
	21 人及以上	94	14.5
企业性质	民营	334	51.6
	国有	124	19.2
	中外合资	90	13.9
	外商独资	60	9.3
	港澳台商独资或合资	39	6.0

组织特征变量	类别	人数	有效百分比(%)
行业属性	工业	145	22.4
	商业	129	19.9
	制造业	112	17.3
	交通运输业	71	11.0
	饮食服务业	123	19.0
	其他	67	10.4
地区	华南地区	235	36.3
	华东地区	172	26.6
	华北地区	85	13.1
	东北地区	139	21.5
	其他	16	2.5

（4）统计方法

本研究中所采用的统计方法为验证性因素分析，统计分析软件为LISREL8.70。对于验证性因素分析，首先有几个问题需要阐述。

首先是样本容量问题，不同的研究者对此有不同的理解，不过当前比较公认的是"N/p 或 N/t"准则（这里面，N 为样本要求最低容量，p 为指标数目，t 为自由估计参数数目）。一般认为样本容量最低应该是指标数目或自由估计参数数目的五倍，即 $N/t > 5$ （Bentler，1989；侯杰泰等，2004），本次调查的问卷中，项目数最多的企业群体公民行为问卷的项目数 p 为 16，而所获取的有效样本数 N 为 647，因此 N/p 为 40.44，因此，在样本方面完全达到了进行验证性因素分析的样本容量要求。

其次是关于进行模型评价的主要参考拟合指标，也就是拟合优度统计量（Goodness of Fit Statistic）的问题。研究者可以通过这些指标来对模型拟合的是否恰当作出判断，主要包括绝对拟合指标、相对拟合指标、简约拟合指标三类。本研究按照 Hair 等（1998）的建议，同时选取三类指标对模型的可接受性进行比较。各类指标的含义与判断标准具体而言是：

①绝对拟合指标（Absolute Fit Index）。该类指标主要用于评价原先提出的整体理论模型能够预测观察共变数或相关矩阵的程度。常用的评价整体拟合的绝对拟合指标包括：χ^2 值、χ^2/df 值和近似误差均方根 RMSEA（Root Mean Square Error of Approximation）。按照当前公认的标准，如果 χ^2/df 的值小于 3，则表明

构想模型与观测数据拟合很好,如果 $3<\chi^2/df<5$,则表明构想模型与观测数据基本拟合,模型可以接受;如果 $\chi^2/df>5$,则表明构想模型与观测数据拟合程度比较差;如果 χ^2/df 的值大于 10,则表明构想模型与观测数据拟合程度很差。对于 $RMSEA$ 的值而言,其取值一般在 0～1 之间,$RMSEA$ 越接近 0,表示整体拟合度越好。按照当前公认的标准,当 $RMSEA$ 的值小于 0.05 时,则表示构想模型与观测数据可被良好拟合;取值介于 0.05 和 0.08 之间,也可以视为构想模型与观测数据为较好的拟合;当 $RMSEA$ 的值大于 0.10 时,则表示为不良拟合。

②相对拟合指标(Relative Fit Index),又称之为比较拟合指标(Comparative Fit Index)。其意义来源于虚拟模型(Null Model)。虚拟模型是最简单,也是拟合的最差的模型是虚模型,拟合虚模型得到的卡方值比任何其他模型的都要大。相对拟合指数就是相对于虚模型的这个卡方值而言,假设模型的卡方值减少了的部分占了多大的比例。常用的评价相对拟合指标包括:IFI(Incremental Fit Index)和 CFI(Comparative Fit Index)。一般而言,IFI 和 CFI 的取值都介于 0～1 之间,其值越大表示构想模型与观测数据拟合越好,一般认为,只有 IFI 和 CFI 的值大于 0.90 时,才能判断当前的理论模型拟合较好。

③简约拟合指标(Parsimony Fit Index)。简约拟合指数使用简约比 dfT/dfN 乘以该指数,其中分子和分母分别表示拟合假设模型和虚模型对应的自由度,目的是惩罚复杂模型(即自由度少的模型)。比较常用的是简约规范拟合指标 $PNFI$(Parsimonious Normed Fit Index)和简约良性拟合指标 $PGFI$(Parsimonious Goodness-of-Fit Index)两个。两者的取值范围都介于 0～1 之间,它们的值越大表示模型越简约,按照公认的标准,当 $PNFI$ 和 $PGFI$ 的值大于 0.5 时,就可以为模型通过,整体模型可以接受。

4.3.3 模型的验证

首先,我们根据探索性因素分析的结果,提出如图 4.1 所示的企业群体公民行为内容结构的构想模型。然后,我们按照结构方程模型的建模要求,采用验证性因素分析研究所获得的 647 个有效样本数据的观察值与构想模型进行拟合,以对前面所提出的构想模型进行验证,得到企业群体公民行为内容结构构想模型的完全标准化解如图 4.2 所示,以及构想模型与观测数据的拟合指标,如表 4.7 所示。

表 4.7 群体公民行为四因素结构模型的拟合指标($N=647$)

χ^2	df	χ^2/df	$RMSEA$	IFI	CFI	$PNFI$	$PGFI$
318.95	98	3.25	0.059	0.97	0.97	0.78	0.68

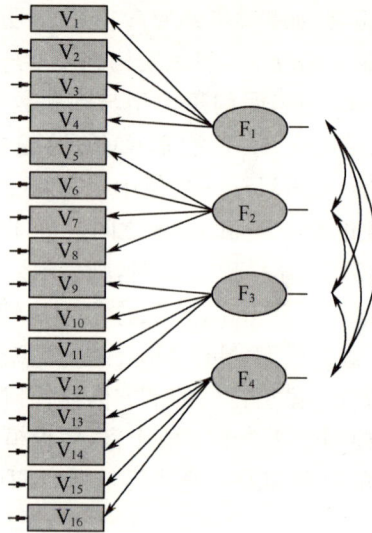

图 4.1   企业群体公民行为内容结构的构想模型

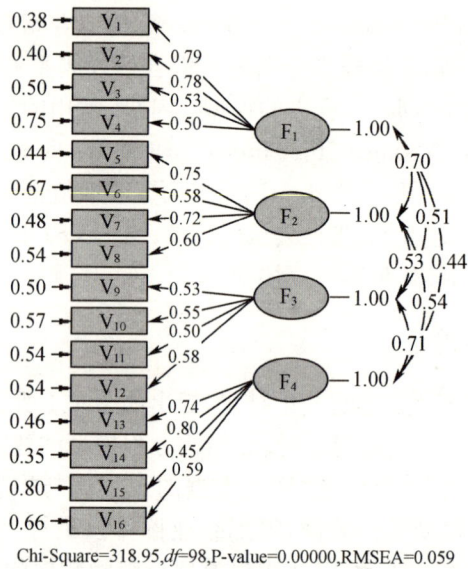

Chi-Square=318.95,*df*=98,P-value=0.00000,RMSEA=0.059

Chi-Square＝318.95，df＝98，P-value＝0.00000，RMSEA＝0.059

图 4.2   企业群体公民行为四因素结构模型的完全标准化解

　　通过图 4.2 和表 4.7 可以看出，本研究中所选取比较的三类主要拟合指标都达到了良好拟合的程度，各参数的完全标准化解基本符合统计学的要求。结果说明，验证性因素分析所取样本的观测数据比较好地支持了探索性因素分析中所提出的群体公民行为四因素结构模型。也就是说，探索性因素分析的结果得到了验证支持。

4.3.4　竞争模型的比较

虽然前面的验证性因素分析的结果表明企业群体公民行为内容结构的理论构想模型与观测模型所需要比较的三类主要拟合指标都达到了良好拟合的程度,但是,是否还存在其他的比四因素模型更优的模型呢? 接下来,本研究采用结构方程模型技术对多个可能存在的模型进行了比较,以确定最佳的匹配模型。具体而言,研究者是通过对四因素模型与可能存在的其他三个竞争模型的优劣进行相关的比较,从而判断四因素模型是否为最佳模型的。根据前面的论述与研究结果,研究者提出的竞争模型的假设包括单因素模型、二因素模型和三因素模型。

(1) 单因素模型

根据前面对企业群体公民行为内容结构的探索性研究结果,群体公民行为的四个因素之间显著相关。也就是说,这四个因素有可能形成单因素结构。故而,我们提出的第一种假设模型就是单因素模型。单因素构想模型图如图 4.3 所示。

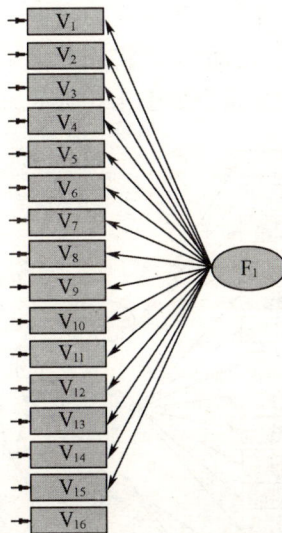

图 4.3　企业群体公民行为内容结构单因素构想模型示意图

(2) 二因素模型

根据 Ehrhart (2004)的研究,将前面三个因素,即群体道德、组织忠诚与团队精神合并为一个因素"群体顺从行为","群体顺从行为"和第四个因素共同形成二因素结构模型。二因素构想模型图如图 4.4 所示。

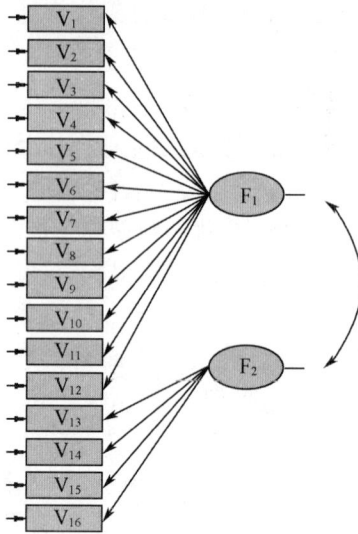

图 4.4   企业群体公民行为内容结构二因素构想模型示意图

（3）三因素模型

由于组织忠诚维度和团队精神维度都在一定程度上反映了工作群体由于对组织的忠诚而自愿、主动采取一些行动，可以将二者合并在一起，与群体道德、助人行为构成三因素模型。三因素构想模型如图 4.5 所示。

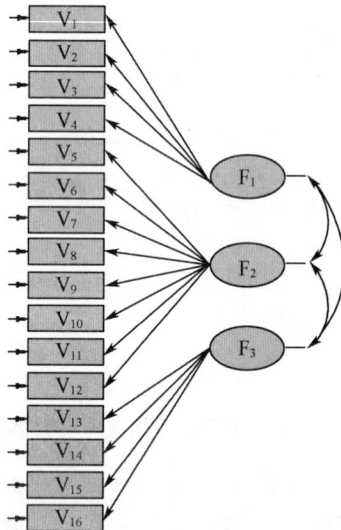

图 4.5   企业群体公民行为内容结构三因素构想模型示意图

在进行竞争模型比较的过程中，除了前面验证性因素分析所提到的几个指标，还需要用到另外一个比较重要的指标,即离中指标(NCP,Non-Centrality Parameter),该指标的优势是能够用于在相同样本情况下对多个模型的优劣进行比较,判断优劣的标准是:其数值越小越好(邱皓政,2004)。本研究中得到的企业群体公民行为内容结构的四因素模型与以上所推论出的三个竞争模型进行的拟合指标如表4.8所示。从表4.8中的各个指标值可以看出,本研究得到的四因素模型的各项指标均优于另外三个竞争模型。由此我们得到结论:企业群体公民行为四因素模型是比较理想的企业群体公民行为的内容结构模型。

表4.8 群体公民行为竞争模型的指标比较表($N=647$)

	χ^2	df	χ^2/df	RMSEA	IFI	CFI	PNFI	PGFI	NCP
四因素模型	318.95	98	3.25	0.059	0.97	0.97	0.78	0.68	220.95
三因素模型	563.26	101	5.58	0.084	0.95	0.95	0.78	0.67	462.26
二因素模型	823.98	103	8.00	0.10	0.92	0.92	0.78	0.65	720.98
单因素模型	1116.66	104	10.74	0.12	0.89	0.89	0.76	0.63	1012.66

综上所述,探索性因素分析和验证性因素分析的结果都表明,四因素结构模型是企业群体公民行为内容结构的理想模型。

4.4 企业群体公民行为问卷的信度和效度检验

4.4.1 研究目的

前述研究中所研制出来的企业群体公民行为问卷是否具有较高的质量,需要评价的两类重要指标就是问卷的信度与效度。只有问卷的信度和效度都达到了心理测量学的要求,才能说该问卷有较高的质量,具有一定的应用价值。本阶段研究的目的就是通过进一步对企业群体公民行为问卷的信度和效度进行计算,以评价该问卷的可靠性和有效性。

4.4.2 研究方法

(1)被试

选用进行探索性因素分析时,所调查的652名被试的数据。被试具体情况见表4.1和表4.2。

(2)统计方法

描述性统计、一般的信、效度分析方法、相关分析以及探索性和验证性因素分析。

4.4.3 计算与分析

（1）企业群体公民行为问卷的信度分析

通俗来讲，信度就是测验结果的一致性程度或可靠性程度，量表或问卷的信度是指潜在变量的实际份数的方差比例，即真分数的方差与实际分数的方差的比值（Robert，2004）。问卷或量表的信度越高越稳定。根据相关研究，本研究对企业群体公民行为问卷的内部一致性信度与折半信度进行了分析。

①内部一致性信度

内部一致性信度表明的是一个量表中所有题项的同质性。测验理论表明，题项之间的相关与题项和潜在变量的相关之间具有某种逻辑联系。如果某个量表的题项与其潜在变量之间有很强的相关的话，那么，它们彼此之间也有很强的相关。当前测量内部一致性信度的方法主要是检查量表的 Cronbach α 系数。Cronbach α 系数是指一个量表中由共同的因素所引起的总体方差的比例，大概是潜在变量的实际分数，而该潜在变量是所有题项的基础。一般而言，Cronbach α 系数的检验最低需要达到 0.65 到 0.70 之间，这是最低可接受的值域，只有超过 0.70 时，才表示问卷内部一致性相当好。

计算之后的结果显示，本研究中的企业群体公民行为问卷中的四个因素以及总问卷的内部一致性信度都比较好，具体如表 4.9 所示：四个因素的 Cronbach α 系数最小的为 0.704，最大的为 0.792，均高于 0.70 的"相当好"标准；总问卷的 Cronbach α 系数更是高达 0.875。

表 4.9　企业群体公民行为问卷各维度及总问卷的内部一致性信度

因素	Cronbach α 系数	因素项目数
群体道德	.792	4
组织忠诚	.771	4
团队精神	.733	4
助人行为	.704	4
总问卷	.875	16

②折半信度

按照一般理解，如果一个量表存在两种严格平行的形式的话，那么只要相同的人完成了这两个形式，那么就可以计算它们之间的相关来表明其信度了。但是在实际情况中，我们很难找到能够严格遵循平行测试的假设的一个量表的两种版本。然而，却能够找到把同样的逻辑应用到一个单一的题项集合中去的其他信度评估方法。因为交替形式本质上是由一个单一的题项库所组成的，这些题项被分成两组,由此,我们可以选取组成一个单一量表的题项集合,并将它分成两个子集,求这两个子集的相关来评估信度。这种类型的信度测量就是折半信度(Split-Retest Reliability)。折半信度优劣的判断标准和Cronbach α系数一致,即在0.90以上,表示信度极好,而在0.70以上都是可以接受的标准(Gay,1992;吴明隆,2000)。本研究所求出企业群体公民行为内容结构问卷的折半信度系数为0.793,表明问卷的信度系数较高。

(2)企业群体公民行为问卷的效度分析

信度涉及一个变量对一套题项的影响程度,而效度则涉及该变量是否是题项共便的潜在原因。通俗地讲,效度就是对一个特定变量的测量是否充分,即测验对所要测定的变量能准确地测定到什么程度。凌文辁、方俐洛(2004)指出:测验的效度是指测验的结果对其所要完成的目标能达到何种有效的程度。本研究所分析的效度主要包括:结构效度、内容效度、效标关联效度、聚合效度与区分效度。

①结构效度

结构效度(Cronbach&Meehl,1955)涉及一个变量与其他变量之间的实际关系,它表明了其所意欲测量的结构与已经建立的其他结构之间的相关程度,是所有的心理学、组织行为学研究中问卷编制必须报告的一个效度结果。根据凌文辁、方俐洛(2004)提倡的做法,本研究先采用探索性因素分析,获得与理论假设基本相符的企业群体公民行为四因素结构,然后重新取样,使用同一测验工具施测,并对数据进行了验证性因素分析和竞争模型比较。结果表明,企业群体公民行为问卷的各项指标均符合心理测量学的要求,同时,探索性因素分析所得出的因素结构也被验证性因素分析证明是最佳的模型,证明该研究所研制的企业群体公民行为问卷具有良好的结构效度。

其次,我们企业群体公民行为问卷中的各个项目与各自维度总分之间的相关进行了计算,结果如表4.10所示:每个维度四个项目,十六个项目与各自维度总分之间的相关均达到0.01水平上的显著。也就是说,用于测量四个维度的四个分量表的内部同质性程度较高,企业群体公民行为内容结构问卷具有良好的结构效度。

表4.10　群体公民行为问卷各项目与相应维度总分之间的相关

因素	项目1	项目2	项目3	项目4
群体道德	.848**	.796**	.787**	.712**
组织忠诚	.795**	.783**	.769**	.733**
团队精神	.769**	.757**	.750**	.704**
助人行为	.756**	.777**	.676**	.705**

注:** 表示在0.01水平上显著

②内容效度

内容效度描述的是量表的题项取样的充分性问题,也就是说一个特定的题项集合对一个内容范畴的反映程度。从理论上讲,当某问卷的题项是从大量合适的题项集合中随机选出来的一个子集的时候,其就有内容效度,当前比较公认的方法是让专家就题项与研究的范畴之间的关联性对题项进行评价。本研究中的企业群体公民行为问卷中的题项是通过文献分析、开放式问卷调查、访谈等众多科学方法所获得的,其中涉及了人力资源管理与组织行为学研究领域的专家学者和硕、博士研究生,也涉及了在企业实践领域中的管理人员和一般员工的意见,并实际进行了预试,才最终形成企业群体公民行为的正式问卷。再综合前面的多次测量与多种统计结果,可以表明,本研究中的企业群体公民行为问卷具有良好的内容效度,该问卷的内容基本上能够反映当前企业中群体公民行为的内容现状。

③效标关联效度

效标效度是将测验分数与外在独立存在的一个或某几个效标进行比较而得到的相关系数(凌文辁、方俐洛,2004)。本研究中,选择群体公民行为的后果变量作为效标。表 4.11 表示的是用 SPSS 求出企业群体公民行为各维度与其后果变量:群体效能、个体任务绩效(ITP)和个体组织公民行为(IOCB)之间的相关系数及显著性水平(这些问卷的质量分析结果参见第七、八两章)。由表 4.11 可见,企业群体公民行为四个因素这两个明显的相关变量之间均存在 0.01 水平上显著的正相关关系,也就说明了本研究所研制的企业群体公民行为问卷具有较高的效标关联效度。

表 4.11　群体公民行为测验分数与外在独立的效标的相关系数

变量	M	SD	1	2	3	4	5	6
1 群体道德	17.929	3.823						
2 组织忠诚	17.770	3.852	.481**					
3 团队精神	15.731	3.989	.429**	.516**				
4 助人行为	15.041	3.978	.404**	.467**	.546**			
5 群体效能	13.136	2.755	.528**	.424**	.412**	.312**		
6 ITP	16.165	4.018	.355**	.286**	.375**	.348**	.503**	
7 IOCB	12.949	2.744	.444**	.410**	.440**	.335**	.459**	.363**

注:** 表示在 0.01 水平上显著

④聚合效度与区分效度

聚合效度是指不同的观察变量是否可以用来测量同一潜变量,而区分效度是指不同的潜变量是否存在显著差异。运用结构方程模型来评价聚合效度的标准是观测变量的因子负荷必须达到显著水平,而且路径系数必须大于0.4,方向指向必须一致(Bentler&Wu,1993);区分效度则要求各个潜变量之间的相关系数是否显著低于1来判断(陆晓萍,徐淑英,樊景立,2008)。根据验证性因素分析结果(见图4.2),群体公民行为问卷的各项指标均已满足标准,因此可以说,本问卷具有较好的聚合效度和区分效度。

4.5　结果与讨论

4.5.1　群体公民行为的内容结构

对我国企业群体公民行为内容结构的探索性因素分析与验证性因素分析,并经过与其他竞争模型的拟合情况进行比较的结果表明,我国企业组织中群体公民行为呈现出清晰的四因素机构。这四个因素依次是:群体道德、组织忠诚、团队精神和助人行为。同时,在研究过程中,本研究根据以往的研究成果,对调查对象进行了比较严格的界定,并对数据进行了严格筛选。被试所在的企业包括了国内经济比较发达的四个地区,若干个城市,而且覆盖了各种不同性质、行业、规模的企业,而且两次正式调查所选取的被试情况基本相同。故而,可以认为,本研究得出的企业群体公民行为问卷基本能够真实反映当前中国企业群体公民行为的内容结构。也就是说,中国企业中的群体公民行为表现在四个方面,分别是群体道德行为、组织忠诚行为、群体行为的团队精神和群体助人行为。

首先,从群体道德行为来看,在个体行为研究层面,德行一直以来都受到极大的重视,这不仅是因为受到中国传统文化历来对德行的重视,更是因为在传统道德理论中,道德行为的主体应该而且只应该是个体。在对道德涵义的认识上,人们通常把道德界定为调节个人与社会、他人的行为规范体系。这就是说,道德行为主体是个体,道德规范是个体行为规范体系,是对个人的道德要求。即使部分认识到群体道德的人,也将群体道德视为人们的教条枷锁。这种将群体排斥在道德行为主体之外的传统道德理论,不仅导致该理论体系的不完整和对群体认识的肤浅,更为重要的是,在道德实践上使大量的道德主体游离于道德调控之外,出现道德调控的缺位状态,甚至直接影响整个社会道德水平的发展。

实际上,群体道德的概念早在马克思时代就已经提出,却一直未被学者和社会所重视。群体道德顾名思义就是调整群体与群体之间的相互关系的行为原则和规范的总和。美国最杰出的基督教神学家、新正统神学的代表人物莱因霍尔德·尼布尔认为,如果不能正确地认识个体道德和群体道德这两者之间的差别,用高尚的个体道德去规范群体行为,或者反过来,个体仅用一般的群体道德去要求自己,可能会对两方都构成损害,造成个人道德的平庸化和沦丧,也无助于社会问题的解决。

本研究中的群体道德是指在一个企业组织中的某个群体或团队的共同的行为规范与行为原则的总和。其重要意义在霍桑试验中就已经有所突出,在那次举世闻名的试验中,最重要的一个发现成果就是"群体的某些规范是要凌驾于组织规范之上的"。当时梅奥的发现是,群体中员工的产量只保持在中等水平上,每个工人的日产量平均都差不多,而且工人并不如实地报告产量。深入的调查发现,这个班组为了维护他们群体的利益,自发地形成了一些规范。他们约定,谁也不能干的太多,突出自己;谁也不能干的太少,影响全组的产量,并且约法三章,不准向管理当局告密,如有人违反这些规定,轻则挖苦谩骂,重则拳打脚踢。进一步调查发现,工人们之所以维持中等水平的产量,是担心产量提高,管理当局会改变现行奖励制度,或裁减人员,使部分工人失业,或者会使干得慢的伙伴受到惩罚。这一试验表明,为了维护群体内部的团结,可以放弃物质利益的引诱。由此提出"非正式群体"的概念,认为在正式的组织中存在着自发形成的非正式群体,这种群体有自己的特殊的行为规范,对人的行为起着调节和控制作用。同时,加强了内部的协作关系。

在个人主义文化的社会中,个体的自我概念是独立自我的概念;而在集体主义文化的社会中,个体的自我概念则是相互依存的自我的概念。这就意味着在集体主义文化背景下,个体更容易将自己识别为某个群体中的一员,而为了维持自己作为群体成员的地位,个体对周围他人的行为和反应更加敏感,更倾向于遵从群体中的社会规范。也就是说,群体道德对个体行为的影响会更为深远。在一个企业组织中,如果出现群体道德的缺失,就可能会引起过度竞争、不正当竞争、为了自己群体的利益而不惜牺牲损害其他群体或组织的利益等诸多不良行为。

而我国通常被认为是一个具有集体主义文化的社会,这就要求一个采用团队或群体模式运行的企业,必须要更重视群体的道德建设,关注人性、关注群体行为表现,使工作群体的行为规范符合企业整体的行为规范,让各工作群体之间能够融洽相处,和谐并存,共同发展,从而促进企业组织整体绩效的提升。同时,群体道德行为更是建设和谐组织的一个重要基础。

其次,从组织忠诚行为来看,它既是前一个群体道德行为的延伸,又具有其独特的一面。同道德一样,忠诚在中国历来备受重视,孔子设教四科,"文、行、忠、信"。"文"是文章的典籍,"行"是社会实践,"信"是对行为的规范,而"忠"则是立身之本的品行。此外还有:"忠诚盛于内,贲于外,形于四海。"(《荀子·尧问》)"周勃质朴忠诚,高祖以为安刘氏者必勃也。"(汉,荀悦《汉纪·文帝纪下》)"忠诚之既内激兮,抑衔忍而不长。"(唐,柳宗元《吊屈原文》)等。而在现代,管理学各学科对于个体忠诚的研究也屡见不鲜,在市场营销学领域培养品牌忠诚的消费群体一直是研究焦点之一。而在组织行为学与人力资源管理研究领域提高员工的组织忠诚对于降低离职率的显著作用也得到了诸多研究的支持。

作为群体的组织忠诚行为,它除了具备个体忠诚的几乎所有积极作用之外,尤其重要的是对群体成员具有一种"行为规范"的作用,能够放大这种积极效应。赵瑞美、李桂云(2003)指出,员工忠诚是指员工对企业的认同以及竭尽全力的态度和行为。具体表现为在思想意识上与企业价值观和政策等保持一致;在行动上尽其所能为企业做贡献,时刻维护企业集体的利益。而组织忠诚则能规范群体成员的行为,形成一个群体内多数成员共有的行为模式,不遵循规范就要受到谴责或惩罚。当然,不可避免的,群体内部仍会有成员不具备组织忠诚,或者忠诚程度低,但是在一个形成了组织忠诚的群体内,群体成员的这些行为是不被允许的,故而只能一种思想意识上的不忠诚,尚不能构成行为。美国学者Bob(1999)强调员工忠诚是以行为来体现的,没有通过行为体现出来的,就不构成忠诚行为,反之,没有不忠诚行为的员工就是忠诚的员工。在企业中,员工忠诚度是决定企业力量大小的关键因素之一。只有忠诚的员工才能带来忠诚的客户。员工越忠诚,那么对企业的奉献精神就越强,就越能摆脱物质名利的束缚而专注于企业的发展。员工的忠诚使企业具有稳固的抗风险能力。员工的忠诚使其愿意发挥自己的聪明才智和最佳水平帮助企业实现战略目标,它对企业往往意味着更高的利润和生产力,更完美的企业形象,也就使一个企业更具有竞争力和生命力,这个企业的力量也就越强。

当然,忠诚是一种双边互动活动,"君使臣以礼",才能收到"臣事君以忠"的效果。要想培育出忠诚的群体,需要企业管理人员从各方面努力,从组建团队、授权到平时的监督管理和绩效评价都要做到以"礼"待之。所谓"用人不疑,疑人不用"即为此。

第三,从群体行为的团队精神性来看,所谓团队精神,简单来说就是大局意识、协作精神和服务精神的集中体现。团队精神的基础是尊重个人的兴趣和成就,核心是协同合作,最高境界是全体成员的向心力、凝聚力,反映的是个体利益和整体利益的统一,并进而保证组织的高效率运转。团队精神是组织文化的一部分,良好的管理可以通过合适的组织形态将每个人安排至合适的岗位,充分发挥集体的潜能。如果没有正确的管理文化,没有良好的从业心态和奉献精神,就不会有团队精神。所以说,团队精神是一种力量,在现代企业中是不可缺少的。

工作群体中团队精神的培养,对于员工、群体和组织而言,具有非同一般的意义,主要有以下四点:首先是目标导向功能,团队精神的培养,使群体内员工齐心协力,拧成一股绳,朝着一个目标努力,对单个成员来说,团队要达到的目标即是自己所努力的方向,团队整体的目标顺势分解成各个小目标,在每个员工身上得到落实。其次是凝聚功能,任何组织和群体都需要一种凝聚力,传统的管理方法是通过组织系统自上而下的行政指令,淡化了个人感情和社会心理等方面的需求,而团队精神则通过对群体意识的培养,通过员工在长期的实践中形成的习惯、信仰、动机、兴趣等文化心理,来沟通人们的思想,引导人们产生共同的使命感、归属感和认同感,反过来逐渐强化团队精神,产生一种强大的凝聚力。第三是激励功能,团队精神要靠员工自觉地要求进步,力争向团队中最优秀的员工看齐。通过员工之间正常的竞争可以实现激励功能,而且这种激励不是单纯停留在物质的基础上,还能得到团队的认可,获得团队中其他员工的尊敬。最后是控制功能,员工的个体行为需要控制,群体行为也需要协调。团队精神所产生的控制功能,是通过团队内部所形成的一种观念的力量、氛围的影响,去约束规范,控制员工的个体行为。这种控制不是依靠自上而下的硬性强制力量,而是由硬性控制向软性内化控制;由控制员工行为,转向控制员工的意识;由控制员工的短期行为,转向对其价值观和长期目标的控制。因此,这种控制更为持久,有意义,而且容易深入人心。

培养团队精神要从组织氛围、制度和具体管理措施上共同下手,才能保证效果的实现。首先,营造相互信任的组织氛围,增加员工对组织的情感认可。从情感上相互信任,是一个组织最坚实的合作基础,能给员工一种安全感,员工才可能真正认同公司,把公司当成自己的,并以之作为个人发展的舞台;其次,企业方针、制度的决策和形成应当溶入团队精神,制度建设是团队精神的有力体现和保障,企业管理者既要把在新形势下团队精神的具体内涵反映到制度上来,不断进行充实、修正,也要不断重新检讨奖惩机制、分配机制,确定是不是真正做到了权、责、利相统一;再次,企业目标的设定需要有团队精神,既要让每一个员工都被视为大家庭的一分子,每个员工都能够发表自己独特的观点,又要强调员工之间要像在一个家庭中生活一样互相配合、协调;最后,是建立有效的沟通机制,以达到组织内各组成部分之间的良性互动。

第四,从群体助人行为来看,Eisenberg(1983)认为,助人行为是出于自愿而有益于他人的行为。在组织公民行为研究领域,对组织公民行为的"利他"这个维度和特点是一直被公认的(如 George&Brief,1992;George&Jone,1997;Farsh,2004 等),因此,这无疑是群体公民行为的一个重要维度。助人行为是指无私地关心他人并提供帮助的行为,助人行为涉及助人者、受助者和情境三个方面(付慧欣,2008)。群体助人行为以工作群体整体作为助人行为实施者,受助者则涉及本小组的成员、其他小组的成员、工作性质相同但任务较重的小组、工作性质不同但是需要帮助的小组,范围非常广泛。

与企业组织中员工个人之间的互助行为相比,群体助人行为更具有优势,主要变现为:作为群体助人行为的助人者工作群体,比员工个体拥有更多的资源,其实施助人行为的方式也就更为多样和便利。不仅可以关心本小组成员的工作、生活问题,为其提供物质和精神上的帮助,也可以为其他工作群体提供人力、物力、财力、信息、技术等方面的支持,以帮助他们渡过难关、提高工作效率等。虽然助人行为的发生受到多种因素的影响,但是助人行为最终是由助人者来完成实现的,助人者自身因素在助人行为方面起了决定性的作用。近年来有学者注意到,助人行为可能对助人者自身产生负面影响,例如过多的组织公民行为会导致员工工作压力提高(Bolino&Turnley,2005),甚至会影响员工本职工作的有效完成(Bergeron,2007)。而国内北大光华管理学院的邱静、张志学(2008)在对员工助人行为与工作负荷感的研究中发现,如果企业创造了一种互帮互助的氛围,使得员工能够在寻求帮助时没有太多面子的顾虑,敢于在需要的时候找同事帮忙,就能有效地减轻员工的这种工作负荷感。而群体助人行为作为群体层面的助人行为,不仅能够直接产生个体员工互助的那种积极效果,还能形成一种氛围,一种互帮互助的氛围,如此一来,不仅能促进员工之间的互帮互助,而且能够有效降低员工助人行为时的工作压力感,而不会影响到本职工作。

在对助人行为的影响因素研究中,研究人员发现,助人者的道德认知和移情是最重要的两个影响因素(Eisenberg,1983;李辽,1990;岑国桢,2004)。研究者认为这个结果不仅对于个体适用,对于群体助人行为也同样适用。因此,作为企业管理者要提高群体助人行为的频率和质量,创造一个互帮互助的氛围,必须重视组织道德建设,培养员工个体与群体的移情能力。

4.5.2　群体公民行为与个体组织公民行为结构内涵比较

本研究对我国群体公民行为的结构进行了探索和验证,得到群体道德、组织忠诚、团队精神和助人行为四个维度的结构模型。柯丽菲、柯利佳(2006)对已有的组织公民行为内容结构的研究成果进行了总结,其指出,目前的研究至少可以有30种不同形式的组织公民行为,可以总结为七个类型,分别是:(1) 助人行为;(2) 运动员精神;(3) 组织忠诚;(4) 组织服从;(5) 个人主动性;(6) 公民美德;(7) 自我发展。

仅从因素名称上就可以看出来,群体公民行为与个体组织公民行为是一脉相承的,群体公民各维度都可以从个体组织公民行为的维度中找到自己的影子,二者极为相似。实际上,群体公民行为也确实是从个体组织公民行为的研究过程中衍生出来的。但是必须强调的是,它们是不同的两个概念,不能将二者混为一谈。群体公民行为不是简单地将行为的实施主体由个体转变为群体这么简单。二者的区别主要体现在以下四个方面(吕政宝,凌文轻,2010)。

首先,在行为的实施主体上,群体公民行为是工作群体作为一个整体所表现出来的行为,它不同于个体组织公民行为的实施主体为员工个体(Ehrhart & Naumann, 2004)。这是群体公民行为与个体组织公民行为的一个最显著的区别。单独一个员工的组织公民行为不是群体公民行为,若干个群体成员的组织公民行为的简单相加也不是群体公民行为。

其次,群体公民行为不是群体中所有成员个体组织公民行为的平均水平。群体公民行为是对群体标准行为模式的知觉,因而其关注点应放在"群体作为整体是如何被知觉的"上面,而不是放在每个成员的组织公民行为上。

再次,群体公民行为具有个体组织公民行为所不具备的"社会规范作用"。群体公民行为是一种群体现象,能够发展成为一种群体规范,从而影响群体成员的工作行为与态度(Schnake & Dumler,2003),其不仅能够提升个体的绩效水平,而且能够帮助群体成员判断哪些行为是合乎规范的。

最后,群体公民行为是一种群体现象,与情境高度相关。比如,在我国的集体主义文化背景下,个体就更容易将自己识别为某个群体中的一员,从而为了维持自己作为群体成员的地位,而对周围他人的行为和反应更加敏感,更倾向于遵从群体中的社会规范。

4.6 小结

(1) 本研究通过文献检索、访谈、开放式问卷调查、预试、正式问卷调查以及对调查数据进行探索性因素分析和验证性因素分析,发现我国企业群体公民行为是四因素结构,分别是:群体道德、组织忠诚、团队精神和助人行为。

(2) 企业群体公民行为问卷具有良好的信度和效度,符合心理测量学的要求,可以作为企业群体公民行为的测量工具。

第五章　群体公民行为认知在相关变量上的差异性比较研究

5.1　研究目的

前面对群体公民行为内容结构的研究反映了企业员工对群体公民行为的认知和理解。本研究的目的是在前面研究的基础上,探讨来源于不同的地区和企业,而且具有不同的人口学特征调查被试对群体公民行为的认知是否存在显著影响。本次调查涉及地区较广,华南地区、华东地区、华北地区和东北地区的若干个城市均进入本调查的范围之内。而由于这些地区的文化差异,社会政治、经济、教育文化等的发展尚未达到完全均衡状态,因此,可能导致人们在认识同一个问题时存在差异,群体公民行为也不例外。识别这些具有不同人口学、统计学特征的被试对群体公民行为认知的差异,将非常有助于人们加深对群体公民行为的理解,也有利于不同的地区有针对性地进行群体公民行为管理。据此,本研究提出假设:

假设1:不同人口学、组织学特征的员工对群体公民行为认知上存在显著差异。

5.2　人口学与组织学特征变量

5.2.1　人口学特征变量

根据以往研究,本研究所调查的人口统计学变量包括:性别(男;女)、年龄(20岁以下;20～25岁;26～30岁;31～35岁;36～40岁;41～45岁;45岁以上)、受教育程度:(初中及以下;高中或中专;大专;本科;研究生及以上)、工作时间:(一年以下;1～2年;2～4年;4～7年;7～9岁;9年以上)、职务层次(普通员工;基层管理者;中层管理者;高层管理者)五个变量。

5.2.2　组织学特征变量

问卷设计时,将组织特征变量作以下划分:组织规模(50人以下;50～100人;

101～500 人;501～1000 人;1001～2000 人;2001 人及以上)、工作小组规模(5 人及以下;6～10 人;11～15 人;16～20 人;21 人及以上)、企业经济类型(民营;国有;中外合资;外商独资;港澳台独资或合资)、行业属性(工业;商业;制造业;交通运输业;饮食服务业;其他)、所在地区(华南地区;华东地区;华北地区;东北地区;其他)五个变量。其中,对所在地区的获得过程不是直接的,而是首先让员工在问卷中填写自己企业所在的城市,然后根据城市所在的省份和以下地区标准:华南地区(广东省、香港市、澳门市、海南省、台湾省、广西壮族自治区的城市=1)、华东地区(江苏省、江西省、浙江省、安徽省、福建省、山东省和上海市的城市=2)、华北地区(河北省、山西省、北京市、天津市和内蒙古自治区的城市=3)、东北地区(辽宁省、吉林省、黑龙江省的城市=4)和其他地区(非上述地区=5)重新进行编码和变量虚拟化,分析时主要是针对前四个地区进行检验与讨论。对获得的数据进行方差分析与回归分析,比较不同人口学与组织学特征的群体公民行为认知上的差异性。

5.3　研究方法

5.3.1　被试

由两次正式调查所获得的数据构成,有效总样本数为 1299 个,具体被试分布情况请参考表 4.1、表 4.2、表 4.5、表 4.6。

5.3.2　统计分析方法

通过对全部调查数据进行独立样本 T 检验、单因素方差分析(One-Way ANOVA)和 Scheffe 多重比较得出企业群体公民行为在人口学与组织学特征变量上的差异,统计软件为 SPSS16.0。ANOVA 分析的 F 值如果达到显著,表示组别间至少有一对平均数之间有显著差异,但至于是哪两组之间存在差异,这需要进行"成对组多重比较"分析,即"多重事后比较"。多重事后比较的方法很多,研究中常采用 Scheffe 法。Scheffe 法的特点是当各组人数不相等或想进行复杂比较时,使用该法比较富有强韧性(吴明隆,2001)。

5.4　研究结果

5.4.1　人口学特征变量比较结果

(1)性别

对不同性别的员工的数据在群体公民行为认知各维度上的差异和总和进行独

立样本 T 检验。结果发现,不同性别的员工在群体公民行为内容的总体和四个维度上均不存在显著差异。

（2）年龄

对不同年龄段的员工的数据在群体公民行为认知各维度上的差异和总和进行单因素方差分析和 Scheffe 多重比较。结果发现,在群体道德和组织忠诚维度不存在显著差异,而在团队精神和助人行为及总体上存在显著差异,其 F 值与显著性程度分别为:$F_{团队精神}=2.986^{**}$;$F_{助人行为}=8.713^{***}$;$F_{总体}=3.959^{**}$（$*$ 表示在 0.05 水平显著、$**$ 表示在 0.01 水平显著、$***$ 表示在 0.001 水平显著,以下均同）。Scheffe 多重比较结果显示,31～35 岁组的员工在对群体公民行为认知的上述三个方面均显著低于 20～25 岁组的员工。

（3）受教育程度

对不同学历水平的员工的数据在群体公民行为认知各维度上的差异和总和进行单因素方差分析和 Scheffe 多重比较。结果发现,在群体公民行为认知总体和四个维度上均存在显著差异,其 F 值与显著性程度分别为:$F_{群体道德}=3.816^{**}$;$F_{组织忠诚}=7.355^{***}$;$F_{团队精神}=6.948^{***}$;$F_{助人行为}=12.705^{***}$;$F_{总体}=11.018^{***}$。Scheffe 多重比较结果显示,总体上,高中或中专文化程度的员工对群体公民行为认知显著低于大专和本科程度的员工,在团队精神和助人行为两个维度上也发现了完全一样的现象,但是在群体道德和组织忠诚这两个维度上却发现本科水平的员工显著低于高中、中专、大专和研究生及以上文化程度的员工。

（4）工作时间

对不同工作时间的员工的数据在群体公民行为认知各维度上的差异和总和进行单因素方差分析和 Scheffe 多重比较。结果发现,除了在群体道德维度没有发现显著差异,其他三个维度和总体上均存在显著差异,其 F 值与显著性程度分别为:$F_{组织忠诚}=2.870^{*}$;$F_{团队精神}=4.056^{**}$;$F_{助人行为}=7.166^{***}$;$F_{总体}=5.373^{***}$。Scheffe 多重比较结果显示,在存在显著差异的几个方面,均是工作时间低于一年的员工要显著低于工作时间在六年以上的员工。

（5）职务层次

对不同职务层次的员工的数据在群体公民行为认知各维度上的差异和总和进行单因素方差分析和 Scheffe 多重比较。结果发现,在群体公民行为认知总体和四个维度上均存在显著差异,其 F 值与显著性程度分别为:$F_{群体道德}=5.673^{**}$;$F_{组织忠诚}=7.355^{***}$;$F_{团队精神}=6.815^{***}$;$F_{助人行为}=24.006^{***}$;$F_{总体}=22.076^{***}$。Scheffe 多重比较结果显示,总体上和各维度上普通员工的认知评价要显著低于基层管理人员、中层管理人员和高层管理人员。

5.4.2 组织学特征变量比较结果

（1）组织规模

对不同组织的员工的数据在组织规模层次上对群体公民行为认知各维度上的差异和总和进行单因素方差分析和 Scheffe 多重比较。结果发现，来自不同组织的员工在组织规模层次上对群体公民行为认知内容的四个维度上均不存在显著差异。

（2）小组规模

对不同组织的员工的数据在小组规模层次上对群体公民行为认知各维度上的差异和总和进行单因素方差分析和 Scheffe 多重比较。结果发现，除了在团队精神和助人行为两个维度上存在显著性差异之外，在其他两个维度和总体上均不存在显著差异。存在显著差异的两个维度的 F 值与显著性程度分别为：$F_{团队精神}=2.411^*$；$F_{助人行为}=3.605^{**}$。Scheffe 多重比较结果显示，20 人以上工作小组中的员工对群体公民行为的认知评价显著低于 5 人以下的小组。

（3）企业性质

对不同组织的员工的数据在企业性质层次上对群体公民行为认知各维度上的差异和总和进行单因素方差分析和 Scheffe 多重比较。结果发现，在总体上和组织忠诚、团队精神、助人行为三个维度上存在显著性差异，其 F 值与显著性程度分别为：$F_{组织忠诚}=4.358^{**}$；$F_{团队精神}=2.744^*$；$F_{助人行为}=5.001^{***}$；$F_{总体}=3.526^{**}$，只有在群体道德一个维度上不存在显著差异。对检验显著的四个方面继续进行 Scheffe 多重比较，结果表明，民营企业员工对群体公民行为的认知评价显著低于民营和国有企业的员工。

（4）行业属性

对不同组织的员工的数据在行业属性层次上对群体公民行为认知各维度上的差异和总和进行单因素方差分析和 Scheffe 多重比较。结果发现，只有在组织忠诚一个维度上存在显著差异，其 $F_{组织忠诚}=2.963^*$，而在其他三个维度与总体上均不存在显著差异。Scheffe 多重比较的结果表明，制造业企业组织中的员工对群体公民行为的认知评价显著低于交通运输业。

（5）所在地区

对来自不同地区的员工对群体公民行为认知各维度上的差异和总和进行单因素方差分析和 Scheffe 多重比较。结果发现，除了在群体道德维度上不存在显著差异，在组织忠诚、团队精神、助人行为三个维度上和总体上均存在显著性差异，其 F 值与显著性程度分别为：$F_{组织忠诚}=2.464^*$；$F_{团队精神}=20.593^{***}$；$F_{助人行为}=14.694^{***}$；$F_{总体}=9.046^{***}$，Scheffe 多重比较的结果表明，东北地区的员工在群体公民行为认知评价上要显著低于华南地区、华东地区和华中地区，而在后三者之间没有发现显著性差异。

5.5　综合与讨论

对前面的研究结果进行综合,并列表。将人口学变量 ANOVA 分析后的多重比较结果汇总到表 5.1,将组织学变量 ANOVA 分析后的多重比较结果汇总到表 5.2,如下所示。

表 5.1　人口学变量对群体公民行为认知影响的多重比较结果($N=1299$)

	性别	年龄	受教育程度	工作时间	职务层次
群体道德	—	—	本科<高中、中专、大专和研究生及以上	—	普通员工<基层、中层和高层管理人员
组织忠诚	—	—	本科<高中、中专、大专和研究生及以上	一年以下<六年及以上	普通员工<基层、中层和高层管理人员
团队精神	—	31～35 岁<20～25 岁	高中或中专<大专和本科	一年以下<六年及以上	普通员工<基层、中层和高层管理人员
助人行为	—	31～35 岁<20～25 岁、36～40 岁、45 岁以上	高中或中专<大专和本科	一年以下<六年及以上	普通员工<基层、中层和高层管理人员
总体	—	31～35 岁<20～25 岁	高中或中专<大专和本科	一年以下<六年及以上	普通员工<基层、中层和高层管理人员

表 5.2　组织学变量对群体公民行为认知影响的多重比较结果($N=1299$)

	组织规模	小组规模	企业性质	行业属性	所处地区
群体道德	—	—	—	—	—
组织忠诚	—	—	民营企业<国有企业	制造业<交通运输业	东北地区<华南地区、华东地区、华中地区

	组织规模	小组规模	企业性质	行业属性	所处地区
团队精神	—	20人以上＜5人以下	民营企业＜国有企业	—	东北地区＜华南地区、华东地区、华中地区
助人行为	—	20人以上＜5人以下	民营企业＜国有企业	—	东北地区＜华南地区、华东地区、华中地区
总体	—	—	民营企业＜国有企业	—	东北地区＜华南地区、华东地区、华中地区

通过对不同人口学特征、不同组织背景的员工所理解的群体公民行为的差异的比较,可以看出,在所探讨的人口学特征变量和组织学特征变量中,除了性别和组织规模外,其余变量都对员工对群体公民行为的认知存在影响。因此说,本研究的假设得到了部分验证。

通过表5.1和表5.2我们首先可以非常明显地观察到两个现象:一是在性别变量和组织规模变量的比较中,没有发现任何显著差异存在;二是在群体道德这个维度上,绝大部分人口学与组织学变量上的比较都没有发现显著差异。在性别变量方面的这个结果在很多针对一个不存在性别优势变量(如智力、情商等)的研究中都可以看到,我们认为,这种结果主要是由于被试选取时,尽量照顾到每个地区都男女对半,而在同一个地区社会环境、教育等对男性与女性员工的影响是一样的,使得他们对群体公民行为产生了相似的理解和评价。而组织规模一直是研究者在研究群体公民行为的时候比较关心的一个变量,但是大部分的研究结果都与本研究一致,表明组织规模确实与群体公民行为没有太大的关系(Pearce等,2004)。在群体道德维度上没有差异也恰恰表明了当前企业员工对于个人和群体道德行为的普遍重视,本研究是在中国文化背景下进行的,所有的被试都是中国公民,中国文化历来对德行的重视已经深入人心,形成了一种普遍价值观,所以会出现这种没有差异的情况。至于在员工学历与职务层次两个变量上发现的差异,主要是由于取样或其他特殊原因造成的,不能改变前述的这种大趋势。

其次,从表5.2我们可以发现,不同小组规模与行业属性的员工对群体公民行为认知的差异仅限于某个或某两个维度,而在对群体公民行为总体认知上并不存在显著差异,这与Pearce等(2004)在团队层次上研究了组织公民行为时的结果相似,当时他们发现团队的规模与团队的组织公民行为之间关系不显著。我们认为这主要是由于群体公民行为是工作群体作为一个整体所实施的角色外行为,规模的大小不能影响其行为的实施。而行业属性上的比较结果则告诉我们群体公民行为是一种普遍行为,它存在于各行各业,不论哪个行业的企业都必须重视对群体公民行为的管理。

第三,其他人口学变量的比较上,首先,年龄变量方面,31～35 岁的员工对群体公民行为的认知评价要显著低于 20～25 岁的员工,这个也不难理解,31～35 岁的员工大多已经成家,处于上有老,下有小的阶段,家庭成为了其主要的关注点,与入职时间不长的处于 20～25 岁的员工对人际交往的迫切相比,对组织中其他成员的关注程度自然就会比较低。这样一来,对群体公民行为的观察与理解上,也就不如 20～25 岁员工观察得细致和深入,认知评价也就随之降低了。其次,受教育程度方面,高中或中专文化程度的员工对群体公民行为总体上和团队精神和助人行为两个维度上的认知显著低于大专和本科程度的员工,但是在群体道德和组织忠诚这两个维度上却发现本科水平的员工显著低于高中、中专、大专和研究生及以上文化程度的员工。对于这个问题,我们主要是从从事的工作类型方面理解的,高中或中专文化程度的员工在企业中大多从事的是最基层的、简单的操作性工作,操作流程比较详细,绩效考评也更为严格,稍有不慎就有被辞退的可能,而且工作的完成更多的是依靠个人的努力,几乎不需要群体之间的配合与他人的帮助,因此,其对于团队精神和助人行为两个维度的认知评价较低。再次,工作时间方面,研究发现工作时间低于一年的员工对群体公民行为的评价要显著低于工作时间在六年以上的员工,同时还发现,虽然差异不显著,但是对群体公民行为的评价程度是随着工作时间的增长而增高的。我们认为,这主要是由于刚入职的员工虽然对人际交往的要求比较强烈,但是毕竟刚刚入职,其对企业还不了解,尤其对于群体层次的行为了解更少,所以造成了评价较低的现象。随着工作时间的增长,对企业的了解也越来越多,对群体层次的行为了解也是如此,故而产生了工作时间越长,对群体公民行为的评价越高的现象。最后,在职务层次方面,普通员工对群体公民行为的评价要显著低于各层的管理者,我们认为这主要是由信息不对称所造成的,由于当前企业制度的原因,普通员工对企业信息,尤其是企业群体和整体信息的掌握程度要显著低于管理者。

第四,其他组织学特征的比较上,存在显著性差异的主要是企业性质和企业所处地区。首先从企业性质来看,民营企业的员工对群体公民行为的认知要显著低于民营和国有企业,我们认为这主要是由于工作特征的不同所造成的。一般来说,民营企业的规模较小,员工人数较少,所从事的工作主要是来料加工或者一般的手工加工,也没有形成一套完整的管理制度,甚至于一个企业就是一个工作群体,员工的工作主要依靠自己的努力,与其他人的关系不是很大。其次,对于企业所处地区上存在的东北地区的员工在群体公民行为认知评价上要显著低于华南地区、华东地区和华中地区,而在后三者之间没有发现显著性差异。东北地区是我国的老工业基地,国有企业较多,在国有企业改革过程中,下岗失业的人数也是以上四个地区最多的。改革之前,大多数员工以厂为家,企业为员工解决了几乎所有的问题,故而能得到较高的认同,但是下岗失业对员工产生了很多不良影响,如心理焦虑、抑郁、自信心与自尊的降低等(Richard&Fang Liluo,2002),由于涉及的人员较多,形成了一种氛围,导致企业员工对组织、对群体的认同感降低,自然就会导致对群体公民行为评价的降低。

5.6　小结

本研究通过对正式调查获得的 1299 个有效数据进行单因素方差分析、独立样本 T 检验和多重比较分析,表明:

(1) 不同性别的员工在群体公民行为内容的四个维度及总体上均没有显著认知差异;

(2) 不同年龄群体的员工在群体道德和组织忠诚维度不存在显著差异,而在团队精神和助人行为及总体上存在显著差异;

(3) 不同学历水平的员工在群体公民行为认知总体和四个维度上均存在显著差异;

(4) 不同工作时间的员工在群体道德维度上没有显著差异,其他三个维度和总体上均存在显著认知差异;

(5) 不同职务层次的员工在群体公民行为认知总体和四个维度上均存在显著差异;

(6) 组织规模不同的员工对群体公民行为认知内容的四个维度上均不存在显著差异;

(7) 小组规模不同员工在团队精神和助人行为两个维度上存在显著性认知差异,其他两个维度和总体上均不存在显著认知差异;

(8) 企业性质不同员工在总体上和组织忠诚、团队精神、助人行为三个维度上存在显著性认知差异,在群体道德一个维度上不存在显著认知差异;

(9) 行业属性不同员工在组织忠诚维度上存在显著认知差异,在其他三个维度与总体上均不存在显著认知差异;

(10) 不同地区的员工对群体公民行为认知在群体道德维度上不存在显著差异,在组织忠诚、团队精神、助人行为三个维度上和总体上均存在显著性差异。

第三篇　群体公民行为的前因变量研究

第六章　领导行为与群体公民行为的关系研究

6.1　研究目的

　　领导产生于人类社会的群体或组织活动,是人类社会普遍存在的一种现象。任何一个社会群体和组织,无论其规模大小,形式、性质如何,为了达到一定的目标,总是离不开领导。领导对整个群体或组织的成败起着至关重要的作用。无论是群体还是组织公民行为都与领导具有密不可分的联系。在群体中,领导的行为直接影响到成员的行为表现,包括组织公民行为。已有大量的研究证实了领导对个体组织公民行为的影响(Wayne & Green, 1993;Deluga, 1995;Podsakoff, Mackenzie, Paine & Bacharach, 2000;朱瑜、凌文辁,2003;Organ, 2006),至于领导对群体组织公民行为的影响,业已引起了研究者的注意,但群体层面的研究才刚刚开始(Vigoda-Gadot, Beeri, Birman-Shemesh &Somech, 2007;Euwema, Wendt &Emmerrik, 2007)。同时,从文化氛围的角度来看,中国文化则倾向于垂直关系的集体主义(Triandis,1995 ;Triandis and Gelfand,1998),是以等级为基础的。也就是说,中国的集体主义是以领导为核心的。由此可以推断,在中国文化背景下,领导行为能够更为显著地直接影响群体公民行为。

　　本研究拟选用运用中国人自己创立的适合中国国情,并获得国际认可的领导理论(Ling & Fang, 1995),探讨在中国文化背景下,领导行为对群体公民行为的影响。同时,检验程序公正氛围和人际信任在领导行为对群体公民行为影响中的中介效应,以及群体任务依存性的调节效应。在这些变量中,领导行为、程序公正氛围和群体公民行为属于群体层次的变量,而人际信任和任务依存性则属于个体层次的变量。研究构想如图6.1所示。

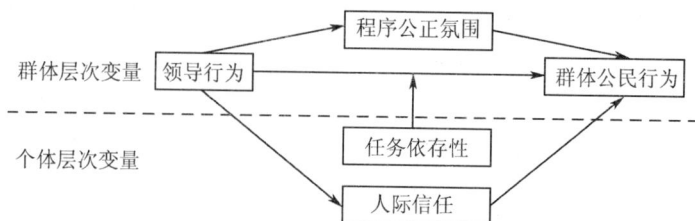

图 6.1　研究构想图

6.2　研究假设

6.2.1　CPM 领导行为对群体公民行为的作用探讨

在已有的领导行为对群体公民行为的影响研究中,主要是对密西根大学"员工导向——任务导向型领导"理论的探讨。最先是 Salam 等(1996)证实了任务导向型领导对群体层面的组织公民行为具有负向影响作用,之后,Chen 等 (2002)则发现了关系导向型领导对群体公民行为的显著正向影响作用。Martin 等(2007)采用跨文化比较研究的方式研究了任务导向型领导与关系导向型领导对群体公民行为的影响作用,结果也表明任务导向型领导对群体公民行为具有显著的负向影响作用,而关系导向型领导则对群体公民行为具有正向的影响作用。此外,在其他方面,Ehrhart(2004)研究了服务型领导与群体公民行为之间的关系,结果表明服务型领导对群体公民行为具有显著的正向影响作用;Chen 等(2005)发现,领导对工作群体的支持行为对于群体公民行为也具有显著的正向影响作用。

Wong(2001)在研究中国文化与领导时发现,品德是中国领导的核心。凌文轾等人(1987,2000)也认为,研究中国文化背景下的领导行为,必须考虑到领导者的"品德",中国人总是从"德"与"才"两个方面来对人进行评价的,强调"德才兼备,以德为先",并经过多年的探索,提出了 CPM 领导模型。该模型包含三个维度,分别是个人品德(Character and Moral)(简称为 C 因素)、工作绩效(Performance)(简称为 P 因素)和团体维系(Maintenance)(简称为 M 因素)。所研制的"CPM 领导行为评价量表" 在中央部门、地方政府和企业等上百个单位的领导班子考核中进行了试用,并对其信度和效度进行了检验,取得了良好的效果,受到了广泛的好评。CPM 模型与俄亥俄州立大学的两维度模型(Sceihriesheim, Cogliser & Neider, 1995)不同的是,CPM 理论突出了个人品德的因素,突出了中国特色。基于这种考虑,本研究中拟采用"CPM 领导行为评价量表"探讨领导行为对群体公民行为的影响。同时,根据凌文轾等人(1987,2000)对 CPM 概念的动力学分析内容,我们认为,P 因素是完成团体目标的机能,与前述命令型领导较为相似;M 因素是维系和强化团队的机能,与支持型领导较为一致;C 因素起着一种模范表率的作用,与德行领导和服务型领导的功用比较接近,主要反映的是领导的道德责任。据此,我们提出以下假设:

假设1:领导行为的三个方面对群体公民行为具有不同的影响效果。

H1a:CPM 领导模型中的 C 因素对群体公民行为具有显著的正向预测作用;

H1b:CPM 领导模型中的 P 因素对群体公民行为具有显著的负向预测作用;

H1c:CPM 领导模型中的 M 因素对群体公民行为具有显著的正向预测作用。

6.2.2　程序公正氛围、人际信任对 CPM 领导行为与群体公民行为关系的中介效应探讨

程序公正氛围是指工作群体关于自己受到的待遇的知觉，这种知觉产生于与程序公正有关的组织政策、实践和程序（Naumann & Bennett，2000）。由这个定义可知程序公正氛围是一个群体层次的变量。而且已有研究证明它要比分配公正更能影响群体成员对于组织公民的认知（Brockner，2002）。大量的已有研究都证实了程序公正氛围对于组织公民行为具有显著的影响作用，尤其是对组织公民行为中的助人行为维度，甚至于在控制了个体对程序公正的知觉变量影响之后，结果也是如此。Ehrhart（2004）探讨了程序公正氛围和领导行为对群体公民行为的影响机理，结果表明程序公正氛围和领导行为都与群体公民行为显著相关，而且，程序公正氛围对领导行为与群体组织公民行之间的关系起一定的中介作用。Chen 等（2005）则证明了程序公正氛围与群体公民行为之间具有显著的正相关关系。

研究表明，如果一个群体中的成员认为自己所在的工作群体作为一个整体能够被组织所公正的对待，尤其是程序上公正的对待，就能增强他们的工作积极性与主动性，做出一些额外努力的角色外行为，这不仅能够促进群体成员的组织公民行为，而且能够有效地促进群体公民行为。

假设 2：程序公正氛围在领导行为对群体公民行为影响过程中起中介作用。

人际信任是一个个体层面的变量，其指的是某个人对另外一个人所持有的信心的程度，以及愿意按照该人的语言、行动和决策等采取行动的程度 Mcallister（1995）。这是人际关系中最重要的元素之一，在一个高人际信任度的群体之中，员工的不确定性与风险认知会大大降低，人际间的合作与凝聚力会得到有力促进。由此，人际信任会促使双方都愿意对对方做出承诺，此时互惠的道德义务感就会出现，即使在没有明显的好处时，我们也乐于帮助对方，甚至愿意牺牲自己暂时的福利，以追求双方长远的福利，这种愿意自我牺牲、不计代价的精神和行为就是一种组织公民行为。相关研究也表明，即人际信任与组织公民行为显著正相关（Steven Appelbaum，2004；Dennis，2005；Shimon L. Dolan，2005）。当然，我们可以推理出来，这种显著的正相关不仅会出现在个体层面，在群体层面，如果群体内部成员之间的人际信任增强，工作群体本身的士气与凝聚力都会显著增强，当一个内部人际信任高的群体作为行为主体在组织中行为时，相应地也会增加群体公民行为，形成一种有利于提升群体与组织工作绩效的工作环境。

因此，我们提出以下假设：

假设 3：人际信任在领导行为对群体公民行为影响过程中起中介作用。

H3a：认知信任是领导行为对群体公民行为影响的中介变量；

H3b：情感信任是领导行为对群体公民行为影响的中介变量。

6.2.3　任务依存性在 CPM 领导行为与群体公民行为关系中的调节效应探讨

任务依存性是指在一个工作群体中,成员之间任务结构的联系性,比如目标相互关联、流程彼此衔接、资源需要共享等,及对团队合作的要求程度(Wageman&Baker,1995)。相关研究表明,任务依存性高的群体成员为了更好地完成工作,必须经常出现自发性的相互调整,会存在更为频繁的信息交流,这种频繁的交流会导致员工之间的感情增加;同时,这也会导致群体成员逐渐养成一种协作、协助的社会规范,而且对其他成员的需求感知也会变得比较敏锐,并产生一定的团队意识,从而有可能促进群体之间的互助行为(Smith,Organ&Near,1988)。基于以上两个原因,有人(王磊,2008)曾经假设其为群体层次的组织公民行为的前因变量,但是并没有得到验证。而我们认为,任务依存性作为群体工作任务的一个性质,是固定在群体水平之上的,各个群体的任务依存性是均不相同的。因此,它可能会调节领导行为与群体公民行为之间的关系。具体来说,在高任务依存性的群体,群体成员对于领导的协调、组织依赖程度较高,需要领导者不断地在成员之间、群体之间进行沟通和协调。而在低任务依存性的群体,各人单干,任务是否完成、完成的程度很大程度上是由自己决定的,因此,对领导的依赖程度也比较低,此时,就会削弱领导对群体行为的影响程度。据此我们提出:

假设 4:任务依存性是领导行为与群体公民行为之间关系的调节变量。即随着任务依存性的提高,领导行为 C 机能与 M 机能对群体公民行为的影响会增强,P 机能对群体公民行为的负向影响会被削弱。

6.3　研究方法与程序

6.3.1　研究工具

(1) 企业群体公民行为问卷

采用前一阶段经过探索性因素分析与验证性因素分析所得到的包含四个因素、十六个项目的企业群体公民行为问卷。

(2) CPM 领导行为量表

采用凌文辁教授编制的中国领导行为 CPM 量表简约版(覃大嘉,2008 年修订),包含九个项目,三个维度,C、P、M 机能各三个项目。

(3) 程序公正氛围问卷

采用 Mark G. Ehrhart(2004)修订的 Colquitt(2001)所编制的程序公正氛围问卷。Colquitt 的原问卷包含七个项目、一个维度,Ehrhart 根据相关情况将其修订为四个项目,所有项目都是从涉及该部门薪酬发放的程序的范围和程度角度考虑。我们首先对其进行了严格的翻译与回译以及理解性、适应性分析等过程,然后,将原问卷前的指导语部分"下列条目涉及贵部门薪酬发放的程序,主要考虑那些程序涉及的范围和程度"合并到项目之中,最终确定如"薪酬发放的程序在我所在部门能够得到一贯施行"等四个项目。

（4）人际信任问卷

采用 McAllister(1995)编制的人际信任问卷,该问卷包含九个项目,两个维度。情感信任用四个项目测量,认知信任用五个项目测量。对该问卷我们也对其进行了严格的翻译与回译以及理解性、适应性分析等过程。

（5）任务依存性问卷

参考采用 Pearce 和 Gregersen(1991)制订的任务依存性问卷,原问卷包括两个分量表:任务依赖性分量表和任务独立性分量表。前者反映了工作之间的相互依赖程度,包括 5 个项目;后者反映了一个员工独立于其他人完成其任务的程度,包括 3 个项目。本研究依据对任务依存性的日常理解,采用任务依赖性分量表作为任务依存性的测量问卷,量表中的五个项目测量工作任务的相互依赖程度。

6.3.2　被试

选用两次正式调查中以企业组织中的工作小组为单位进行调查所获得的被试样本。同时根据前述研究和前人的研究结果,本研究对数据进行了删减,具体为:删除小组规模小于五人的被试样本,删除工作时间小于两年的被试样本,以及小组有效样本低于 50% 的小组数据,最后获得 69 个有效小组的数据,共涉及被试 750 名,被试者样本分布情况参见表 6.1。

表 6.1　有效被试情况一览表($N=750$)

人口统计学变量	类别	人数	有效百分比（%）
性别	男	347	46.3
	女	403	53.7
年龄	20 岁以下	16	2.1
	20～25 岁	336	44.8
	26～30 岁	230	30.7
	31～35 岁	127	16.9
	36～40 岁	22	2.9
	41～45 岁	10	1.3
	45 岁以上	9	1.2

人口统计学变量	类别	人数	有效百分比(%)
学历	初中及以下	10	1.3
	高中或中专	159	21.2
	大专	273	36.4
	本科	240	32.0
	研究生及以上	68	9.1
工作时间	2～4 年	346	46.1
	4～7 年	350	46.7
	7～9 年	16	2.1
	9 年以上	38	5.1
企业规模	50 人以下	45	6.0
	51～100 人	139	18.5
	101～500 人	207	27.6
	501～1000 人	121	16.1
	1001～2000 人	114	15.2
	2001 人以上	124	16.5
工作小组规模	6～10 人	390	52.0
	11～15 人	141	18.8
	16～20 人	84	11.2
	21 人及以上	135	18.0

6.3.3　统计分析方法

本研究采用 SPSS16.0、LISREL8.70 和 AMOS16.0 对数据进行统计分析。对数据的分析,我们主要分以下几个阶段进行。

第一阶段:采用探索性因素分析和相关分析,分析各分量表在本研究中各项目的因素负荷,并同时检验各量表的内部一致性系数(Cronbach α 系数)以及各变量之间的相关性。

第二阶段:采用验证性因素分析进行模型比较,来确认本研究中涉及的变量的聚合效度与区分效度。

第三阶段:检验问卷的共同方法偏差。

第四阶段:检验将个体的回答聚合到群体层次的指标 r_{wg}、ICC(1)、ICC(2),若达标,将个体层次的回答聚合到群体层次,我们采用平均数代替的方法,用小组成员在项目上的平均分取代所有小组成员在项目上的得分,以分析与相关变量的关系。

第五阶段:采用多元逐步回归的方法,分别验证 CPM 领导行为三个机能对群体公民行为四个维度的影响。

第六阶段:采用结构方程模型验证程序公正氛围和人际信任(包括情感信任与认知信任两个维度)在领导行为三个机能对群体公民行为影响过程中的中介作用。我们将采用模型比较的方法来确认一个最佳匹配模型。

第七阶段:我们通过层次回归分析(Hierarchical Regression Analysis)来检验任务依存性在领导行为对群体公民行为影响过程中的调节效应。

6.4　研究问卷质量分析

6.4.1　各问卷的项目因素负荷与描述性统计结果

(1) 各问卷的项目因素负荷

采用主成分分析法,分别对群体公民行为问卷、CPM 领导行为量表、程序公正氛围问卷、任务依存性问卷和人际信任问卷进行探索性因素分析,运用正交方差极大法进行因素转轴,根据特征根大于1,并结合碎石图,抽取公共因素,得到结果如表 6.2 所示。从表 6.2 我们可以看出,各问卷因子结构清晰,没有交叉负荷,各项目负荷值在 0.628~0.839 之间,各问卷总方差解释量均在 52% 以上,达到良好的水平。

表 6.2 各问卷项目的因素负荷值与总方差解释率($N=750$)

项目	CPM 领导行为			程序公正氛围	人际信任		任务依存性
	M	C	P		情感信任	认知信任	
M1	.807						
M3	.782						
M2	.769						
C1		.779					
C2		.758					
C3		.667					
P1			.809				
P2			.799				

项目	CPM 领导行为			程序公正氛围	人际信任		任务依存性
	M	C	P		情感信任	认知信任	
P3			.768				
			(74.274%)				
PJ1				.839			
PJ2				.826			
PJ3				.806			
PJ4				.746			
				(64.830%)			
ITF2					.760		
ITF4					.744		
ITF1					.727		
ITF3					.688		
ITC3						.736	
ITC1						.736	
ITC5						.728	
ITC2						.717	
ITC4						.708	
						(62.026%)	
JI3							.793
JI4							.761
JI1							.729
JI2							.700
JI5							.628
							(52.457%)

　　注:括号内的数据位问卷的总方差解释量,不包括群体公民行为问卷的结果,其结果请参阅第四章的表4.3。

　　(2)描述性统计分析结果

　　我们进一步计算了本研究中所涉及变量的平均数、标准差、各变量间的相关系数及各分量表的 Cronbach's χ^2 信度系数。结果见表6.3。

表 6.3 各个变量的平均数、标准差及相关系数（N=750）

	M	SD	1	2	3	4	5	6	7	8	9	10	11
1 群体道德	18.1152	1.07377	(.761)										
2 组织忠诚	17.8336	1.29829	.538**	(.753)									
3 团队精神	15.9434	1.34872	.374**	.538**	(.739)								
4 助人行为	15.2462	1.31236	.379**	.507**	.661**	(.714)							
5 M机能	12.0714	1.21652	.486**	.405**	.598**	.431**	(.829)						
6 C机能	8.7246	1.29682	-.348**	-.291**	-.493**	-.323**	-.769**	(.831)					
7 P机能	8.0564	1.06301	-.570**	-.601**	-.504**	-.466**	-.582**	.540**	(.786)				
8 程序公正氛围	16.4347	1.63005	.397**	.402**	.563**	.347**	.701**	-.597**	-.619**	(.816)			
9 情感信任	16.8815	3.83875	.151**	.209**	.183**	.153**	.186**	-.166**	-.203**	.210**	(.808)		
10 认知信任	21.0331	4.42110	.165**	.140**	.126**	.169**	.169**	-.146**	-.174**	.194**	.707**	(.831)	
11 任务依存性	20.9312	4.40191	.132**	.222**	.226**	.190**	.165**	-.163**	-.252**	.236**	.515**	.522**	(.769)

注：** $p<0.01$，（双尾检验），对角线上数据表示该量表的 Cronbach's α 系数。

如表 6.3 所示,各分量表的 Cronbach's χ^2 系数值在 0.714～0.831 之间,表明各分量表具有良好的信度。同时,我们还可以看出,领导行为的 C、P、M 机能、程序公正氛围、情感信任、认知信任和任务依存性与群体公民行为的四个维度群体道德、组织忠诚、团队精神、助人行为相关均显著;领导行为的 C、P、M 机能与程序公正氛围、情感信任、认知信任和任务依存性之间相关均显著。这为后面的中介作用与调节作用的分析提供了必要的前提(Baron & Kenny,1986)。

6.4.2　问卷整体验证性因素分析

在相关理论综述的基础上我们提出了本研究的假设,根据假设,整个问卷由 11 个潜变量和 43 个观测变量构成,问卷构想模型应该如图 6.2 所示,我们运用 LISREL8.70 软件,采用验证性因素分析(使用极大似然估计)对 750 个有效样本数据进行分析,以确定各变量的聚合效度和区分效度,同时,得到问卷整体内容结构构想模型的完全标准化解。具体结构与各参数的标准化解如图 6.3 所示,构想模型与观测数据的拟合情况如表 6.4 所示。

通过表 6.4 中三类主要验证性因素分析的指标比较和图 6.3 的完全标准化解,我们可以发现,本问卷验证性因素分析的各项结果均达到较好的程度,构想模型与观测数据基本拟合。同时,验证性因素分析结果也表明,在 11 因素模型中各因子的因素负荷及其 T 值也都达到了显著性水平($p<0.001$)且未出现不恰当解。这说明本研究所使用问卷不仅具有较好的结构效度(11 个变量具有良好的区分效度,它们确实是 11 个不同的构念),而且各构念均具有良好的聚合效度。

表 6.4　构想模型与观测数据的拟合指标($N=750$)

χ^2	df	χ^2/df	RMSEA	IFI	CFI	PNFI	PGFI
2210.95	805	2.75	0.048	0.98	0.98	0.86	0.75

此外,为了进一步验证本研究所使用问卷的效度,我们提出了以下几个可能存在竞争模型,将它们与本问卷的 11 因素模型进行优劣比较,以判断 11 因素模型是否为最佳模型。可能存在的竞争模型具体为:

十因素模型:将认知信任与情感信任合并为信任因素。

八因素模型:将 CPM 领导行为的三个机能合并为一个领导因素,同时将认知信任与情感信任合并为信任因素。

六因素模型:将群体公民行为的四个维度合并为一个维度,作为群体公民行为因素,同时将 CPM 领导行为的三个机能合并为一个领导因素。

五因素模型:将群体公民行为的四个维度合并为一个维度,作为群体公民行为因素,同时将 CPM 领导行为的三个机能合并为一个领导因素,将认知信任与情感信任合并为信任因素。

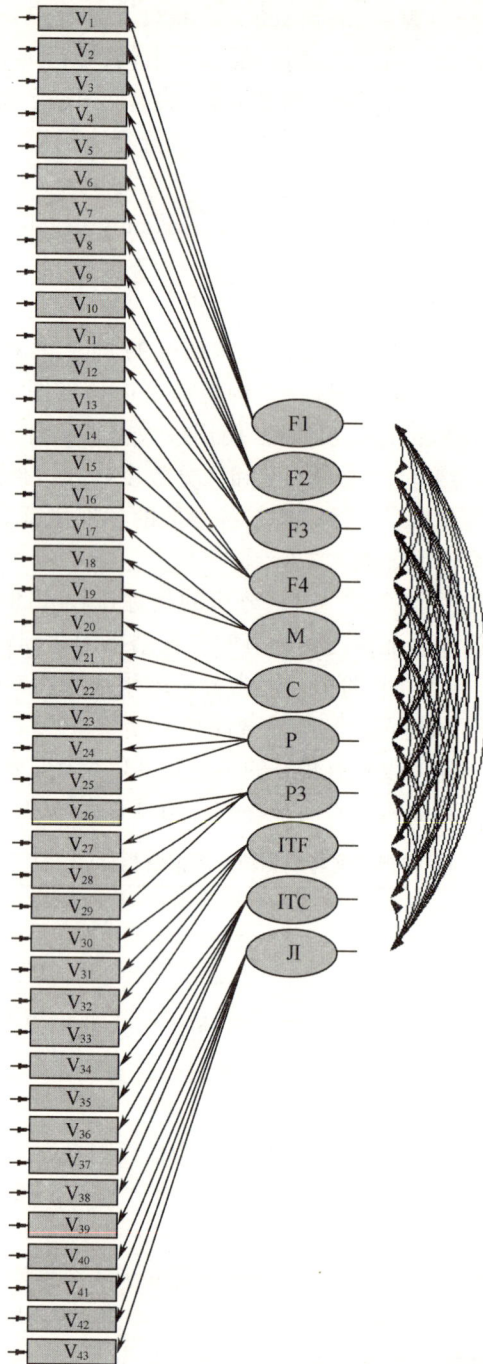

图 6.2　领导行为对群体公民行为影响研究问卷的构想模型

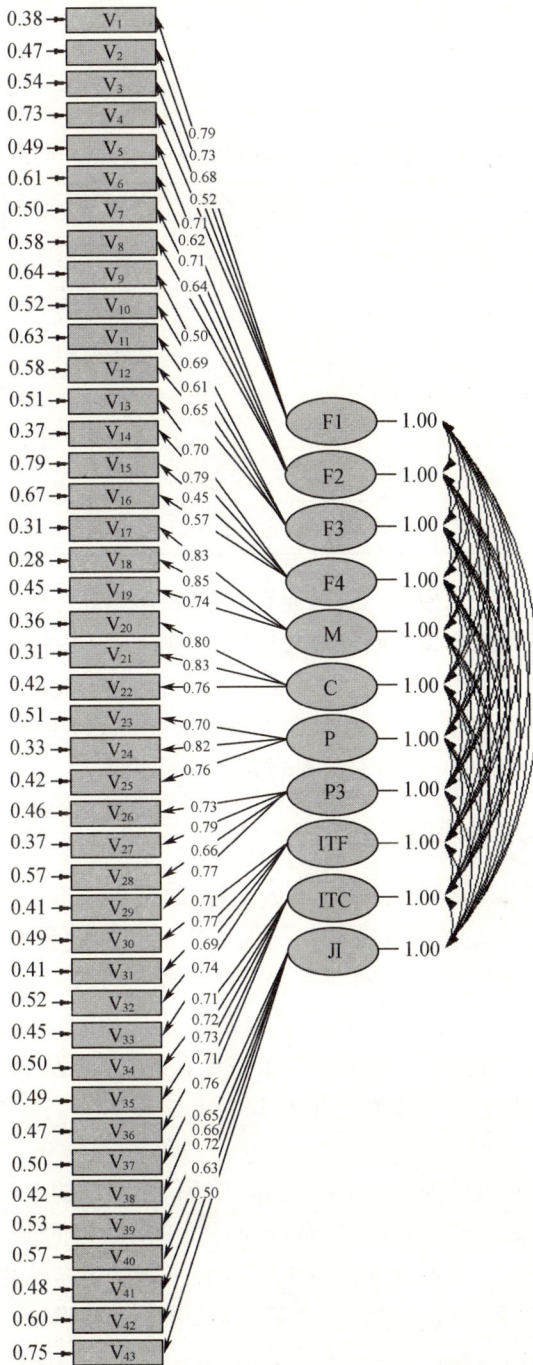

Chi-Square＝2210.95，df＝805，P-value＝0.00000，RMSEA＝0.046

图 6.3　领导行为对群体公民行为影响研究问卷的构型模型完全标准化解

单因素模型:根据前述对 11 个因素的相关分析,将其合并为一个因素。

因为篇幅有限,本文不再将竞争模型的构想模型图——列出,仅将三类主要拟合指数的结果列于表 6.5。

表 6.5　本研究中问卷竞争模型的指标比较表($N=750$)

	χ^2	df	χ^2/df	RMSEA	IFI	CFI	PNFI	PGFI	NCP
11 因素模型	2210.95	805	2.75	0.048	0.98	0.98	0.86	0.75	1405.95
十因素模型	2360.29	815	2.90	0.050	0.98	0.98	0.87	0.75	1545.29
八因素模型	3035.11	832	3.65	0.059	0.97	0.97	0.89	0.74	2203.11
六因素模型	4151.94	845	4.91	0.072	0.96	0.96	0.89	0.71	3306.94
五因素模型	4282.78	850	5.04	0.073	0.96	0.96	0.89	0.71	3432.78
单因素模型	8290.75	850	9.75	0.107	0.93	0.93	0.87	0.60	7430.76

通过表 6.5 中 11 因素模型与各可能存在的竞争模型之间在三类主要拟合指标的比较(比较标准和依据请参阅群体公民行为的内容结构研究一章),我们能够发现虽然十因素模型、八因素模型、六因素模型和五因素模型的各类拟合指标也比较好,但是综合各种指标来看,在这六个构想模型之中,11 因素模型无疑是最优的。故而,本研究最终选定 11 因素为本研究的变量类型。

6.4.3　共同方法偏差检验

共同方法偏差(Common Method Biases),指的是由于数据来源或评分者、测量环境、项目语境以及项目本身特征相同而造成的预测变量与效标变量之间人为的共变,是一种系统误差。它的存在会对研究结果与结论产生比较严重的混淆与误导。因此,必须在研究中加以控制,尤其在采用问卷法的研究中更应如此。当前对共同方法偏差进行控制的方法主要有两类,即程序控制和统计控制。本研究中我们也是从这两个方面尽量对共同方法偏差进行了控制(周浩,龙立荣,2004)。

在程序控制方面,我们采取的措施包括:采用科学严谨的方法收集项目编制问卷,保证题项意义的表达清晰明确,从而减少答卷者对题目的理解偏差;在施测过程中,明确了问卷调查的匿名性与目的,以保护反应者的匿名性并减小对测量目的的猜度;问卷回收后,采用科学方法剔除了不认真作答的问卷等。但是受调查条件和问卷本身限制,本研究所设置的变量只能由同一被试来提供信息,这样一来,共同方法偏差就仍然可能存在,为此,我们仍然需要在数据分析阶段进行检验和控制。

采用统计控制的方法控制共同方法偏差的方法有多种,根据周浩、龙立荣(2004)的建议,我们采用的是当前应用较为普遍的潜在误差变量控制法,也就是非可测方法变异因子的方式。具体做法是:将共同方法偏差作为一个潜在变量进入结构方程模型并允许所有标识变量在这个共同方法偏差潜在变量上负载,形成一个新的模型,然后与不包含共同方法偏差潜在变量的模型进行拟合优度的比较,如果前者的拟合度显著优于后者,那么就表示存在共同方法偏差(周浩、龙立荣,2004)。也就是比较两个模型的拟合优度。具体到本研究中,不包含共同方法偏差潜变量的模型是由群体公民行为的四个因素与其他相关的七个因素构成了一个包含 11 个潜在因素的结构模型,如图 6.4 所示。由于共同方法偏差因子的来源不确定,包含共同方法偏差潜在变量的模型是在以上 11 个潜在因素结构模型的基础上,将共同方法偏差因素作为另外一个独立的潜在变量进入模型,使群体公民行为及另外七个潜变量的所有观测变量都在共同方法偏差的潜在因素上存在负载,也就是说,我们假设包含共同方法偏差变量模型中的所有项目都是共同方法偏差的来源,其模型图如图 6.5 所示。

通过结构方程模型可以判断是否存在共同方法偏差。在本研究中,采用温忠麟等(2004)提出的结构方程模型检验的卡方准则,其认为模型比较时应采用卡方检验,只是针对不同的样本量选取不同的临界值:$N \leqslant 150$ 时,$\alpha = 0.01$;$N = 200$ 时,$\alpha = 0.001$;$N = 250$ 时,$\alpha = 0.0005$;$N \geqslant 500$ 时,$\alpha = 0.0001$。本研究所选取的样本量为 750,所以应参考当 $N \geqslant 500$ 时的情况,选取 $\alpha = 0.0001$ 作为临界值。换言之,卡方的显著性水平为 0.0001,即在自由度变化下,相对应的卡方值的变化随概率在 0.9999 以内。表明不存在共同方法偏差,如果在自由度变化下,相对应的卡方值的变化大于显著水平,表明存在共同方法偏差。按照侯杰泰、温忠麟、成子娟(2004)所提出的方法,如果 $\Delta\chi^2$(自由度为 Δdf)显著,说明卡方改变很大,两个模型有显著的差异。

经过计算,结果如表 6.6,两个模型的自由度之差 $\Delta df = 43$,χ^2 之差 $\Delta\chi^2 = 84.72$,查表得伴随概率为 0.000152304 > 0.0001,即加入共同方法变异因子后,模型并未显著改善,所以可以认为研究方法对前因变量和效果变量之间的关系不具有显著的共同影响,这些潜变量之间不存在显著的共同方法偏差。

表 6.6　共同方法偏差检验结果($N = 750$)

拟合指标	χ^2	df	χ^2/df	RMSEA	IFI	CFI	PNFI	PGFI
不含共同方法偏差模型	2210.95	805	2.75	0.048	0.98	0.98	0.86	0.75
含有共同方法偏差模型	2026.23	762	2.66	0.047	0.98	0.98	0.85	0.74

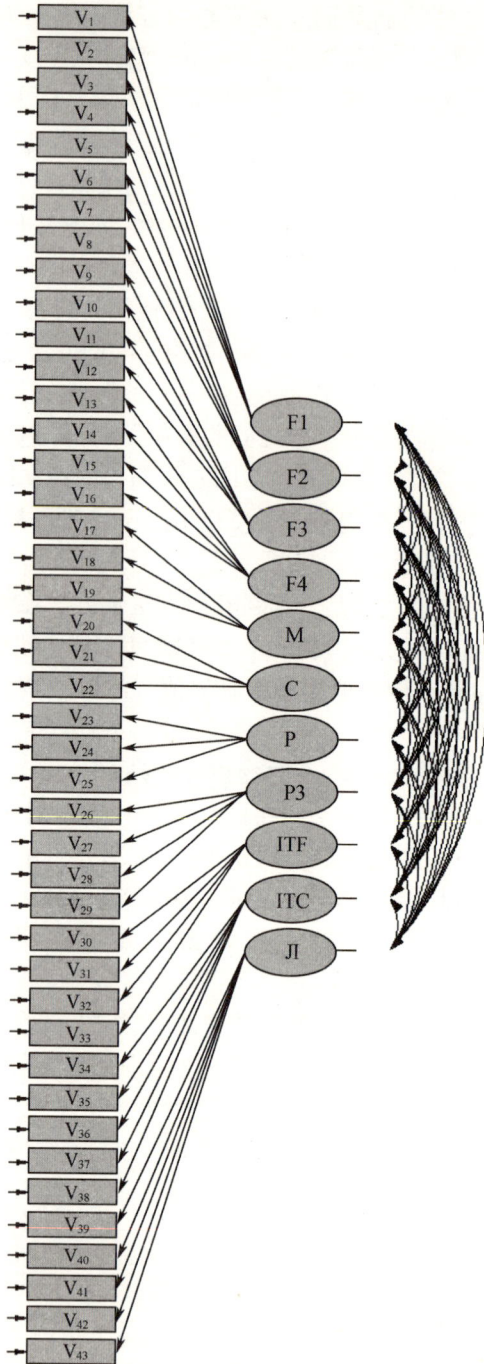

图 6.4 不含共同方法偏差的潜在变量模型示意图

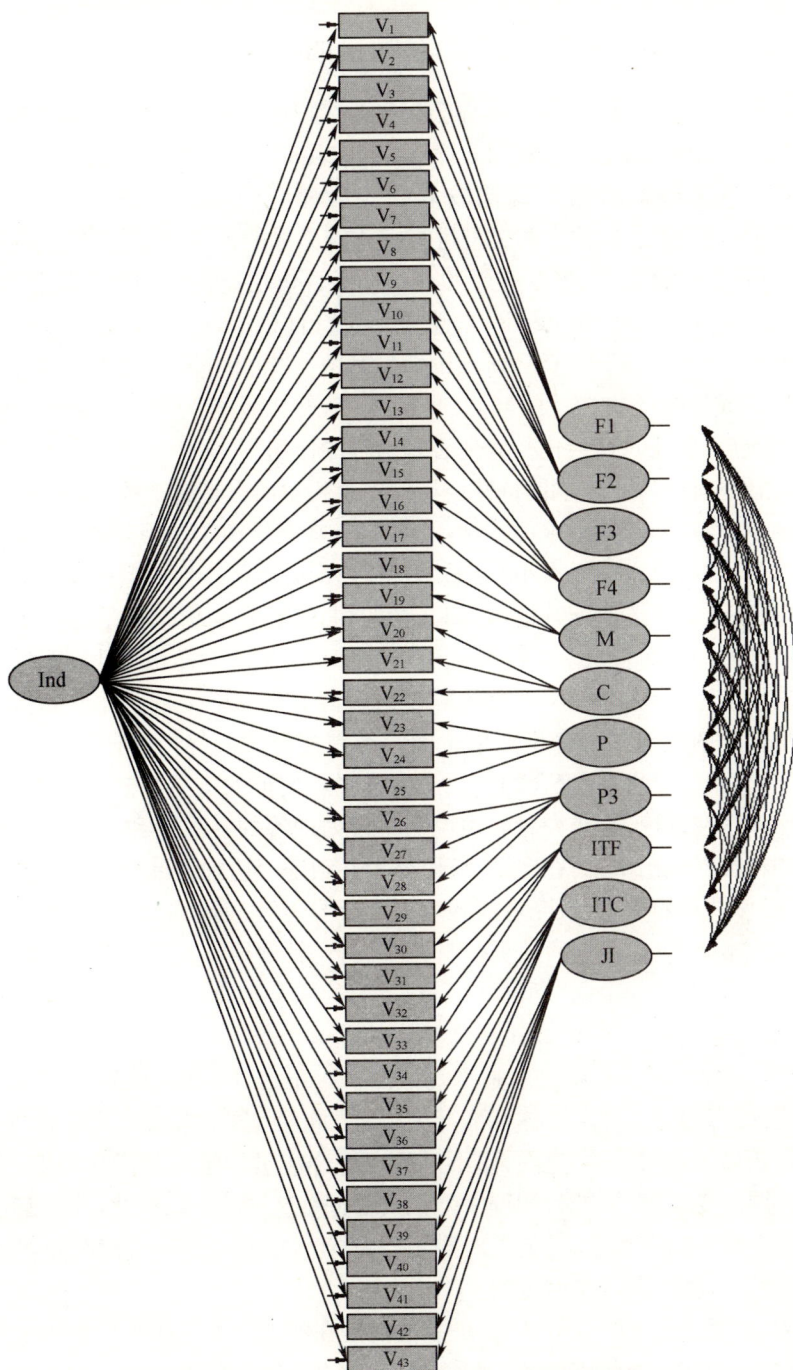

图 6.5　包含共同方法偏差的潜在变量模型示意图

6.4.4　个体的回答聚合到群体层次的指标检验

在本研究所涉及的变量中,群体公民行为、领导行为和程序公正氛围都是群体层次的构念。个体层次的构念是以个人层次来衡量的,其操作比较直观简单。然而,对群体层次构念的操作就比较复杂。学者们(Chan,1998;Kozlowski and Klein,2000)对群体层次构念的类型进行了比较详尽的探讨,并说明它们在操作上的不同。陈晓萍、徐淑英、樊景立(2008)将这些群体层次构念的类型概括为:共享单位特性(Shared Unit Properties)、总体单位特性(Global Unit Properties)和形态单位特性(Configural Unit Properties)。其中,共享单位特性类型的构念源自于组织内单位成员的经验、态度、知觉、价值观、认知以及行为等,且被假定在 ASA(吸引—甄选—留任)、社会化及其他心理历程的作用下,会体现为一个单位层次的构念,如组织气候等;总体单位特性类型的构念相对而言是客观的、描述性的、易于观察到的单位特性,与共享单位特性不同的是,其直接源于单位层次,而非个人层次,例如,公司的年龄、规模大小、位置、策略等;形态单位特性类型的构念是指在单位中,个人特征的形态或配置情形,如共享的构念、配置的构念也是源自于个人层次,然而,并不假设单位成员之间会趋于一致,例如,年龄多样化与性别多样化等。

根据以上论述,本研究所涉及的群体构念均为共享单位特性类型的构念。操作此类型构念的关键在于将相同单位内的个别成员的回答份数计算为单位平均数,以聚合为单位层次,而聚合的方法需要理论和实证的支持(陈晓萍、徐淑英、樊景立,2008)。在理论上,研究者必须说明单位内回答的一致度和一致性如何从个体层次的特征浮现出来;而在实证上,研究者必须证明达到了聚合的统计前提。此外,为了操作共享的构念,研究者需要取得一个具有代表性的样本,以取得构念的相关信息。本研究中,我们所研究的群体公民行为、领导行为和程序公正氛围三个群体层次变量,都必须由同一群体中个别员工的知觉聚合而得到。在前面的文献综述中,我们也曾提到,群体公民行为关注的是整个群体的组织公民行为,是一个标准水平(Normal Level),而不是平均水平(Average Level)。Ehrhart(2004)强调:群体公民行为是一种对群体标准行为模式的知觉,因而其关注点应放在"群体作为整体是如何被知觉的"上面,而不是放在每个成员的组织公民行为上。同理,作为群体层次变量,领导行为和程序公正氛围也是这样。所以在此,我们假定分析的数据具有高组内一致性,且员工对群体公民行为、领导行为和程序公正氛围有显著的组间差异,所以聚合是可行的。

当然,除了理论上的分析证明,最重要的是在实证上加以证明。虽然在实证验证方法和标准方面,当前还存在一些争论(陈晓萍、徐淑英、樊景立,2008),但是学术界大部分都认可 Bliese 等(2000,2003)对聚合的一致度与信度的指标,其中比较常用的有三个,即组内一致度(Within-group Agreement)也称组内同质性、跨级相

关性指标 $ICC(1)$ 和 $ICC(2)$ 。

组内一致度的检验一般使用 r_{ug}（James 等，1984，1993）。它代表的是误差方差减少比例，反映的是组内成员做出评价的一致性程度。具体而言，就是使用观察到的群体方差与期望的随机方差相比较。单一项目量表的公式为：

$$r_{ug(1)} = 1 - (s^2 x / \sigma_{EU}^2)$$

上述公式中，$r_{ug(1)}$ 表示群体中 k 个回答者对单一项目的组内一致度，s_x^2 是指观察到的 X 方差，而 σ_{EU}^2 是假设所有回答者只存在随机测量误差下所期望的 X 方差，$\sigma_{EU}^2 = (C^2 - 1)/12，C$ 为答案选项的数目，本研究采用的是里克特六点量表，故而期望方差为 $\sigma_{EU}^2 = 2.917$。

同时本研究为评价者这对含有多个项目的目标进行评价，故而针对某一变量的 r_{ug} 计算公式为：

$$r_{ug(j)} = \frac{J[1 - (s_{xj}^2)]/\sigma_{EU}^2}{j[1 - (s_{xj}^2/\sigma_{EU}^2)](s_{xj}^2/\sigma_{EU}^2)}$$

或者

$$r_{ug(j)} = (j \cdot \bar{r}_{ug})/(j \cdot \bar{r}_{ug}) + (1 - j \cdot \bar{r}_{ug})$$

其中，j 为项目的个数，χ^2 为全部 r_{ug} 的平均值。

经过计算，得到本研究中群体层次三个群体变量的共八个分变量的 r_{ug} 值，列在表 6.7 中，从表 6.7 中，我们可以看出，八个变量的 r_{ug} 均值和中位数均超过 0.70，按照其衡量标准，若 r_{ug} 均值超过 0.70，则表示聚合有足够的一致度（James 等，1984，1993），本研究中的八个群体层次变量均具有足够的一致度。

表 6.7　各群体变量的 r_{ug} 值一览表

	群体道德	组织忠诚	团队精神	助人行为	M 机能	C 机能	P 机能	程序公正氛围
Group 1	0.67	0.78	0.47	0.48	0.59	0.77	0.78	0.67
Group 2	0.68	0.70	0.70	0.66	0.77	0.63	0.68	0.68
Group 3	0.83	0.85	0.83	0.58	0.57	0.39	0.78	0.83
Group 4	0.86	0.88	0.74	0.71	0.80	0.85	0.79	0.86
Group 5	0.84	0.82	0.71	0.75	0.66	0.64	0.65	0.84
Group 6	0.70	0.88	0.82	0.60	0.88	0.82	0.86	0.70
Group 7	0.90	0.88	0.90	0.72	0.85	0.84	0.92	0.90
Group 8	0.77	0.60	0.54	0.61	0.58	0.64	0.80	0.77
Group 9	0.78	0.88	0.78	0.77	0.63	0.50	0.69	0.78

续表

	群体道德	组织忠诚	团队精神	助人行为	M机能	C机能	P机能	程序公正氛围
Group 10	0.89	0.84	0.83	0.82	0.68	0.67	0.81	0.89
Group 11	0.99	0.97	0.98	0.99	0.99	0.98	0.89	0.99
Group 12	0.88	0.56	0.79	0.77	0.86	0.89	0.40	0.88
Group 13	0.95	0.91	0.96	0.93	0.73	0.82	0.98	0.95
Group 14	0.81	0.78	0.81	0.77	0.63	0.63	0.83	0.81
Group 15	0.83	0.84	0.77	0.70	0.48	0.76	0.65	0.83
Group 16	0.62	0.90	0.88	0.85	0.51	0.81	0.81	0.62
Group 17	0.80	0.76	0.55	0.63	0.63	0.67	0.65	0.80
Group 18	0.87	0.83	0.86	0.86	0.83	0.72	0.68	0.87
Group 19	0.67	0.63	0.68	0.82	0.46	0.85	0.84	0.67
Group 20	0.92	0.75	0.83	0.65	0.59	0.75	0.72	0.92
Group 21	0.91	0.85	0.71	0.71	0.76	0.72	0.87	0.91
Group 22	0.64	0.71	0.70	0.60	0.57	0.78	0.71	0.64
Group 23	0.87	0.78	0.69	0.75	0.78	0.60	0.54	0.87
Group 24	0.69	0.30	0.24	0.46	0.90	0.63	0.70	0.69
Group 25	0.87	0.85	0.71	0.65	0.64	0.66	0.37	0.87
Group 26	0.88	0.91	0.88	0.83	0.79	0.89	0.88	0.88
Group 27	0.91	0.82	0.77	0.64	0.83	0.90	0.68	0.91
Group 28	0.57	0.82	0.83	0.78	0.91	0.65	0.69	0.57
Group 29	0.63	0.71	0.65	0.77	0.62	0.68	0.79	0.63
Group 30	0.87	0.71	0.35	0.50	0.57	0.48	0.76	0.87
Group 31	0.85	0.83	0.72	0.52	0.78	0.76	0.83	0.85
Group 32	0.86	0.83	0.80	0.62	0.81	0.69	0.86	0.86
Group 33	0.69	0.78	0.22	0.74	0.40	0.69	0.38	0.69
Group 34	0.81	0.90	0.84	0.75	0.67	0.68	0.87	0.81
Group 35	0.85	0.85	0.74	0.78	0.93	0.81	0.83	0.85
Group 36	0.77	0.70	0.86	0.81	0.77	0.70	0.78	0.77
Group 37	0.89	0.85	0.57	0.70	0.63	0.60	0.78	0.89

	群体道德	组织忠诚	团队精神	助人行为	M机能	C机能	P机能	程序公正氛围
Group 38	0.86	0.88	0.74	0.74	0.85	0.87	0.82	0.86
Group 39	0.85	0.86	0.85	0.73	0.73	0.74	0.51	0.85
Group 40	0.81	0.90	0.38	0.86	0.87	0.69	0.22	0.81
Group 41	0.32	0.69	0.57	0.66	0.64	0.61	0.63	0.32
Group 42	0.88	0.84	0.80	0.81	0.77	0.63	0.78	0.88
Group 43	0.81	0.67	0.62	0.69	0.58	0.62	0.61	0.81
Group 44	0.91	0.81	0.89	0.88	0.80	0.85	0.89	0.91
Group 45	0.78	0.74	0.67	0.62	0.81	0.70	0.81	0.78
Group 46	0.59	0.70	0.74	0.75	0.68	0.78	0.59	0.59
Group 47	0.93	0.79	0.72	0.80	0.91	0.87	0.90	0.93
Group 48	0.82	0.61	0.56	0.70	0.63	0.33	0.56	0.82
Group 49	0.87	0.64	0.63	0.48	0.49	0.67	0.83	0.87
Group 50	0.81	0.93	0.79	0.72	0.75	0.83	0.81	0.81
Group 51	0.86	0.85	0.88	0.72	0.71	0.72	0.82	0.86
Group 52	0.83	0.83	0.69	0.72	0.64	0.61	0.50	0.83
Group 53	0.88	0.73	0.39	0.43	0.62	0.69	0.59	0.88
Group 54	0.89	0.84	0.86	0.79	0.73	0.79	0.71	0.89
Group 55	0.72	0.75	0.54	0.46	0.75	0.71	0.68	0.72
Group 56	0.91	0.93	0.84	0.81	0.57	0.72	0.78	0.91
Group 57	0.89	0.79	0.59	0.63	0.71	0.77	0.73	0.89
Group 58	0.92	0.81	0.85	0.68	0.77	0.63	0.58	0.92
Group 59	0.76	0.75	0.68	0.73	0.60	0.50	0.51	0.76
Group 60	0.83	0.51	0.68	0.71	0.86	0.78	0.85	0.83
Group 61	0.90	0.94	0.87	0.84	0.78	0.74	0.87	0.90
Group 62	0.71	0.81	0.74	0.77	0.22	0.51	0.78	0.71
Group 63	0.74	0.54	0.77	0.91	0.65	0.55	0.60	0.74
Group 64	0.53	0.70	0.33	0.53	0.76	0.64	0.47	0.53
Group 65	0.88	0.75	0.83	0.91	0.72	0.82	0.81	0.88

	群体道德	组织忠诚	团队精神	助人行为	M机能	C机能	P机能	程序公正氛围
Group 66	0.83	0.80	0.82	0.59	0.80	0.54	0.73	0.83
Group 67	0.92	0.84	0.94	0.89	0.78	0.75	0.84	0.92
平均值	0.81	0.78	0.72	0.71	0.71	0.70	0.72	0.81
中位数	0.84	0.81	0.74	0.72	0.72	0.70	0.78	0.84
最小值	0.32	0.30	0.22	0.43	0.22	0.33	0.22	0.32
最大值	0.99	0.97	0.98	0.99	0.99	0.98	0.98	0.99

跨级相关性又称评价者之间的信度（Interrater Reliability），它用两个指标来度量，其一是 $ICC(1)$；其二是 $ICC(2)$。$ICC(1)$ 度量的是总体方差被群体所解释的比例，是基于组内单个估计的组均值信度，其计算公式为：

$$ICC(1) = (MSB - MSW)/[MSB + (k-1)MSW]$$

其中，MSB 和 MSW 分别表示组间均方和组内均方；k 代表各组的样本容量，如果各组的样本容量不同，k 则取其均值，本研究中共涉及 67 个工作小组，人数不等，故而取其均值，$k=11.19$。

$ICC(2)$ 度量是基于组内全部估计的组均值信度（Beliese 等，2003）。其计算公式为：

$$ICC(2) = (MSB - MSW)/MSB$$

或者，在 $ICC(1)$ 的基础上进行计算，其公式为：

$$ICC(2) = [k(ICC(1))][1 + (k-1)ICC(1)]$$

根据标准，$ICC(1)$ 的取值范围在 0.00～0.50 之间，中位数为 0.12，$ICC(2)$ 最好大于 0.70。

在本研究中，首先使用 SPSS16.0，对所涉及的八个群体层次变量进行单因素方差分析（One-Way ANOVA），将方差分为组内方差与组间方差，进行组间差异检验，并分别根据 MSB 和 MSW 计算 $ICC(1)$ 和 $ICC(2)$ 值，结果列在表 6.8 中。从表 6.8 我们可以看出，方差分析的结果显示，八个变量的组间差异均显著，$ICC(1)$ 的取值范围在 0.18～0.325 之间，$ICC(2)$ 均大于 0.70，说明本研究中的工作群体之间存在足够的方差以进行多层线性模型分析。因此我们将各个工作小组群体公民行为（群体道德、组织忠诚、团队精神、助人行为四个分变量）、领导行为（M机能、C机能、P机能三个分变量）和程序公正氛围的个体层面分数加总平均，得到群体层次变量的分数，并用这个分数替代小组成员内的个体分数，以进行后续的假设验证。

表 6.8 各群体变量的 $ICC(1)$ 与 $ICC(2)$ 值一览表

	F₁	F₂	F₃	F₄	M	C	P	PJ
MSB	43.779	51.956	55.730	83.394	56.550	46.913	62.150	128.260
MSW	12.258	12.989	15.047	15.011	11.310	11.259	9.944	19.239
F检验值	3.571***	4.000***	3.704***	5.556***	5.000***	4.167***	6.250***	6.667***
$ICC(1)$	0.180	0.203	0.187	0.279	0.254	0.212	0.309	0.325
$ICC(2)$	0.720	0.750	0.730	0.820	0.800	0.760	0.840	0.850

注:①***表示在.001水平上显著;②八个变量依次为:F_1=群体道德,F_2=组织忠诚,F_3=团队精神,F_4=助人行为,M=领导行为 M 机能,C=领导行为 C 机能,P=领导行为 P 机能,PJ=程序公正氛围。

6.5 研究结果

6.5.1 CPM 领导行为对群体公民行为的直接影响

由于领导行为的三个变量和群体公民行为的四个变量均为群体层次的变量,因此数据采用聚合之后的数据,运用多元逐步回归(stepwise)技术,以 CPM 领导行为的三个机能为预测变量,探讨领导行为对群体公民行为四个维度的影响。得到结果如表 6.9、表 6.10、表 6.11、表 6.12 所示。

表 6.9 领导行为三个机能对群体公民行为的群体道德维度的回归分析结果($N=750$)

Model	变量	R^2	ΔR^2	ΔF	B	SE	β	t
1		.325	.325	359.654***				
	常数				22.752	.247		92.251***
	P 机能				−.576	.030	−.570	−18.965***
2		.361	.036	42.115***				
	常数				19.160	.603		31.750***
	P 机能				−.438	.036	−.434	−12.065***
	M 机能				.206	.032	.233	6.490***
3		.372	.011	13.196***				
	常数				16.910	.861		19.635***
	P 机能				−.462	.037	−.457	−12.615***

Model	变量	R^2	ΔR^2	ΔF	B	SE	β	t
	M 机能				.308	.042	.349	7.302***
	C 机能				.139	.038	.168	3.633***

注:*** 表示 p<0.001,以下同。

表 6.10　领导行为三个机能对群体公民行为的组织忠诚维度的回归分析结果($N=750$)

Model	变量	R^2	ΔR^2	ΔF	B	SE	β	t
1		.361	.361	422.449***				
	常数				23.745	.290		81.852***
	P 机能				−.734	.036	−.601	−20.554***
2		.366	.005	15.259***				
	常数				22.196	.727		30.535***
	P 机能				−.675	.044	−.552	−15.413***
	M 机能				.089	.038	.083	2.323***
3		.376	.013	5.395***				
	常数				19.286	1.036		18.616***
	P 机能				−.705	.044	−.577	−16.006***
	M 机能				.221	.051	.207	4.348***
	C 机能				.180	.046	.179	3.906***

表 6.11　领导行为三个机能对群体公民行为的团队精神维度的回归分析结果($N=750$)

Model	变量	R^2	ΔR^2	ΔF	B	SE	β	t
1		.358	.358	417.438***				
	常数				7.934	.394		20.136***
	M 机能				.664	.032	.598	20.431***
2		.395	.037	45.434***				
	常数				12.182	.737		16.520***
	M 机能				.511	.039	.461	13.180***
	P 机能				−.299	.044	−.236	−6.740***

90

表 6.12　领导行为三个机能对群体公民行为的助人维度的回归分析结果（$N=750$）

Model	变量	R^2	ΔR^2	ΔF	B	SE	β	t
1		.218	.218	208.009***				
	常数				19.886	.324		61.287***
	P 机能				−.576	.040	−.466	−14.423***
2		.256	.039	38.661***				
	常数				15.347	.796		19.290***
	P 机能				−.403	.048	−.326	−8.403***
	M 机能				.260	.042	.241	6.218***

综合以上四个表,我们可以发现,领导行为的 P 机能对群体公民行为的四个维度均具有显著的负向影响;领导行为的 M 机能对群体公民行为的四个维度均具有显著的正向影响;而领导行为的 C 机能则对群体公民行为的群体道德维度和组织忠诚维度有显著正向影响,对团队精神维度和助人行为维度没有显著影响。假设 1b 和假设 1c 得到了验证,而假设 1a 则得到了部分验证。

6.5.2　程序公正氛围与人际信任的中介效应

简单地说,凡是 X 影响 Y,并且 X 是通过一个中间的变量 M 对 Y 产生影响的,M 就是中介变量。中介变量在研究中起着很重要的角色,其根据作用不同,可以分为两类:一类是完全中介（Full Mediation）,另一类是部分中介（Partial Mediation）。完全中介就是 X 对 Y 的影响完全通过 M,没有 M 的作用,X 就不会影响 Y;部分中介就是 X 对 Y 的影响是直接的,部分是通过 M 的。如图 6.6 的中介变量示意图。

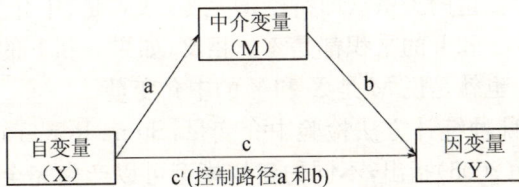

图 6.6　中介变量作用示意图

从上面介绍的中介作用的概念中,我们可以看到两个关键:第一,X 和 Y 之间存在因果关系;第二,M 是这个因果关系中间的媒介,M 受到 X 的影响之后,再影响 Y,因此传递了 X 的作用。当前所存的检验中介作用的方法都是通过验证上述几个因果关系来实现的。

最常用，也是最传统的检验中介变量的方法是 Baron 和 Kenny(1986)的方法。如果仅仅简单从数据关系上来讲是三部曲：

第1，自变量 X 影响因变量 Y；

第2，自变量 X 影响中介变量 M；

第3，控制中介变量 M 之后，自变量 X 对因变量 Y 的作用消失了（完全中介），或是明显地减小了（部分中介）。

根据 Baron 和 Kenny(1986)的三步回归中介检验方法，如果一个变量满足了以下的条件，我们就说它起到了中介变量的作用。

首先，自变量 X 的变化能够显著地解释因变量 Y 的变化，即图 6.6 中的路径 c 应显著不等于零。

其次，自变量 X 的变化能够显著地解释中介变量 M 的变化，即图 6.6 中的路径 a 也应显著不等于零。

最后，当控制中介变量 M 之后，自变量 X 对因变量 Y 的影响（图 6.6 中的路径 c′）应等于零，或者显著降低，同时，中介变量 M 到因变量 Y 的路径 b 应显著不等于零。这项结果说明了自变量 X 对因变量 Y 的影响完全是由于中介变量 M（或者主要是由于中介变量 M）。如果路径 c′ 等于零，中介变量 M 就叫做完全中介变量；如果不等于零但是小于路径 c，中介变量 M 就是部分中介变量；如果 c′ 不小于 c，那么 M 作为中介变量的假设就不能成立了。

关于中介变量的验证，存在很多争议。例如 MacKinnon 等(2002)总结了 14 种不同的方法来验证中介变量，他们用了蒙特卡洛式模拟测验了各种不同的方法，结论是传统的 Baron 和 Kenny(1986)的三步回归法的统计功效很低。同时在总结了 14 种不同的方法之后，他们建议的方法是直接测验"自变量到中介变量的关系"和"中介变量到因变量的关系"。

具体来说，就是直接测验假设 H_0：ab＝0（参照图 6.6）。这个方法的逻辑是，如果"自变量到中介变量的关系"（即路径 a）是零，或者是"中介变量到因变量的关系"（即路径 b）是零，a 和 b 的乘积都是零。相反，如果 a 和 b 的乘积不是零，就代表 a 和 b 都不是零，也就是说 M 是 X 和 Y 的中介变量。

至于到底采用哪种统计方法检验中介变量，Stone-Romero, Rosopa(2004)和 Law, Wong, Huang(2005)指出，不同的建构模型可以产生完全一样的相关矩阵，因此产生完全一样的分析结果。陈晓萍、徐淑英和樊景立(2008)指出，无论研究者采用 MacKinnon 等(2002)的 14 种验证中介变量方法的哪一种，得出的结果都是完全一样的。但是为了达到较高的统计功效，在本论文的若干项研究中，除了在验证群体公民行为对员工行为与态度的相关中介效应的研究中按照 Baron 和 Kenny(1986)的三步回归法进行了统计分析，其他分研究中的中介效应我们都是参照 Baron 和 Kenny(1986)的方法,主要采用 MacKinnon 等(2002)建议的方法,运用结构方程模型对中介效应进行直接验证的。

具体到本研究中,我们主要是在对 CPM 领导行为的三个机能对群体公民行为的直接效应进行检验和对已有文献分析的基础上,利用结构方程建模的方法建立若干的竞争模型,包括一个假设模型(即完全中介模型)和若干个比较模型(即部分中介模型),然后分别考察各模型的拟合情况。拟合指数的选取方面,我们主要是按照温忠麟、侯杰泰等人的推荐,采用了 χ^2/df、$RMSEA$、TLI 和 CFI。χ^2/df、$RMSEA$ 和 CFI 这三个指数在前文中已经加以介绍,这里主要介绍一下 TLI 这个指数。TLI 也就是 $NNFI$,是由 Tucker 和 Lewis(1973)提出的,其主要是用虚模型为基准来衡量模型的拟合改进程度,也称为非范拟合指数,其临界值为 0.9,大于 0.9 表示拟合得很好,越靠近 1 越好。

最佳匹配模型的确定是通过比较嵌套模型间的拟合指数来确定的。最佳匹配模型的确定标准包括两个:其一,这个模型必须能很好地拟合数据;其二,相对节俭简洁(简洁的意义是路径少)。取简洁模型的方法,是对嵌套模型进行两两比较,比较的内容是它们的 χ^2 差异及 df 的差异(即 $\Delta\chi^2$),在自由度为 χ^2/df 的情况下,如果 χ^2/df 不显著,则取路径简洁的模型,反之,如果 χ^2/df 显著,就表示路径较多的相对复杂模型优于路径较少的相对简洁的模型,所以就取路径较多的相对复杂的模型(林文莺,侯杰泰,1995)。

(1) 领导行为的三个机能对群体公民行为的直接关系检验

根据 Baron 和 Kenny(1986)中介作用分析的四个条件,首先必须保证自变量和因变量相关显著。为此,我们对领导行为的三个机能对群体公民行为直接作用进行了潜变量路径分析,模型路径图结果见图 6.7。

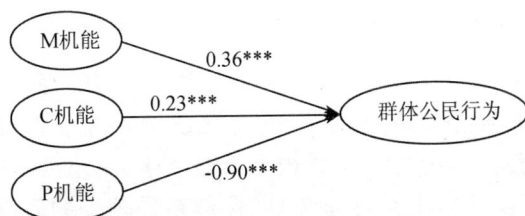

图 6.7　直接关系模型路径图

从图 6.7 可以看出,领导行为的 C 机能和 M 机能对群体公民行为具有正向的显著影响,P 机能对群体公民行为具有负向影响,而且均达到了 0.001 的显著性水平。同时,对该模型的拟合指数进行检验,本研究选择的拟合指数包括 χ^2/df、$RMSEA$、TLI、CFI,分别为:3.15(859.95/273)、0.056、0.90、0.90,均比较理想。所以说自变量对因变量的回归是显著的。

（2）程序公正氛围与人际信任的中介效应检验

为了检验程序公正氛围与人际信任（认知信任和情感信任两个分变量）的中介效应，我们首先将假设模型（完全中介模型）和另外七个竞争模型（部分中介模型）进行比较，以选择一个与数据拟合较好并相对节俭的模型。

假设模型与竞争模型的拟合指数如表6.13所示。

表6.13　结构方程模型比较结果（N＝750）

模型	χ^2	df	χ^2/df	RMSEA	TLI	CFI
假设模型	1984.14	657	3.02	0.063	0.90	0.91
竞争模型一	1982.12	656	3.02	0.063	0.90	0.91
竞争模型二	1982.15	656	3.02	0.063	0.90	0.91
竞争模型三	1982.13	656	3.02	0.063	0.90	0.91
竞争模型四	1980.76	655	3.02	0.063	0.91	0.91
竞争模型五	1980.72	655	3.02	0.063	0.91	0.91
竞争模型六	1980.25	655	3.02	0.063	0.91	0.91
竞争模型七	1979.68	654	3.03	0.063	0.90	0.90

注：竞争模型一：基于假设模型增加领导行为 M 机能→群体公民行为的路径；

竞争模型二：基于假设模型增加领导行为 C 机能→群体公民行为的路径；

竞争模型三：基于假设模型增加领导行为 P 机能→群体公民行为的路径；

竞争模型四：基于假设模型增加领导行为 M、P 机能→群体公民行为的路径；

竞争模型五：基于假设模型增加领导行为 M、C 机能→群体公民行为的路径；

竞争模型六：基于假设模型增加领导行为 P、C 机能→群体公民行为的路径；

竞争模型七：基于假设模型增加领导行为 M、C、P 机能→群体公民行为的路径。

由表6.13我们可以发现，假设模型与七个竞争模型的各项拟合指数都比较理想，那么，选择模型的重点就在于对 χ^2 的变化值进行显著性检验。嵌套模型间 $\Delta\chi^2$ 的比较结果如表6.14所示。假设模型与七个竞争模型的差异均不显著，根据节俭性原则，我们排除了这七个竞争模型，保留路径较少的假设模型作为最终模型，并同时得到最佳匹配模型的完全标准化系数解，如图6.8所示。

表6.14　嵌套模型比较结果（N＝750）

比较模型	$\Delta\chi^2$	Δdf	p 值	显著性
假设模型与竞争模型一	3.02	1	0.082243	无
假设模型与竞争模型二	2.99	1	0.083780	无

续表

比较模型	$\Delta\chi^2$	Δdf	p 值	显著性
假设模型与竞争模型三	3.01	1	0.082752	无
假设模型与竞争模型四	3.38	2	0.184519	无
假设模型与竞争模型五	3.42	2	0.180866	无
假设模型与竞争模型六	3.89	2	0.142987	无
假设模型与竞争模型七	4.46	3	0.215886	无

注:只有 p 值小于 0.05 时,才表示差异显著。

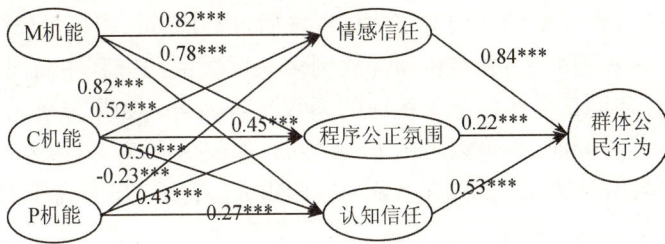

图 6.8　最优的中介模型路径图

由图 6.8 可以看出,领导行为的三个机能对群体公民行为的影响完全是通过程序公正氛围、情感信任和认知信任的中介产生的。程序公正氛围、情感信任和认知信任在领导行为的三个机能对群体公民行为的影响中均担当中介角色。假设 2 与假设 3 得到验证。

6.5.3　群体任务依存性的调节效应

如果变量 X 与变量 Y 有关系,但是二者的关系是变量 Z 的函数,受到 Z 的影响,则称 Z 为调节变量。变量 Z 所起的作用就称之为调节作用,调节作用模型可以用图 6.9 表示,Z 影响因变量和自变量之间关系的方向和强弱。

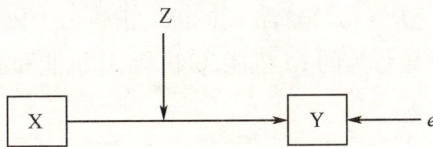

图 6.9　调节变量作用示意图

当前检验调节作用的主要方法是采用回归分析,主要分以下几个步骤:

第一,用虚拟变量代表类别变量。在本研究中的类别变量涉及各种人口统计学变量,性别、年龄、受教育程度、工作时间、组织规模和小组规模等,按照 West

(1996)所提出的虚拟化的标准,都被赋予不同的虚拟值,如男为"1",女为"0"。

第二,对连续变量进行中心化或标准化。这是用回归方法检验调节变量的一个重要步骤,也就是用这个变量中测量的每个数据点减去均值,使得新得到的数据样本均值为零(Aiken & West,1991),因为预测变量和调节变量往往与它们的乘积项高度相关。中心化的目的就是减小回归方程中变量间的多重共线性问题。

第三,构造乘积项。构造乘积变量时,只需要把经过编码或中心化处理以后的自变量和调节变量相乘即可。具体到本研究,我们首先将领导行为的 M 机能、C 机能、P 机能、任务依存性和群体公民行为进行中心化处理,并将自变量和调节变量相乘,得到"领导行为 M 机能×任务依存性"、"领导行为 C 机能×任务依存性"、"领导行为 P 机能×任务依存性"三个交互效应项。

第四,构造方程并检验。构造出乘积项之后,把自变量、因变量(这里要使用未中心化的自变量和因变量)和乘积项都放到多元层级回归方程中就可以检验交互作用了。这时,我们最关注的是乘积项的系数是否显著。如果显著就可以说明调节作用的存在了。同时,也可以采用 R^2 来检验,即先做 Y 对 X 和 Z 的回归,得测定系数 R_1^2;然后做 Y 对 X、Z 和 $X \times Z$ 的回归得 R_2^2,若 R_2^2 显著高于 R_1^2,则调节效应显著。

本研究中回归分析的具体步骤是:第一步(M_0):引入被试的性别、年龄、受教育程度、工作时间以及其所在组织规模和小组规模作为控制变量;第二步(M_1):引入领导行为的 M 机能、C 机能、P 机能以及任务依存性求其主效应;第三步到第五步(M_2到M_4):分别依次引入交互项"领导行为 M 机能×任务依存性"、"领导行为 C 机能×任务依存性"和"领导行为 P 机能×任务依存性"检验任务依存性对领导行为的三个机能和群体公民行为的调节效应。具体结果如表 6.15 所示。

层次回归的分析结果表明,控制人口学与组织学相关变量之后,加入 M 机能、C 机能、P 机能、任务依存性四个变量的主效应,对群体公民行为的解释变异量明显增加($\Delta R^2 = 0.442$,$p < 0.001$)。分别依次加入三个交互项"领导行为 M 机能×任务依存性"、"领导行为 C 机能×任务依存性"和"领导行为 P 机能×任务依存性"时,结果表明三个交互效应对群体公民行为的影响显著(按表述顺序依次为:$\Delta R^2 = 0.004$,$p < 0.01$;$\Delta R^2 = 0.002$,$p < 0.05$;$\Delta R^2 = 0.010$,$p < 0.001$)。这说明任务依存性能够调节领导行为的 M 机能、C 机能、P 机能和群体公民行为的关系。

表 6.15　任务依存性在领导行为与群体公民行为关系间的调节作用分析结果

变　量		群体公民行为				
		M_0	M_1	M_2	M_3	M_4
第一步 控制变量	性别	.038	.021	.022	.024	.014
	年龄	−.032	−.033	−.027	−.025	−.015
	受教育程度	−.081	−.026	−.019	−.023	−.012
	工作时间	.223	.159	.157	.156	.148
	组织规模	.044	.044	.042	.037	.058
	小组规模	.198	−.001	−.002	−.003	−.001
第二步 主效应	M 机能		.411***	.415***	.409***	.419***
	C 机能		.144***	.138***	.128**	.104**
	P 机能		−.466***	−.465***	−.469***	−.405***
	任务依存性		.072**	.069**	.065*	.062*
第三步 两维交互	M 机能× 任务依存性			−.065**	−.012*	−.045*
第四步 两维交互	C 机能× 任务依存性				.074*	.056*
第五步 两维交互	P 机能× 任务依存性					.139***
	R^2	.117	.553	.557	.559	.568
	F	16.441	185.354***	6.936**	4.083*	16.894***
	ΔR^2	.117	.442***	.004**	.002*	.010***

注：* $p<0.05$，** $p<0.01$，*** $p<0.001$；所有回归系数均经过标准化；自变量进行了中心化处理。

同时，图 6.10、图 6.11、图 6.12 显示了当任务依存性为调节变量时，领导行为的 M 机能、C 机能、P 机能和群体公民行为的关系的变化。

从图 6.10 与图 6.11 我们可以发现，在领导行为 M 机能和 C 机能较低的情况下，高任务依存性组的与低任务依存性组的群体公民行为水平都不高，高任务依存性组能稍高于低任务依存性组；随着领导行为 M 机能和 C 机能的增强，虽然高任务依存性组和低任务依存性组的群体公民行为水平都在呈现出提高趋势，但是二者的调高幅度却存在差异，具体表现为，高任务依存性组的群体公民行为水平随着领导行为 M 机能和 C 机能的增强而提高的幅度明显高于低任务依存性组,低任务依存性组的提升幅度不如高任务依存性组。这说明,如果一个工作群体的任务依存性较高,那么即使领导行为 M 机能水平与领导行为 C 机能较低,依然能够保持相对较高水平的群体公民行为,但是,在任务依存性较低的工作群体中,领导行为 M 机能与领导行为 C 机能的提升对群体公民行为的正向促进影响会被削弱。

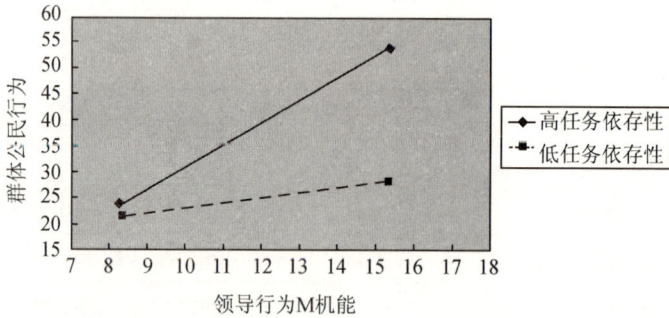

图 6.10　任务依存性对领导行为 M 机能和群体公民行为的调节作用

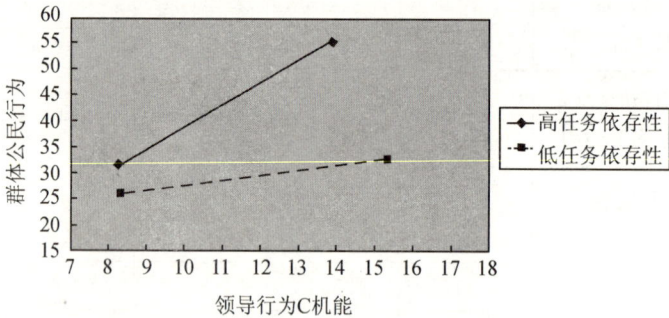

图 6.11　任务依存性对领导行为 C 机能和群体公民行为的调节作用

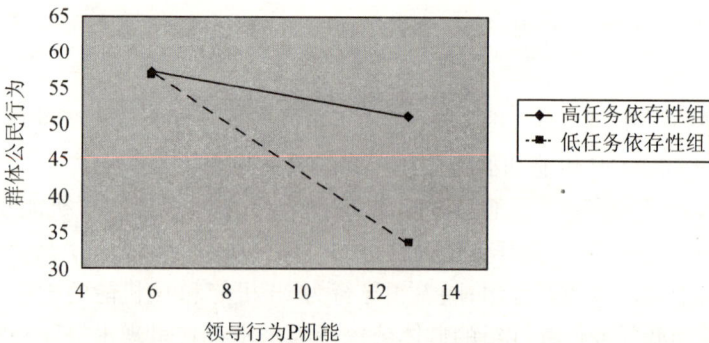

图 6.12　任务依存性对领导行为 P 机能和群体公民行为的调节作用

从图 6.12 我们可以发现,领导行为 P 机能水平对群体公民行为存在负向影响;领导行为 P 机能水平较低的情况下,高任务依存性组的群体公民行为水平高于低任务依存性组;随着领导行为 P 机能水平的增强,两个组中的群体公民行为水平都在下降,但是低任务依存性组的下降幅度要略微高于高任务依存性组,也就是说,随着任务依存性的升高,领导行为 P 机能对群体公民行为的负向影响会被削弱。因此,假设 4 得到验证。

6.6　综合讨论

6.6.1　领导行为三个机能对群体公民行为四个维度的影响

采用多元逐步回归对聚合后的三个自变量与四个因变量之间的关系进行了分析(数据来源于表 6.9～表 6.12),它们之间的关系可以汇总到图 6.13 来表示。

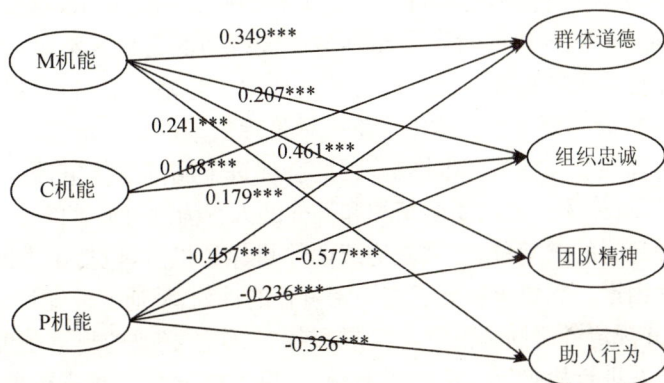

图 6.13　领导行为三个机能对群体公民行为的影响路径

由图 6.13 可以非常清楚地看到,领导行为的三个机能对群体公民行为四个维度的影响非常显著($p<0.001$)。其中,M 机能和 C 机能对群体公民行为的影响是正向的,但是没有发现 C 机能对群体公民行为的团队精神和助人行为两个维度的显著影响;P 机能对群体公民行为是显著负向影响的。这个结果与我们最初的假设基本符合。

作为领导行为的 M 机能,主要是维系和强化团队的机能,能够为团队或群体工作创设一种有利的环境;通过领导者对被领导者的体贴关怀、信任尊重、激励支持、给下级表达意见的机会、刺激自主性与自信心、满足下级要求等做法,能够消除上下级之间不必要的紧张感,缓和工作中所产生的对立和抗争(凌文辁等,1987)。Thomas 等人(2002)将任务导向和人员导向看成区分不同文化体系下领导风格差异的主要指标。一般认为,西方文化倾向于任务导向,中国文化倾向于人员导向

(Chen and Partington，2004)。表现在具体行为方面就是下属感受到或者得到过来自领导的关心和关照，就会想办法予以回报。这种回报表现在角色外行为上就是组织公民行为。同时，从行为效果来看，M 机能的维系和强化团队效能与支持型领导的效果较为一致，而与前人的研究向对比，我们发现，本研究结果与 Chen 等(2002;2005)、Podsakoff(2003)、Northouse(2004)、Organ 等(2006)等人的研究结论完全一致，即关系导向的领导行为，支持员工的领导行为对群体公民行为具有显著正向影响。

作为领导行为的 C 机能，与 P 机能和 M 机能不同的地方在于其是一种间接影响力，是一种模范表率行为，对于下属而言，是一种无声的命令(凌文辁等，1987)。其可以通过模范表率行为使下属在工作中的不满得到消除，从而获得心理上的平衡和公平感，增强员工的内在工作动机。从功能上来讲，其与服务型领导及德行领导的效果比较接近。而我们的研究结果也显示，C 机能对群体公民行为的群体道德和组织忠诚两个维度具有非常显著的正向影响，这个结论与 Ehrhart (2004)对服务型领导与群体公民行为之间关系的研究结论基本一致，都是一种正向的显著影响。至于 C 机能对团队精神与助人行为的无显著影响，我们认为，主要是由于工作群体团队精神与助人行为的发生主要是基于对组织目标的认同，而领导行为的 C 机能主要是在群体内产生一种伦理氛围(Dickson 等，2001)，从而对下属的道德伦理观念和行为产生影响，因此会促进下属的群体道德认知和对组织的忠诚。但是，对群体行为的团队精神和群体助人行为没有显著的影响。

作为领导行为的 P 机能，主要是完成团体目标的机能，包括压力因素、计划性因素和专业性因素。它要求领导者有周密可行的计划，精通专业知识，具备强有力的组织能力，并规定各级职责范围与权限，制定工作所必要的规章制度，限定下级完成任务期限并进行检查等。从功能上看，其更为接近命令型领导或任务导向的领导，这种类型的领导行为会只关注工作行为本身，而忽视员工本身的需求以及相互之间的关系，缺少了"人情味"。由于领导行为对员工行为及企业文化氛围的巨大影响，久而久之，就会形成一种"各人自扫门前雪"的文化氛围，员工之间也是"事不关己，高高挂起"。群体与群体之间的联系也会降低，只关注于群体内部的工作，对于工作内容表面上看来关系不大的、得不到正式薪酬与评价体系认可的公民行为自然就不会在意了，群体公民行为水平自然就会降低。本研究的结论基本验证了 Chen 等(2002;2005)、Podsakoff，(2003)、Organ 等(2006)的研究结论，即命令型或任务导向型的领导行为会对群体公民行为产生不利的影响。同时，在本研究中发现的这种负向影响比他们的负向影响效果更强。究其原因，我们认为主要是由于文化因素所造成的。Thomas 等(2002)将任务导向和人员导向看成区分不同文化体系下领导风格差异的主要指标，一般认为，西方文化倾向于任务导向，中国文化倾向于人员导向(Chen and Partington，2004)，由于本研究的取样都是在国内进行的,而他们的研究则主要在西方国家完成,所以才在本研究中发现了比在西方背景下更强的负向影响效果。Podsakoff,(2003)、Organ 等(2006)也在自己的研究中明确认可文化能够对群体公民行为产生直接或间接的影响。

总之,本研究在群体层面上探讨了领导行为与群体组织公民行为的关系,与以往的研究不同的是,将领导行为作为一个包含多个维度的系统来看待,而不只是一种具体的领导方式或风格。同时,在探讨其与群体公民行为的关系时,也是将群体公民行为作为一个包含多个维度的系统来看待,具体考察了领导行为的三个机能对群体公民行为的四个维度的影响。这样一来,就将研究的层次从个别提升到一般,其结论也更具有普遍性。从实践上来看,群体组织公民行为对组织实现组织整体目标具有非常重要的意义,培育群体公民行为是当前企业极力提倡的一种趋势。在中国这个独特的文化氛围下,领导的作用是非常明显的,因此,为了培育企业组织的群体公民行为,就必须重视企业和团队的领导行为。由于领导行为的 M 机能和 C 机能对群体公民行为具有显著的正向影响,而 P 机能对群体公民行为具有显著的负向影响,那就必须重视企业领导的德行与关系处理能力的提升,树立人本思想,推行人本管理,做到"德行垂范,员工导向",尽量减少命令型的管理方式方法。

6.6.2　程序公正氛围、认知信任、情感信任的中介效应

本研究采用结构方程潜变量路径分析,对程序公正氛围、认知信任、情感信任在领导行为的三个机能和群体公民行为的中介效应进行了检验。结果显示,程序公正氛围、认知信任和情感信任的中介效应显著,CPM 领导行为对群体公民行为的影响完全是通过这三个变量的中介产生的。从标准化路径系数来看,领导行为的 C 机能和 M 机能越强越能增强程序公正氛围、认知信任和情感信任,进而能促进群体公民行为;而在 P 机能和群体公民行为之间的中介作用则比较复杂。具体来说,P 机能强了就会增强认知信任,进而增强群体公民行为;但是只有降低 P 机能,才能提高程序公正氛围与情感信任,进而增强群体公民行为。

首先,作为群体层次变量的程序公正氛围的立足点在于群体,其是存在于个体共同的知觉部分中的。以前,曾有研究者(如 Ehrhart,2004；Chen 等,2005 等)将程序公正氛围作为一个自变量讨论其对群体层次的组织公民行为的影响,结果发现,程序公正氛围对群体层次组织公民行为有较强的预测力,是群体层次组织公民行为极为重要的影响因素。本研究的结果也证实了这一点。按照社会交换理论的逻辑,如果一个组织处理有关群体的事务时,各项政策、程序较为公平,就会提高工作群体对组织的程序公正气氛的认知,这种群体水平的认识提高,会促进群体表现出更多非角色行为,也就是群体公民行为。另外,本研究还将程序公正氛围作为领导行为与群体公民行为之间的中介变量进行检验。结果发现,程序公正氛围和领导行为都与群体公民行为显著相关,而且,程序公正氛围对领导行为与群体组织公

民行之间的关系起到了显著的中介作用。这个结果与 Ehrhart（2004）的研究基本一致，说明这种中介作用具有跨文化的适应性，在西方国家和我国都能得到体现。同时，本研究将 CPM 领导行为作为一个包含多个维度的系统进行考察，发现在不同的领导行为机能与群体公民行为之间，程序公正氛围的中介作用是不完全相同的。C 机能与 M 机能作为一种以人为本的管理范式，强调德行垂范与员工导向，突出各项措施的人本主义色彩。也就是说，组织的制度、政策等的制定会考虑到员工本身，让员工参与进来，或者会尽量吸取员工的意见建议，所以会增强程序公正氛围进而提升群体公民行为。而 P 机能则强调命令的强制性，只关注工作行为本身，缺少对员工行为与意见的关注，所以在一些政策制度的建立过程中，会降低员工与群体对程序公正性的认知（周浩，龙立荣等，2005）。这样的事例多了就会降低工作群体与组织整体的程序公正氛围，进而对群体公民行为产生不利的影响。

　　其次，本研究从认知信任和情感信任两个方面（McAllister，1995）对个体层面的变量人际信任对群体公民行为的影响和人际信任在 CPM 领导行为与群体公民行为之间的中介效应进行了验证。

　　认知信任是我们在认识了解到有关某一个人可信任性证据之后，而产生信任对方的意愿。在一个工作群体中，成员之间会在交往的过程中自觉不自觉地搜集一个人是否值得信任的证据。通过观察他的语言与行为等，去了解他的人格、背景、意图、能力等，并形成这个人是否值得信任的结论。一旦某个成员被认为是可信的（McAllister，1995；Rempel 等，1985）、能够胜任工作的（Mayer 等，1995）或者对工作与他人负责的（Cook & Wall，1980）等，就会形成认知信任。在一个群体之中，如果成员之间形成认知信任，就会减少花费在搜索信息、监督他人行为等事情上的时间，从而提高群体成员之间的合作意愿与合作效率。进而提升群体内个体组织公民行为的水平，随着个体组织公民行为水平的提高，会形成一种氛围，这种氛围使得工作群体在对外与对内行为时，会表现得更为积极主动，表现出更多的角色外行为，也就是群体公民行为。即认知信任能够显著影响群体公民行为。同时，领导行为对认知信任的影响也早已得到相关研究（Martin 等，2007）的验证。具体到本研究中，领导行为的 C、P、M 三个机能能够提升认知信任水平，进而对群体公民行为产生了显著的正向影响。工作群体环境中，群体主管通过表现出对下属的关心、体贴、理解、支持等（M 机能）和德行垂范（C 机能），得以表现出其诚实与能力，不仅使其值得信赖，获得成员的认知信任，也为群体成员树立了榜样，成员之间在交往过程中也会表现出更多的类似行为，从而也就进一步促进了群体成员之间的认知信任。而领导行为 P 机能也会通过设置合理的、通过努力可以达到的目标，主管可以让成员集中精力应对共同目标，当人们按承诺及时完成工作时，信任会得到加强，最终达到 Lewis 和 Weigert（1985）所讲的信任的最高点状态。也就是说，由于大家都自觉地完成相应的任务，能够自觉地相互配合，因此在群体中成员之间已经不再需要进一步搜寻信任对象是否值得信任的证据了。总之,领导行为的 C、P、M 三种机能都能促进工作群体中的认知信任水平的提升,而这种认知信任水平的提升,会促进工作群体表现出更多的群体公民行为。

情感信任是基于对某一个人的情感依附而愿意信任对方。研究发现,在情感信任程度较高的工作群体中,群体成员会把其他成员的问题当成是自己的问题并愿意主动提供帮助,同时也促进群体成员与别人分享自己的信息和专长,并且更加默契地合作。也就是说,情感信任会促使双方都愿意对对方做出承诺。此时,互惠的道德义务感就会出现,即使在没有明显的好处时,我们也乐于帮助对方,甚至愿意牺牲自己暂时的福利,以追求双方长远的福利,这种愿意自我牺牲、不计代价的精神和行为就是一种组织公民行为。Steven Appelbaum(2004)、Dennis(2005)、Shimon L. Dolan(2005)等的研究都发现了这一现象,即人际信任与组织公民行为显著正相关。与群体中认知信任的发展历程基本类似,随着情感信任的提高,工作群体本身的士气与凝聚力都会显著增强,当一个内部信任度高的工作群体作为行为主体在组织中行为时,相应的也会增加群体公民行为,形成一种有利于提升群体与组织工作绩效的工作环境,即情感信任能够提高群体公民行为水平。同时,领导行为的 C、M 机能对情感信任产生正向影响,进而对群体公民行为产生了显著的正向影响;而 P 机能对情感信任产生负影响。工作群体环境中,群体主管通过表现出对下属的关心、体贴、理解、支持等(M 机能),能使员工感受到一种"家"的温暖和被关注的体验;通过表现出具有较高道德伦理水平的行为(C 机能),能使员工感受到一种类似"家长"的威严和模仿的意愿。这种类似家庭工作环境和亲密的人际关系,会促使员工之间产生更多工作之外的情感交流,这种情感的交流会加深双方的信任关系,提升工作群体内部的情感信任水平。这样一来,就会产生一个人把另一人的问题当成是他自己的问题,愿意提供帮助的现象。同时,工作群体本身的士气与凝聚力都会显著增强,并形成一种群体氛围。表现在群体层面,就会出现工作群体作为一个整体,积极与其他群体沟通协调,愿意为本小组成员、群体所在组织、组织内其他工作群体及其成员以及组织外部利益相关公众提供帮助等角色外行为。而 P 机能作为关注工作本身的一种领导行为方式,势必会在员工之间形成一种相互竞争的格局。员工各自为了自己的工作而努力,极少关注其他的员工,这样会阻碍员工与别人产生交流,导致交流的频度与深度大大降低,不利于形成亲密的人际关系,情感信任也就无从谈起了。总之,领导行为领导行为的 C、M 机能都能促进工作群体中的情感信任水平,而这种情感信任水平的提升,会促进工作群体表现出更多的群体公民行为。P 机能会降低工作群体中的情感信任水平,进而阻碍工作群体的群体公民行为水平提升。

综合以上三个结论,在实践方面给我们的提示是:第一,在任何企业组织中,要想促进群体公民行为水平的发展,领导行为必须符合道德伦理的要求,并能积极地关注员工,对员工表现出关心、体贴、理解、支持等。第二,为了完成群体与组织目标,领导者必须有比较周密可行的计划、强有力的组织能力;能够规定各级职责范围与权限,制定工作所必要的规章制度,限定下级完成任务期限并进行检查。但是必须要掌握好"度"的问题,既不能过分强调结果的重要性,也不能完全不重视结果。因为过分强调结果会降低程序公正氛围与情感信任水平,进而减少群体公民行为,而对结果的重视不足会引起认知信任的降低,也会减少群体公民行为。

6.6.3　任务依存性的调节效应

此外,本研究还证实了任务依存性能够调节领导行为的三种机能对群体公民行为的影响,随着群体任务依存性的降低,领导行为 M 机能和 C 机能对群体公民行为的正向影响程度将被削弱,而 P 机能对群体公民行为的负向影响程度将会增强。也就是说,领导行为 M 机能和 C 机能对群体公民行为的正向影响在工作任务依存性高的群体中表现更佳;而领导行为的 P 机能对群体公民行为水平的负向影响在任务依存性低的群体中表现更为突出。同时,研究结果还表明,不管是任务依存性高的群体还是任务依存性低的群体,领导行为对群体公民行为的影响方向是没有变化的,只是在影响程度上的区别。

从任务依存性的角度来分析。首先,根据 Smith、Organ 和 Near(1988)的研究,如果人们从事的工作相互依存性较高,那么,为了更好地完成任务,就需要更多的交流和自发性的相互调整。同理,在完成一个群体任务的过程中,如果需要其他的群体及其成员较多的投入与合作,也就是依存性提高时,就会促使工作群体之间出现更为频繁的交流,这种频繁交流就促进群体公民行为的发生的频度增加。其次,在进行工作安排时,任务依存性较高的群体或个人一般也会被安排的时间和空间比较接近,这种安排会使得群体成员互动时表现出更多的公民行为,以利于维持、加强群体之间的关系。由于以上两个原因,在工作依存性不同的组织中,领导行为对群体公民行为的影响就被改变了。任务依存性较高时,工作群体之间、群体成员之间的工作依赖性很强,更需要来自他人与其他群体的帮助,也就是会要求和表现出更多的群体公民行为。此时,采用关注工作的领导行为(P 机能),对群体公民行为的负向影响也将会被削弱,而领导的道德水平(C 机能)和关注员工行为的领导行为(M 机能),则能够通过对员工行为和组织道德氛围的影响,创造了一种道德的环境,使每位员工与各个工作群体都能向着共同的目标努力(Aikman,2003)。因此,仍然能够保持自己的显著影响,甚至还能增强这种影响的强度。反之,如果任务依存性水平较低,群体成员之间的工作独立性很强,基本不需要或者很少需要来自他人与其他群体的帮助。此时,如果有了领导行为对群体公民行为的支持(M、C 机能),群体公民行为水平会得到一些提升,但是提升的水平却很有限。但是如果再过分地强调工作行为本身和工作结果,用制度和制度来约束成员行为（P机能），就会更加损伤工作群体实施组织公民行为的积极性，与采用支持群体公民行为的行为相比，群体公民行为的程度和频率都会显著降低。

从群体公民行为本身的角度来分析。群体公民行为是一种角色外行为，得不到正式薪酬体系的直接或明确的回报。在任务依存性高的情况下，自己所获得的薪酬福利会在很大程度上依赖于其他人的工作，为了获得帮助和支持，即使得不到正式薪酬体系的直接或明确的回报，也需要付出。同样，一个工作群体的绩效水平也会对其他工作群体具有较大的依赖性，需要他们的帮助，自然也会表现出较多的群体公民行为。此时，如果再有外界的支持（如本研究中的领导行为的C机能和M机能），便能更加激发成员之间、群体之间的这种交流和互助，从而使得表现出更多的群体公民行为。而如果得不到支持，反而是一种消极的影响（比如本研究中的领导行为的P机能），那么群体公民行为水平会降低，但是降低的幅度却不大。因为工作本身需要群体公民行为，为了完成自己的工作需要获得别人的支持，而获得支持的同时必须做出一些公民行为作为回报。反之，如果任务依存性水平较低，那么，群体成员之间的工作独立性很强，基本不需要或者很少需要来自他人与其他群体的帮助。那么大家就会只关注自己的工作，对得不到正式薪酬体系的直接或明确的回报的公民行为不会有太大关注。领导行为的C机能和M机能能在一定程度上促进产生群体公民行为，但是其促进程度远不如在任务依存性高的群体。此时，如果这种对群体公民行为的忽视态度与行为再得到诸如领导行为P机能一样的"鼓励"，那么群体公民行为水平自然就会有比较大幅度的下降了。

6.7 小结

本研究结果表明，领导行为对群体公民行为具有显著的影响作用，领导行为不同的机能对群体公民行为的影响存在差异。具体来讲：

（1）M机能对群体公民行为的四个维度均具有显著正向影响；C机能对群体公民行为的团队精神和助人行为两个维度具有显著正向影响；P机能对群体公民行为的四个维度存在显著负向影响。

（2）程序公正氛围、认知信任、情感信任在领导行为的三个机能对群体公民行为的作用中存在显著的中介效应。其中，领导行为的C机能和M机能越强就越能增强程序公正氛围、认知信任和情感信任，进而能促进群体公民行为；P机能强了就会增强认知信任与情感信任，进而增强群体公民行为，但是只有降低P机能，才能提高程序公正氛围，进而增强群体公民行为。

（3）任务依存性能够调节领导行为的三种机能对群体公民行为的影响，任务依存性越高，领导行为的M机能和C机能对群体公民行为的正向影响程度越强；P机能对群体公民行为的负向影响程度则会被减弱。

第七章 人际信任、群体凝聚力与群体公民行为的关系研究

7.1 研究目的

对人际信任的研究结果表明:在一个群体之中,如果成员之间形成较高的人际信任,能够提高群体成员之间的合作意愿与合作效率,进而提升群体内个体组织公民行为的水平(Dennis,2005;Shimon L. Dolan,2005;Steven Appelbaum,2004)。随着个体组织公民行为水平的提高,会形成一种氛围,这种氛围使得工作群体在对外与对内行为时,会表现得更为积极主动,表现出更多的角色外行为,也就是群体公民行为。第六章的研究表明,人际信任的两个维度:认知信任与情感信任对群体公民行为具有显著的正向影响。但是这种影响是如何实现的,人际信任的两个维度对群体公民行为的影响机制如何,受到哪些因素的影响和调节等问题依然存在。为了回答这些问题,在相关文献分析的基础上,我们进行了该章内容的研究。

具体而言,本研究拟选用自行研发的群体公民行为问卷,探讨群体成员之间的人际信任对群体公民行为的具体影响机制,包括群体凝聚力的中介效应检验和群体与目标一致性的调节作用。在这些变量中,群体与组织目标一致性、群体凝聚力和群体公民行为属于群体层次的变量,而人际信任则属于个体层次的变量。研究构想如图 7.1 所示。

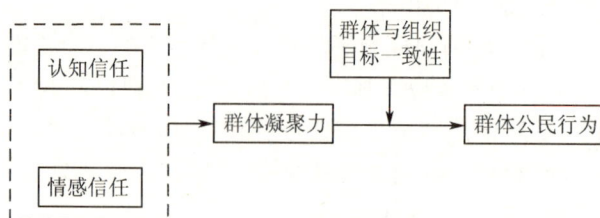

图 7.1 研究结构图

7.2　研究假设

虽然本研究在第六章中验证了认知信任与情感信任在领导行为与组织公民行为之间显著的中介效应,能够在一定程度上表明人际信任对群体公民行为的显著影响。但是有研究表明,群体成员之间的人际信任对群体公民行为的影响,并不是直接实现的,而是通过对群体内部的凝聚力(即群体凝聚力)的中介作用对群体公民行为产生影响的(王磊,2008)。同时,王磊(2008)的研究表明群体与组织目标一致性也是二者之间的中介变量。但是,其他研究并不认同,Chen 等(2005)的研究就认为群体与组织目标一致性是群体凝聚力与群体公民行为的调节变量。经过文献分析,我们也比较认同 Chen 等(2005)的结论,但是还需要有实证研究的验证。为此,我们决定利用本研究数据进一步对人际信任与群体公民行为之间的作用机制进行探讨。

首先,在第六章研究的基础上,进一步探讨群体成员之间的认知信任与情感信任对群体公民行为四个维度的具体影响。深入了解认知信任与情感信任到底对群体公民行为的哪些维度影响更甚。根据前述内容,我们提出以下假设:

假设 1:群体成员之间的认知信任对群体公民行为的四个维度都具有显著正向影响。

H1a:群体成员之间的认知信任对群体道德具有显著正向影响;

H1b:群体成员之间的认知信任对组织忠诚具有显著正向影响;

H1c:群体成员之间的认知信任对团队精神具有显著正向影响;

H1d:群体成员之间的认知信任对助人行为具有显著正向影响。

假设 2:群体成员之间的情感信任信任对群体公民行为的四个维度都具有显著正向影响。

H2a:群体成员之间的情感信任对群体道德具有显著正向影响;

H2b:群体成员之间的情感信任对组织忠诚具有显著正向影响;

H2c:群体成员之间的情感信任对团队精神具有显著正向影响;

H2d:群体成员之间的情感信任对助人行为具有显著正向影响。

其次,群体凝聚力体现为群体成员之间互相吸引并希望留在群体内的强烈程度(Organ & Hamner,1982)。研究表明,群体成员之间人际信任能够促进工作群体中成员之间的合作,从而使得群体凝聚力得到显著增强(Steven,2004;Shimon L. Dolan,2005)。群体凝聚力的增强会使得一个群体与其他群体交往时,也会相应增加群体公民行为。Brief 等(1986)的研究表明,高内部凝聚力的群体之间会表现出较多的公民行为。具体表现为,在群体交往过程中,凝聚力高的群体为了维护群体形象并营造出有利于提高工作绩效的工作环境,会表现出尽可能多的公民行为。因此,群体凝聚力与群体公民行为之间应该具有显著的正相关关系。George 和 Bettenhausen (1990) 的研究就表明,群体凝聚力对群体层次的亲社会行为具有正向预测作用。故而,我们提出以下假设:

假设 3:群体凝聚力在认知信任对群体公民行为影响过程中起中介作用。

假设 4:群体凝聚力在情感信任对群体公民行为影响过程中起中介作用。

此外,群体凝聚力与群体公民行为之间是否存在积极相关必须考虑群体与组织目标的一致性的作用。当群体目标与组织目标一致时,群体凝聚力的提高不仅会有助于群体目标的完成,而且有助于组织目标的完成,会表现出较多的群体公民行为。但是,当群体目标与组织目标不一致时,群体凝聚力高的工作群体就有可能为了实现群体的目标而不惜牺牲组织目标,更不用说表现出群体公民行为了。也就是说,群体与组织目标一致性这个变量会调节群体凝聚力与群体公民行为之间的关系。当一个内部凝聚力高的群体认识到其目标与组织一致时更有可能表现出群体公民行为。Pearce(2004)、Chen 等(2005)和王磊(2008)等都曾经关注到这一问题。但是,在确定群体凝聚力到底是中介变量还是调节变量上,不同研究者之间仍然存在差异。根据上述推论,我们认为,在群体与组织目标一致性程度高的情况下,群体凝聚力对群体公民行为的正向影响会更为明显,而在群体与组织目标一致性程度低的情况下,这种关系可能会减弱,消失,甚至产生负向的影响。因此,我们提出:

假设 5:群体与组织目标一致性能够调节群体凝聚力和群体公民行为之间的关系。高一致性会加强群体凝聚力对群体公民行为的正向影响;低一致性会使群体凝聚力对群体公民行为的影响减弱,甚至产生负向影响。

7.3 研究方法与程序

7.3.1 研究工具

(1) 企业群体公民行为问卷

采用前一阶段经过探索性因素分析与验证性因素分析所得到的包含四个因素、十六个项目的企业群体公民行为问卷。

(2) 人际信任问卷

采用 McAllister(1995)编制的人际信任问卷,该问卷包含 9 个项目,两个维度。情感信任用 4 个项目测量,认知信任用 5 个项目测量。我们对该问卷进行了严格的翻译与回译以及理解性、适应性分析等处理。

(3) 群体与组织目标一致性问卷

采用陈晓萍等(2005)编制的群体与组织目标一致性问卷,该问卷包含 3 个项目,其中包含一个负向计分题目,录入数据之后即对该负向计分题目进行了科学处理。对该问卷同样进行了严格的翻译与回译以及理解性、适应性分析等处理。

（4）群体凝聚力问卷

采用 Jehn 和 Mannix(2001)使用的群体凝聚力问卷,该问卷包含 4 个项目,其中两个题项测量的是成员之间相互喜爱的程度,另外两个题项测量的是团队精神。对该问卷也同样进行了严格的翻译与回译以及理解性、适应性分析等处理。

7.3.2　被试

选用两次正式调查中以企业组织中的工作小组为单位进行调查所获得的被试样本。同时,根据前述研究和前人的研究结果,本研究对数据进行了删减,具体为:删除小组规模小于五人的被试样本,删除工作时间小于两年的被试样本,以及小组有效样本低于 50% 的小组数据,最后获得 69 个有效小组的数据,共涉及被试者 750 名,被试者样本分布情况参见表 6.1。

7.3.3　统计分析方法

本研究采用 SPSS16.0、LISREL8.70 和 AMOS16.0 对数据进行统计分析。我们主要分以下几个阶段进行:

第一阶段:采用探索性因素分析和相关分析,分析各分量表在本研究中个项目的因素负荷,并同时检验各量表的内部一致性系数(Cronbach α 系数)以及各变量之间的相关性。

第二阶段:采用验证性因素分析进行模型比较,来确认本研究中涉及的变量的聚合效度与区分效度。

第三阶段:检验问卷的共同方法偏差。

第四阶段:检验将个体的回答聚合到群体层次的指标 r_{ug}、$ICC(1)$、$ICC(2)$,若达标,将个体层次的回答聚合到群体层次,我们采用平均数代替的方法,用小组成员在项目上的平均分取代所有小组成员在项目上的得分,以分析与相关变量的关系。

第五阶段:采用多元逐步回归的方法,分别验证认知信任与情感信任对群体公民行为四个维度的影响。

第六阶段:采用结构方程模型验证群体凝聚力在认知信任和情感信任对群体公民行为影响过程中的中介作用。我们将采用模型比较的方法来确认一个最佳匹配模型。

第七阶段:我们通过层次回归分析(Hierarchical Regression Analysis)来检验群体与组织目标一致性在群体凝聚力对群体公民行为影响过程中的调节效应。

7.4 问卷质量分析

7.4.1 各问卷的项目因素负荷与描述性统计结果

(1) 各问卷的项目因素负荷

由于前述研究已经对群体公民行为问卷和人际信任问卷进行了检验,因此本研究主要是采用主成分分析法对群体凝聚力和群体与组织目标一致性问卷进行探索性因素分析,运用正交方差极大法进行因素转轴,根据特征根大于 1,并结合碎石图,抽取公共因素,得到结果如表 7.1 所示。

从表 7.1 我们可以看出,本研究新加入的两个问卷因子结构清晰,没有交叉负荷,各项目负荷值在 0.799~0.947 之间,各卷总方差解释量均在 67% 以上,达到良好的水平。

表 7.1　问卷项目的因素负荷值与总方差解释率($N=750$)

项目	群体凝聚力	群体与组织目标一致性
CF1	.854	
CF2	.817	
CF3	.806	
CF4	.799	
	(67.116%)	
MY1		.974
MY2		.873
MY3		.845
		(84.117%)

注:括号内的数据为问卷的总方差解释量,不包括群体公民行为问卷的结果,其结果请参阅第四章的表 4.3。

(2) 各变量的描述性统计分析

我们进一步计算了各变量的平均数、标准差、各变量间的相关系数及各分量表的信度系数。结果见表 7.2。

从表 7.2 中我们可以看出,各分量表的 Cronbach's χ^2/df 系数值在 0.714~0.836 之间,表明各量表具有良好的信度。同时,我们还可以看出,群体与组织目标一致性、群体凝聚力、情感信任和认知信任与群体公民行为的四个维度群体道德、组织忠诚、团队精神、助人行为均相关显著;情感信任和认知信任与群体凝聚力、群体与组织目标一致性之间均相关显著。这为后面的中介作用与调节作用的分析提供了必要的前提(Baron & Kenny,1986)。

表7.2　各个变量的平均数、标准差及相关系数($N=750$)

	M	SD	1	2	3	4	5	6	7	8
1 群体道德	18.115	1.074	(.761)							
2 组织忠诚	17.834	1.299	.538**	(.753)						
3 团队精神	15.943	1.349	.374**	.538**	(.739)					
4 助人行为	15.246	1.312	.379**	.507**	.661**	(.714)				
5 目标一致性	11.504	0.754	.436**	.339**	.342**	.455**	(.731)			
6 情感信任	16.882	3.839	.151**	.209**	.183**	.453**	.094**	(.808)		
7 认知信任	21.033	4.421	.165**	.140**	.126**	.169**	.163**	.707**	(.831)	
8 群体凝聚力	17.870	3.842	.145**	.232**	.211**	.142**	.090**	.632**	.635**	(.836)

注:** $p<0.01$,(双尾检验),对角线上括号内的数据表示该量表的 Cronbach's χ^2/df 系数。

7.4.2　问卷整体验证性因素分析

在相关理论综述的基础上我们提出了本研究的假设。根据假设,整个问卷由8个潜变量和32个观测变量构成,问卷构想模型如图7.2所示,我们运用LISREL8.70软件,采用验证性因素分析(使用极大似然估计)对750个有效样本数据进行分析,以确定各变量的聚合效度和区分效度,同时,得到问卷整体内容结构构想模型的完全标准化解。具体结构与各参数的标准化解如图7.3所示,构想模型与观测数据的拟合情况如表7.3所示。

表7.3　构想模型与观测数据的拟合指标($N=750$)

χ^2	df	χ^2/df	$RMSEA$	IFI	CFI	$PNFI$	$PGFI$
1131.81	435	2.60	0.046	0.98	0.98	0.85	0.75

通过表7.3中三类主要验证性因素分析的指标比较和图7.3的完全标准化解,我们可以发现,本问卷验证性因素分析的各项结果均达到较好的程度,构想模型与观测数据基本拟合。显示问卷具有较好的结构效度。本研究所涉及的8个变量具有良好的区分效度,它们确实是8个不同的构念。同时,验证性因素分析结果显示,在八因素模型中各因子的因素负荷和 T 值均达到了显著性水平($p<0.001$)且未出现不恰当解,这说明各构念均具有良好的聚合效度。

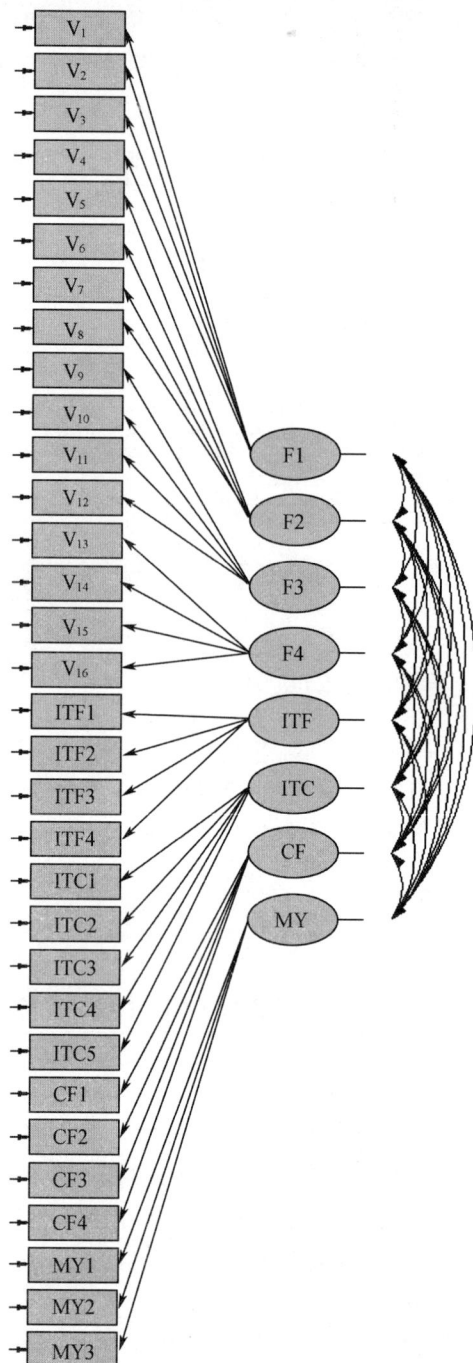

图 7.2　人际信任、群体凝聚力对群体公民行为影响研究问卷的构想模型

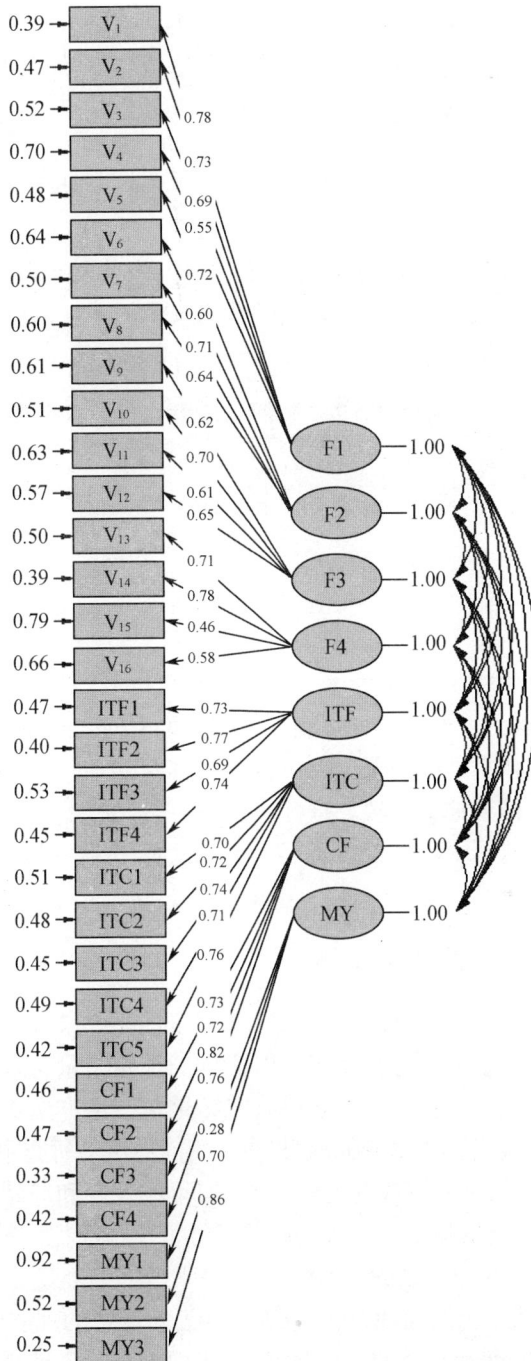

Chi-Square＝1131.81，df＝436，P-value＝0.00000，RMSEA＝0.046

图 7.3　人际信任、群体凝聚力对群体公民行为影响研究问卷的构型模型完全标准化解

此外,为了进一步验证本研究所使用问卷的效度,我们提出了以下几个可能存在竞争模型,将它们与本问卷的八因素模型进行优劣比较,以判断八因素模型是否为最佳模型。可能存在的竞争模型具体为:

七因素模型:将认知信任与情感信任合并为信任因素。

四因素模型:将群体公民行为的四个维度合并为一个维度,作为群体公民行为因素,将认知信任与情感信任合并为人际信任因素。

单因素模型:根据前述对 8 个因素的相关分析,将其合并为一个因素。

因为篇幅有限,本文不再将竞争模型的构想模型图一一列出,仅将三类主要拟合指数的结果列于表 7.4。

表 7.4　本研究中问卷竞争模型的指标比较表($N=750$)

	χ^2	df	χ^2/df	RMSEA	IFI	CFI	PNFI	PGFI	NCP
八因素模型	1131.81	435	2.60	0.046	0.98	0.98	0.85	0.75	695.81
七因素模型	1271.84	443	2.87	0.050	0.98	0.98	0.87	0.76	828.84
四因素模型	2355.83	458	5.14	0.075	0.96	0.96	0.88	0.72	1908.83
单因素模型	4065.95	454	8.96	0.102	0.93	0.93	0.86	0.66	3601.95

通过表 7.4 中八因素模型与各可能存在的竞争模型之间在三类主要拟合指标的比较(比较标准和依据请参阅群体公民行为内容结构一章),我们能够发现虽然七因素模型、四因素模型的各类拟合指标也比较好,但是综合各种指标来看,在这四个构想模型之中,八因素模型无疑是最优的。故而,本研究最终选定八因素为本研究的变量类型。

7.4.3　共同方法偏差检验

共同方法偏差(Common Method Biases),指的是由于数据来源或评分者、测量环境、项目语境以及项目本身特征相同而造成的预测变量与效标变量之间人为的共变,是一种系统误差。它的存在会对研究结果与结论产生比较严重的混淆与误导。因此,必须在研究中加以控制,尤其在采用问卷法的研究中更应如此。当前对共同方法偏差进行控制的方法主要有两类,即程序控制和统计控制。本研究中我们也是从这两个方面尽量对共同方法偏差进行了控制(周浩,龙立荣,2004)。

在程序控制方面,我们采取的措施包括:采用科学严谨的方法收集项目编制问卷,保证题项意义的表达清晰明确,从而减少答卷者对题目的理解偏差;在施测过程中,明确问卷调查的匿名性与目的,以保护反应者的匿名性并减小对测量目的的猜度;问卷回收后,采用科学方法剔除了不认真作答的问卷等。但是受调查条件和问卷本身限制,本研究所设置的变量只能由同一被试来提供信息,这样一来,共同方法偏差就仍然可能存在,为此,我们仍然需要在数据分析阶段进行检验和控制。

采用统计控制的方法控制共同方法偏差的方法有多种,根据周浩、龙立荣(2004)的建议,我们采用的是当前应用较为普遍的潜在误差变量控制法,也就是非可测方法变异因子的方式。具体做法是:将共同方法偏差作为一个潜在变量进入结构方程模型并允许所有标识变量在这个共同方法偏差潜在变量上负载,形成一个新的模型,然后与不包含共同方法偏差潜在变量的模型进行拟合优度的比较,如果前者的拟合度显著优于后者,那么就表示存在共同方法偏差(周浩,龙立荣,2004)。也就是比较两个模型的拟合优度。具体到本研究中,不包含共同方法偏差潜变量的模型是由群体公民行为的四个因素与其他相关的四个因素构成了一个包含八个潜在因素的结构模型,如图 7.2 所示。由于共同方法偏差因子的来源不确定,包含共同方法偏差潜在变量的模型是在以上八个潜在因素结构模型的基础上,将共同方法偏差因素作为另外一个独立的潜在变量进入模型,使群体公民行为及另外四个个潜变量的所有观测变量都在共同方法偏差的潜在因素上存在负载,也就是说,我们假设包含共同方法偏差变量模型中的所有项目都是共同方法偏差的来源,其模型图如图 7.4 所示。

通过结构方程模型可以判断是否存在共同方法偏差。在本研究中,采用温忠麟等(2004)提出的结构方程模型检验的卡方准则,其认为模型比较时应采用卡方检验,只是针对不同的样本量选取不同的临界值:$N \leqslant 150$ 时,$\alpha = 0.01$;$N = 200$ 时,$\alpha = 0.001$;$N = 250$ 时,$\alpha = 0.0005$;$N \geqslant 500$ 时,$\alpha = 0.0001$。本研究所选取的样本量为 750,所以应参考当 $N \geqslant 500$ 时的情况,选取 $\alpha = 0.0001$ 作为临界值。换言之,卡方的显著性水平为 0.0001,即在自由度变化下,相对应的卡方值的变化随概率在 0.9999 以内,表明不存在共同方法偏差,如果在自由度变化下,相对应的卡方值的变化大于显著水平,表明存在共同方法偏差。按照侯杰泰、温忠麟、成子娟(2004)所提出的方法,如果 $\Delta \chi^2$(自由度为 Δdf)显著,说明卡方改变很大,两个模型有显著的差异。

经过计算,结果如表 7.5 所示,两个模型的自由度之差 $\Delta df = 32$,χ^2 之差 $\Delta \chi^2 = 66.76$,查表得伴随概率为 $0.000303421 > 0.0001$,即加入共同方法变异因子后,模型并未显著改善,所以可以认为研究方法对前因变量和效果变量之间的关系不具有显著的共同影响,这些潜变量之间不存在显著的共同方法偏差。

表 7.5　共同方法偏差检验结果($N = 750$)

拟合指标	χ^2	df	χ^2/df	RMSEA	IFI	CFI	PNFI	PGFI
不含共同方法偏差模型	1131.81	435	2.60	0.046	0.98	0.98	0.85	0.75
含有共同方法偏差模型	1065.05	403	2.64	0.045	0.98	0.98	0.79	0.71

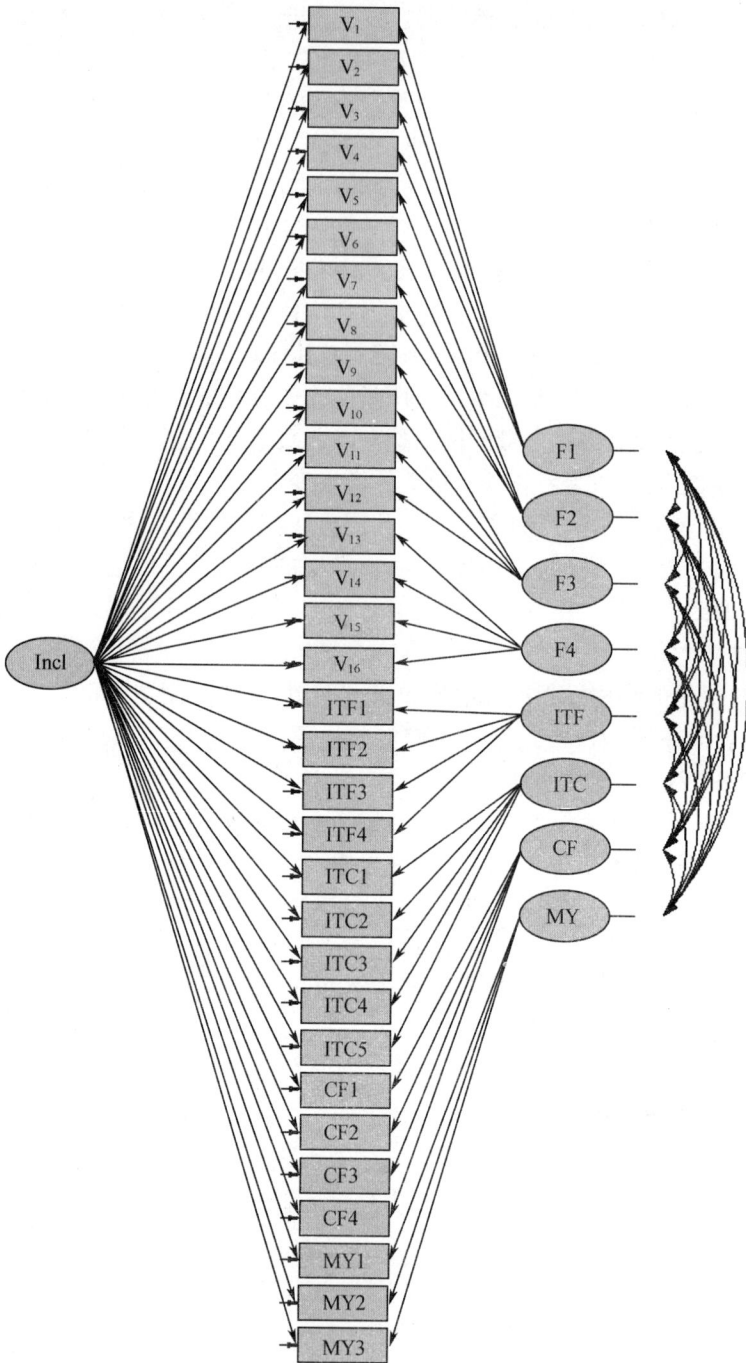

图 7.4　含共同方法偏差的潜在变量模型示意图

7.4.4 个体的回答聚合到群体层次的指标检验

在本研究所涉及的变量中,群体公民行为、群体与组织目标一致性、群体凝聚力都是群体层次的构念,而且为共享单位特性类型的构念。操作此类型构念的关键在于将相同单位内的个别成员的回答份数计算为单位平均数,以聚合为单位层次,而聚合的方法需要理论和实证的支持(陈晓萍,徐淑英,樊景立,2008)。本研究中,我们所研究的三个群体层次变量都必须由同一群体中个别员工的知觉聚合而得到。在前面的文献综述中,我们也曾提到,群体公民行为关注的是整个群体的组织公民行为,是一个标准水平(Normal Level),而不是平均水平(Average Level)。Ehrhart(2004)强调:群体公民行为是一种对群体标准行为模式的知觉,因而其关注点应放在"群体作为整体是如何被知觉的"上面,而不是放在每个成员的组织公民行为上。同理,作为群体层次变量,领导行为和程序公正氛围也是这样。所以在此,我们假定分析的数据具有高组内一致性,且员工对群体公民行为、领导行为和程序公正氛围有显著的组间差异,所以聚合是可行的。

当然,除了理论上的分析证明,最重要的是在实证上加以证明。本研究采用Bliese等(2000,2003)所提出的三个指标,即:组内一致度(Within-Group Agreement)也称组内同质性、跨级相关性指标 $ICC(1)$ 和 $ICC(2)$。具体计算公式与判断标准,请参考第六章的相关论述。而且由于群体公民行为的相关指标已经经过计算,且通过了验证,故而在此我们主要是对群体与组织目标一致性、群体凝聚力两个变量进行计算。结果显示:群体与组织目标一致性的组内一致度 r_{wg} 的平均值为 0.73,中位数为 0.75,最小值为 0.48,最大值为 0.96,$ICC(1)$ 和 $ICC(2)$ 分别为 0.20 和 0.73;群体凝聚力的组内一致度 r_{wg} 的平均值为 0.71,中位数为 0.74,最小值为 0.39,最大值为 0.92,$ICC(1)$ 和 $ICC(2)$ 分别为 0.29 和 0.82。以上数据表明,本研究中的工作群体之间存在足够的方差以进行多层线性模型分析,因此我们将各个工作小组群体公民行为(群体道德、组织忠诚、团队精神、助人行为四个分变量)、群体与组织目标一致性和群体凝聚力的个体层面分数加总平均,得到群体层次变量的分数,并用这个分数替代小组成员内的个体分数,以进行后续的假设验证。

7.5 研究结果

7.5.1 人际信任对群体公民行为的直接影响

采用聚合之后的数据,运用多元逐步回归(Stepwise)技术,以人际信任的两个分变量:认知信任与情感信任为预测变量,探讨两种信任对群体公民行为四个维度的影响。得到结果如表 7.6、表 7.7、表 7.8、表 7.9 所示。

表 7.6　认知信任与情感信任对群体公民行为的群体道德维度的回归分析结果（N=750）

Model	变量	$R2$	$\Delta R2$	ΔF	B	SE	β	t
1		.027	.027	20.834***				
	常数				17.274	.188		91.760***
	认知信任				.040	.009	.165	4.564***

注：*** 表示 $p<0.001$，以下同。

表 7.7　认知信任与情感信任对群体公民行为的组织忠诚维度的回归分析结果（N=750）

Model	变量	$R2$	$\Delta R2$	ΔF	B	SE	β	t
1		.044	.044	34.075***				
	常数				16.642	.209		79.487***
	情感信任				.071	.012	.209	5.837***

表 7.8　认知信任与情感信任对群体公民行为的团队精神维度的回归分析结果（N=750）

Model	变量	$R2$	$\Delta R2$	ΔF	B	SE	β	t
1		.034	.034	26.037***				
	常数				14.856	.219		67.950***
	情感信任				.064	.013	.183	5.103***

表 7.9　认知信任与情感信任对群体公民行为的助人行为维度的回归分析结果（N=750）

Model	变量	$R2$	$\Delta R2$	ΔF	B	SE	β	t
1		.023	.023	17.862***				
	常数				14.365	.214		67.169***
	情感信任				.052	.012	.153	4.226***

　　综合以上四个表，我们可以发现，认知信任与情感信任对群体公民行为的影响是通过以下途径实现的，即认知信任影响群体公民行为的群体道德维度，情感信任影响群体公民行为的组织忠诚、团队精神和助人行为三个维度，而且存在的这些显著影响都是正向的。认知信任对群体公民行为的组织忠诚、团队精神和助人行为三个维度不存在显著影响，情感信任对群体公民行为的群体道德维度也没有显著影响。假设 1a、假设 2b、假设 2c 和假设 2d 得到验证，而假设 1b、假设 1c、假设 1d 和假设 2a 没有得到验证。

7.5.2　群体凝聚力的中介效应检验

（1）认知信任与情感信任与群体公民行为的直接关系检验

根据 Baron 和 Kenny(1986)提出的关于中介作用分析的四个条件，首先必须保证自变量和因变量相关显著。为此，我们对领导行为的三个机能对群体公民行为直接作用进行了潜变量路径分析，模型路径图结果见图 7.5。

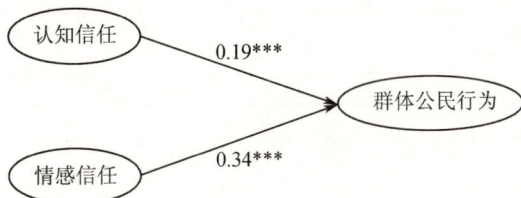

图 7.5　直接关系模型路径图

从图 7.5 可以看出，认知信任与情感信任都对群体公民行为具有正向的显著影响，而且均达到了 0.001 的显著性水平。同时，对该模型的拟合指数进行检验，本研究选择的拟合指数包括 χ^2/df、$RMSEA$、TLI、CFI，分别为：3.19(872.95/274)、0.045、0.91、0.91，各指数均比较理想。所以说自变量对因变量的回归是显著的。

（2）群体凝聚力对人际信任和群体公民行为的中介效应检验

为了检验群体凝聚力的中介效应，我们根据相关文献的论述与相关研究的结论，首先将假设模型（完全中介模型）和另外三个竞争模型（部分中介模型）进行比较，以选择一个与数据拟合较好并相对节俭的模型。假设模型与竞争模型的拟合指数如表 7.10 所示。

表 7.10　结构方程模型比较结果（N＝750）

模型	χ^2	df	χ^2/df	$RMSEA$	TLI	CFI
假设模型	1173.12	376	3.12	0.063	0.90	0.91
竞争模型一	1170.01	375	3.12	0.063	0.90	0.91
竞争模型二	1170.04	375	3.12	0.063	0.90	0.91
竞争模型三	1168.36	374	3.12	0.063	0.90	0.90

注：竞争模型一：基于假设模型增加认知信任→群体公民行为的路径；

　　竞争模型二：基于假设模型增加情感信任→群体公民行为的路径；

　　竞争模型三：基于假设模型增加认知信任、情感信任→群体公民行为的路径。

由表 7.10 我们可以发现，假设模型与七个竞争模型的各项拟合指数都比较理想，因此，选择模型的重点就在于对 χ^2 的变化值进行显著性检验。嵌套模型间

$\Delta \chi^2$ 的比较结果如表 7.11 所示。假设模型与三个竞争模型的差异均不显著,根据节俭性原则,我们排除了这三个竞争模型,保留路径较少的假设模型作为最终模型,并同时得到最佳匹配模型的完全标准化系数解,如图 7.6 所示。

表 7.11　嵌套模型比较结果($N=750$)

比较模型模型	$\Delta \chi^2$	Δdf	p 值	显著性
假设模型与竞争模型一	3.11	1	0.077812977	无
假设模型与竞争模型二	3.08	1	0.079260545	无
假设模型与竞争模型三	4.76	2	0.092550578	无

注:只有 p 值小于 0.05 时,才表示差异显著。

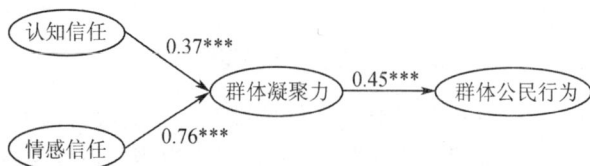

图 7.6　最优的中介模型路径图

由图 7.6 可以看出,认知信任与情感信任对群体公民行为的影响完全是通过群体凝聚力的中介作用产生的。群体凝聚力在人际信任的两个分变量:认知信任和情感信任对群体公民行为的影响中担当中介角色。假设 3 与假设 4 得到验证。

7.5.3　群体与组织目标一致性对人际信任与群体公民行为的调节效应检验

在本研究中,我们首先将群体凝聚力、群体与组织目标一致性和群体公民行为进行中心化处理,并将自变量和调节变量相乘,得到"群体凝聚力×群体与组织目标一致性"这个交互效应项。

然后进行层次回归分析,具体步骤是:第一步(M_0):引入被试的性别、年龄、受教育程度、工作时间以及其所在组织规模和小组规模作为控制变量;第二步(M_1):引入群体凝聚力、群体与组织目标一致性求其主效应;第三步(M_2):引入交互项"群体凝聚力×群体与组织目标一致性"检验群体与组织目标一致性对群体凝聚力和群体公民行为的调节效应。得到结果如表 7.12 所示。

层次回归的分析结果表明,控制人口学与组织学相关变量之后,加入群体凝聚力、群体与组织目标一致性两个变量的主效应之后,对群体公民行为的解释变异量明显增加($\Delta R^2 = 0.330, p < 0.001$)。加入交互项"群体凝聚力×群体与组织目标一致性"之后发现,该交互效应对群体公民行为的影响显著($\Delta R^2 = 0.227, p < 0.001$)。这

说明群体与组织目标一致性能够调节群体凝聚力和群体公民行为的关系。

同时,图7.7显示了当群体与组织目标一致性为调节变量时,群体凝聚力和群体公民行为的关系的变化。从图中我们可以发现,在高群体与组织目标一致性组中,群体凝聚力能够促进较高水平的群体公民行为的发生,即群体凝聚力对群体公民行为是正向影响;而在低群体与组织目标一致性组中,群体凝聚力对群体公民行为的作用不明显,略显负向影响的趋势。因此,假设5基本得到验证。

表7.12 群体与组织目标一致性的调节作用分析结果(N＝750)

变 量		群体公民行为		
		M_0	M_1	M_2
第一步控制变量	性别	.038	.017	.016
	年龄	−.032	−.029	−.026
	受教育程度	−.081	−.071	−.069
	工作时间	.223	.190	.188
	组织规模	.044	.021	.024
	小组规模	.198	.085	.084
第二步主效应	群体凝聚力		.164***	.163***
	群体与组织目标一致性		.436***	.437***
第三步两维交互	群体凝聚力×群体与组织目标一致性			−.351***
	R^2	.117	.330	.557
	F	16.441	45.600***	26.936****
	ΔR^2	.117	.213***	.227***

注:*** 表示 $p<0.001$;所有回归系数均经过标准化;自变量进行了中心化处理。

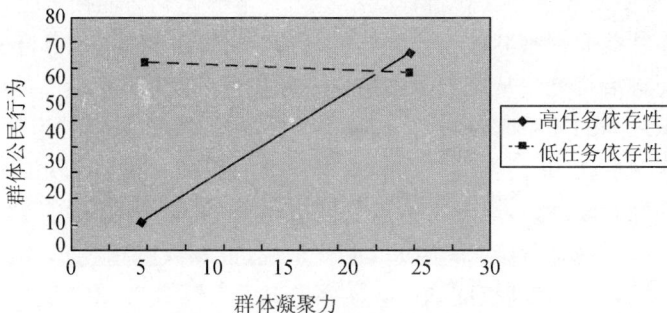

图7.7 群体与组织目标一致性对群体凝聚力和群体公民行为的调节作用

7.6   综合讨论

7.6.1   认知信任与情感信任对群体公民行为四个维度的直接影响

采用多元逐步回归对认知信任与情感信任和聚合后的群体公民行为的四个维度之间的关系进行了分析,它们之间的关系根据表 7.6~表 7.9 的结果,可以将结果汇总到图 7.8 来表示。

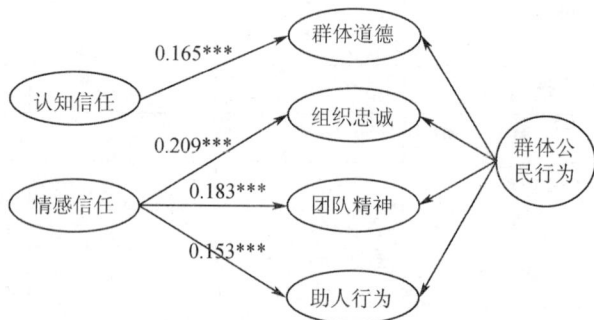

图 7.8   认知信任与情感信任对群体公民行为四个维度的影响路径

从图 7.8 我们可以非常明显地看到,群体成员之间的人际信任对认知信任与情感信任对群体公民行为的影响,是通过如下路径实现的:即认知信任影响群体公民行为的群体道德维度;情感信任影响群体公民行为的另外三个维度——组织忠诚、团队精神和助人行为。

认知信任和情感信任对群体公民行为的影响作用,在第六章已经详细论述过,本阶段不再赘述。这个阶段主要讨论人际信任的两个维度对群体公民行为的四个维度的影响。

首先,认知信任是通过影响群体道德,进而对群体公民行为产生影响的。在组织中,群体道德主要表现在工作群体既不会为了本群体利益而损害公司利益,也不会为了本群体利益而损害其他工作群体的利益,整体的行为规范符合公司要求,各工作群体之间融洽相处。从定义上来讲,道德是一种意识现象,是调整人与人之间以及人与组织之间的关系时,要求人们遵循的行为准则;是人们的道德行为和道德关系普遍规律的反映,是对人们行为的基本要求的概括。按照 Kohlberg(1969)所提出的道德推理阶段理论,成年人的道德发展可能处于"寻求认可"、"顺从权威"、"法制观念"、"价值观念"这四个阶段。也就是说,成年人的道德形成会为了"获得他人认可"、"显示出对较高权威和社会秩序的尊重"、"依法行事"以及"对得起自己的良心"而形成自己的道德规范体系。而认知信任具有"算计"和"理性"的特征。

认知信任的形成过程就是一个人通过观察另一个人的语言与行为等,去了解他的人格、背景、意图、能力等,并形成这个人是否值得信任的结论的过程。在工作群体中,一旦某个成员被认为是可信的、能够胜任工作的或者对工作与他人负责的等,不但会对其形成认知信任(McAllister,1995;Rempel 等,1985;Mayer 等,1995;Cook & Wall,1980),而且该成员也会被其他成员作为榜样或者权威,并进而形成一种氛围或规范。从而对整个工作群体产生影响,所有的群体成员都会为了寻求其他成员、群体和组织的认可而学习榜样的行为,去遵守群体的规范,并最终形成一种群体的行为规范,也就是群体道德。至于为什么在本研究中没有发现认知信任对群体公民行为另外三个维度的显著影响,我们认为,并不是认知信任对它们没有影响,只是受到取样以及其他因素的影响,这种影响没有达到统计学上的显著水平而已。而且,根据我们的研究,组织忠诚、团队精神、助人行为三个群体公民行为的维度更多的是受到来自情感方面的因素影响。

其次,情感信任显著影响群体公民行为的组织忠诚、团队精神、助人行为三个维度,对群体道德的影响不显著。作为基于情感的信任(McAllister,1995;Rempel 等,1985),情感信任与认知信任不同,它是在亲密关系背景下形成的(Boon&Holmes,1991)。由于时间和空间上的接近性,群体成员的相互交流自然增多,如果一个人知道群体中其他的成员愿意倾听自己的诉求,并会关心自己利益,那么,这个成员就会在群体中更多地与他人分享和自由讨论很多问题,与他人就会逐渐形成更为亲密的关系。情感信任的形成,会对群体成员与工作群体产生很多影响。第一,会使得成员认为其他人会时刻维护自己的利益,进而促使成员形成对群体和组织的依赖与认可,并忠诚于该群体及组织。如果一个工作群体整体表现出这种依赖与认可,就会形成群体对组织的忠诚(组织忠诚),其成员会积极地参与组织的变革行动并提出建议,时刻维护组织的形象等。第二,工作群体内的成员会把其他成员的问题当成自己的问题并积极提供帮助,工作群体也会将组织的问题、其他群体的问题当成自己的问题,并积极提供帮助。为了组织的利益,工作群体甚至会积极谋取自身的变革,以使组织利益最大化,这就是“团队精神”。第三,当群体成员之间形成基于情感的信任时,他们会更加关注群体中其他成员的需求和困难,并逐渐学会如何恰当地对他人的需求做出反应。内部情感信任度高的工作群体在与其他群体及组织中其他成员相处的过程中,也会更加关注他们的需求与困难,并会做出恰当的行为,像“为任务沉重的工作小组提供援助”、“帮助遇到困难的工作群体走出困境”等,也就是“助人行为”会增加并表现得更恰如其分。而群体道德包含的更多的是一种“理性”的成分,尤其是一种行为指导准则,因此必须得到大多数人的接受。因此,每种道德行为都会受到理性的“拷问”。这也就导致——即使情感信任度较高,群体道德也较少受到其影响,而维持理性的特征。

7.6.2 群体凝聚力对人际信任和群体公民行为的中介效应

人际信任对群体凝聚力的影响，我们可以运用心理学家勒温的"心理动力场"理论加以解释。勒温的心理动力场理论的主要目的在于预测个体的动机行为。简单地讲，该理论认为，人是一个"场"，人的心理活动是在一种心理场或生活空间里发生的。此理论中的"场"是认知场和知觉场，其不仅仅指知觉到的环境，而且还包括认知意义。它既包括物质环境中的某些事件（即被知觉到的物质环境），也包括个人的信念、感情和目的等（Sahakian,1991）。"生活空间"包括个体及其心理环境，是"决定个体在某一时间里的行为的全部事件的总和"（Lewin,1936）。一个人的行为取决于个人和他的环境的相互作用，也就是说，行为取决于个体的生活空间。"心理环境"是理解生活空间的关键。心理环境不只是指物质世界，也不是指他人的世界，而是指影响某个个体行为的世界。因此，这个个体没有觉察到的，因而对他的行为没有影响的客体，不在他心理环境之内，尽管从物质上来讲，这些客体可能离他很近。同样的，这个个体认为存在的东西，并好像它存在着一样地做出行为反应，那么即便这种东西在物质上是不存在的，它也是在他心理环境之内的东西。在工作群体中，认知信任与情感信任的形成会改变成员的心理环境，群体成员之间人际信任的增强会造就一个新的生活空间。新的生活空间不仅会使成员的"心理动力场"发生变化，进而影响群体成员的行为，而且还能形成一种集体心理动力场（如形成良好的人际关系、群体决策的传统、忠于群体与组织的舆论、和谐宽容的气氛等）。这种心理动力场会提高群体成员之间的相互吸引和依赖程度，增强群体成员对群体规范的遵从，把个人目标与群体的目标相结合，进而会自觉地把群体的目标看成是自己的目标，将群体规范内化为自身的行为规则，也就形成较高的群体凝聚力。同时，也有研究表明，在人际信任程度高的群体，成员的士气与凝聚力都会显著增强（Dennis,2005；Shimon L. Dolan,2005）。本研究的结果与其基本一致。

但是在本研究中，群体凝聚力是作为一个中介变量存在的。因此，我们还必须探讨群体凝聚力对群体公民行为的影响。Dennis（2005）和 Shimon L. Dolan（2005）的研究在认可人际信任对群体凝聚力的正向影响的同时也认为，内部人际信任高的群体与内部人际信任度低的群体相比，更有可能出现群体公民行为频率与深度上的增加，从而形成一种有利于工作绩效的工作环境。一个高凝聚力的群体会形成一种强有力的纽带，通过建立共同的社会目标和价值标准将成员凝聚在一起。这样一来，群体就会形成一种强大的对成员的影响力，只要群体的价值观没有改变（如下面将要讨论的群体与组织目标一致性会导致群体的价值观改变），那么群体成员的行为就不会发生大的变化。所以，当一个群体凝聚力高的群体在与其他群体交往的过程中，会表现出更多的群体公民行为。这种影响，也可以用勒温心理动力场理论中的"平衡"理论加以阐释。平衡是相对于不平衡而言的,而人的不平衡是唤起人需要的一个前提条件,而需要是勒温心理学中行为的动力源。在一个内部凝聚力高的群体中,如果某个成员的行为偏离了群体的价值观,那么,就会引起"全身的程度不同的紧张状态",即不平衡。由于人的一切动机行为的最终目的都是回到平衡状态,所以,为了使自己的紧张状态得到解除,必然会改变自己的行为。

总之,高的群体成员人际信任会促进群体内部的凝聚力增强,群体凝聚力的增强,促使群体表现出更多的群体公民行为。同时,人际信任对群体公民行为的影响完全是通过增强群体内部的群体凝聚力来实现的。群体凝聚力是人际信任与群体公民行为之间关系的中间变量。

7.6.3　群体与组织目标一致性对人际信任和群体公民行为的调节效应

群体与组织目标的一致性能够对群体凝聚力与群体公民行为之间的关系产生比较大的影响,这一结论已经得到很多研究者的认同(如:Pearce,2004;陈晓萍等,2005;王磊,2008等)。但是,研究者在其到底是一个中介变量还是调节变量上存在争论,Pearce(2004)和陈晓萍等(2005)认为群体与组织目标的一致性是群体凝聚力与群体公民行为之间的调节变量,而王磊(2008)等认为群体与组织目标的一致性是群体凝聚力与群体公民行为之间的中介变量。本研究首先从理论上进行分析之后认为,群体与组织目标一致性是一个调节变量而非一个中介变量。通过对数据的实证分析也证实了我们的假设。也就是说,我们的研究结论与Pearce(2004)和陈晓萍等(2005)的结论相同。尤其是通过调节效应图7.7,可以很明显地看到,在群体与组织目标一致性高低不同的组织中,群体凝聚力对群体公民行为的影响效应是截然不同的:在一致性程度高的群体中,群体凝聚力对群体公民行为的影响是显著正向的,而在一致性程度低的群体中,群体凝聚力对群体公民行为的影响则是负向的。也就是说,在群体与组织目标一致的情况下,高凝聚力群体会表现出更多的群体公民行为;而在群体与组织目标一致性程度低的情况下,高凝聚力的群体表现出的群体公民行为会明显减少,凝聚力越高,群体公民行为越少。

如前所述,一个高凝聚力的群体会形成一种强有力的纽带,通过建立共同的社会目标和价值标准将成员凝聚在一起。这样一来,群体就会形成一种强大的对成员的影响力。工作群体的价值观会内化为群体成员的价值观。而群体与组织目标一致性会导致群体的价值观改变。在群体与组织目标一致的情况下,组织的目标就是群体的目标,高凝聚力群体的成员所表现出来的更为一致行为不仅有利于群体目标的实现,也有利于组织目标的实现。群体目标实现的过程也就是组织目标实现的过程。群体成员及群体一旦认识到这一点,就会自觉地将组织目标内化为自我的目标,为了实现组织目标而表现出更多的"虽然不被组织的正式薪酬体系认可的"公民行为就不足为怪了。反之,如果群体与组织目标不一致,高凝聚力的群体为了实现自己的目标,就有可能不惜牺牲组织的利益来换取自己的利益。

7.7　小结

本研究结果表明,认知信任、情感信任和群体凝聚力对群体公民行为具有显著的影响作用,群体与组织目标一致性的不同会影响群体凝聚力对群体公民行为的作用。具体来讲:

（1）认知信任与情感信任对群体公民行为的影响,是通过如下路径实现的,即认知信任影响群体道德;情感信任影响组织忠诚、团队精神和助人行为。

（2）认知信任与情感信任对群体公民行为的影响完全是通过群体凝聚力的中介作用产生的。群体凝聚力在人际信任的两个分变量(认知信任和情感信任)对群体公民行为的影响中担当中介变量的角色。

（3）群体与组织目标一致性是群体凝聚力和群体公民行为的调节变量:在一致性程度高的群体中,群体凝聚力对群体公民行为的影响是显著正向的,而在一致性程度低的群体中,群体凝聚力对群体公民行为的影响则是负向的。

第四篇　企业群体公民行为的后果变量研究

第八章 群体公民行为与员工态度及行为的关系研究

8.1 研究目的

由于群体公民行为是一个群体层次的变量,所以已有的很多研究仅是从群体层次探讨其形成与作用机制,比如探讨领导行为对群体公民行为的影响,研究群体公民行为对群体效能的影响等,而很少涉及个体层次的员工态度与行为。虽然根据群体公民行为对于员工个体的"社会规范"影响作用,可以推论出群体公民行为能对员工的态度与行为产生影响,但最终还是缺少实证数据的支持。据此,本研究拟通过实证数据的科学分析,探讨群体层次群体公民行为对员工的态度与行为的影响机制。

具体说来,本研究拟选用自行研发的群体公民行为问卷和前人研究的员工态度与行为相关问卷进行调查,通过数据统计分析,探讨群体公民行为对工作满意度、离职意向、组织承诺、个体组织公民行为和个体任务绩效的具体影响机制。其中,包括工作满意度与组织承诺在群体公民行为和个体组织公民行为之间的中介作用以及在群体公民行为和个体任务绩效之间的中介效应。在这些变量中,只有群体公民行为属于群体层次的变量,而其他变量均属于个体层次的变量。研究构想如图 8.1 所示。

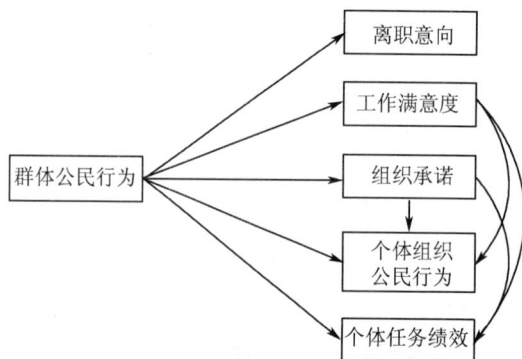

图 8.1 研究总体构想模型示意图

8.2　研究假设

首先,根据群体公民行为的概念,群体公民行为作为一个群体层面的变量对于员工个体具有一种"社会规范"的影响作用,同时结合 Podsakoff 和 Ahearne(1998)以及 Bommer、Miles 和 Grover (2003) 的研究结果,群体公民行为对任务绩效和组织公民行为都具有显著影响。我们有理由相信,群体公民行为能够显著影响员工个体的态度与行为,故而提出以下假设:

假设 1:群体公民行为对工作满意感具有显著正向影响。

假设 2:群体公民行为对离职意向具有显著负向影响。

假设 3:群体公民行为对员工个体组织公民行为具有显著正向影响。

假设 4:群体公民行为对员工组织承诺具有显著正向影响。

假设 5:群体公民行为对员工个体任务绩效具有显著正向影响。

其次,当群体作为一个整体进行组织公民行为活动,不管是对本群体成员,还是帮助其他群体完成工作任务,抑或是为了完成组织目标而做出很多的额外努力,作为该群体的成员都会很赏识这种行为,进而产生一种身为该群体成员的身份自豪感和满意感,这种自豪感会促进其组织归属感和组织承诺,提高员工对组织未来的期望。Organ 经过元分析后发现,工作满意感、情感承诺是个体态度变量中预测组织公民行为的两个最有效的预测变量。比如,丁美玲和童勋的研究表明在群体发展的低级阶段(工作群体)员工从事 OCB 并非是出于工作满足感,而群体发展的高级阶段(团队阶段)组织公民行为的主要原因是工作满意感。据此我们提出:

假设 6:工作满意感是群体公民行为与个体组织公民行为的中介变量。

假设 7:组织承诺是群体公民行为与个体组织公民行为的中介变量。

同时,我们认为,群体公民行为作为一种工作群体的角色外行为,其对个体任务绩效的影响,也是通过工作满意感、情感承诺这两个态度变量的中介影响而产生的。故而提出:

假设 8:工作满意感是群体公民行为与个体任务绩效的中介变量。

假设 9:情感承诺是群体公民行为与个体任务绩效的中介变量。

8.3　研究方法与程序

8.3.1　研究工具

(1) 企业群体公民行为问卷

采用前一阶段经过探索性因素分析与验证性因素分析所得到的包含四个因

素、十六个项目的企业群体公民行为问卷。

(2) 工作满意度问卷

采用覃大嘉等(2008)修订的 Kunin(1995)编制的满意度调查问卷,用来测量员工对组织的整体满意程度(通常是指员工主观认为从工作中得到的报酬与实际报酬间的差距),包括"我觉得和其他公司做类似工作的人相比,我的工资较高"等三个项目。

(3) 离职意向问卷

采用 Lichtenstein 等(2004)编制的离职意向问卷,该问卷原来包含三个项目,本研究中该问卷经过进行了严格的翻译与回译,以及理解性、适应性分析等处理之后,根据专业人士的意见删掉了负向计分的项目,保留"在不久的将来,我很可能会离职到其他公司上班"等三个项目。

(4) 组织承诺问卷

一般而言,组织承诺是指组织中的成员与其组织之间的一种心理合同,是联结成员与组织之间的一种纽带。因此,本研究中采用凌文辁等人 2003 年编制的组织承诺问卷中的感情承诺问卷部分,包括"即使公司效益差,我也不会离开"等三个项目。本问卷已经过验证具有较好的信度和效度(覃大嘉,2008)。

(5) 个体组织公民行为问卷

采用张艳秋、凌文辁(2003)编制的组织公民行为量表,问卷包括"我愿意帮助新同事适应工作环境"等三个项目,本问卷也已经过验证具有较好的信度和效度(覃大嘉,2008)。

(6) 个体任务绩效问卷

采用 Gould(1979)和 Pazy(1988)编制和使用过的任务绩效自评问卷,问卷包括"和同事相比,我的工作成绩比较优秀"等四个项目,本问卷也已经过验证具有较好的信度和效度(王明辉,2006)。

8.3.2　被试

选用两次正式调查中以企业组织中的工作小组为单位进行调查所获得的被试样本。同时根据前述研究和前人的研究结果,本研究对数据进行了删减,具体为:删除小组规模小于五人的被试样本,删除工作时间小于两年的被试样本,以及小组有效样本低于 50% 的小组数据,最后获得 69 个有效小组的数据,共涉及被试 750名,被试者样本分布情况参见表 6.1。

8.3.3　统计分析方法

本研究采用 SPSS16.0、LISREL8.70 对数据进行统计分析。我们主要分以下几个阶段进行:

第一阶段:采用探索性因素分析和相关分析,分析各分量表在本研究中各项目的因素负荷,并同时检验各量表的内部一致性系数(Cronbach α 系数)以及各变量之间的相关性。

第二阶段:采用验证性因素分析进行模型比较,来确认本研究中涉及的变量的聚合效度与区分效度。

第三阶段:检验问卷的共同方法偏差。

第四阶段:检验将个体的回答聚合到群体层次的指标 r_{ug}、$ICC(1)$、$ICC(2)$,若达标,将个体层次的回答聚合到群体层次,我们采用平均数代替的方法,用小组成员在项目上的平均分取代所有小组成员在项目上的得分,以分析与相关变量的关系。

第五阶段:采用回归分析的方法验证群体公民行为对工作满意度、离职意向、组织承诺、个体组织公民行为、个体任务绩效的影响,并采用典型相关分析探索群体公民行为的四个维度作为一组变量与作为一组的效果变量之间的关系,以及群体公民行为组内各维度对效果变量组的影响强度。

第六阶段:采用层次回归分析方法验证工作满意度和组织承诺在群体公民行为对个体组织公民行为影响过程中的中介作用以及在群体公民行为对个体任务绩效影响过程中的中介作用。

8.4　问卷质量分析

8.4.1　各问卷的项目因素负荷与描述性统计结果

(1) 各问卷的项目因素负荷

由于前述研究已经对群体公民行为问卷和人际信任问卷进行了检验,因此本研究中主要是采用主成分分析法对其他相关变量的问卷进行探索性因素分析,运用正交方差极大法进行因素转轴,根据特征根大于1,并结合碎石图,抽取公共因素,得到结果如表8.1所示。

从表8.1我们可以看出,本研究新加入的五个问卷因子结构清晰,没有交叉负荷,各项目负荷值在0.674~0.896之间,各问卷总方差解释量均在62%以上,达到良好的水平。

表 8.1　问卷项目的因素负荷值与总方差解释率（N＝750）

项目	工作满意度	离职意向	个体组织公民行为	组织承诺	个体任务绩效
S2	.861				
S3	.820				
S1	.674				
	(62.310%)				
T1		.840			
T2		.828			
T3		.812			
		(68.329%)			
IOCB2			.848		
IOCB3			.775		
IOCB1			.763		
			(63.431%)		
OC3				.896	
OC2				.878	
OC1				.850	
				(76.539%)	
IP2					.843
IP4					.793
IP3					.786
IP1					.780
					(64.152%)

注:括号内的数据位问卷的总方差解释量,不包括群体公民行为问卷的结果,其结果请参阅第四章的表4.3。

(2) 各变量的描述性统计分析

我们进一步计算了各变量的平均数、标准差、各变量间的相关系数及各分量表的信度系数。结果见表 8.2。

从表 8.2 中我们可以看出,各分量表的 Cronbach's α 系数值在 0.688～0.844 之间,表明各量表具有良好的信度。同时,我们还可以看出,除了离职意向之外,另外的几个变量:工作满意度、个体组织公民行为、组织承诺、个体任务绩效与群体公民行为均相关显著;而且,离职意向、工作满意度、个体组织公民行为、组织承诺、个体任务绩效之间均相关显著。这为后面的中介作用的分析提供了必要的前提(Baron & Kenny,1986)。

表8.2 各个变量的平均数、标准差及相关系数($N=750$)

	M	SD	1	2	3	4	5	6
1 群体公民行为	67.1383	3.99773	(.883)					
2 工作满意度	11.1896	3.25813	.206**	(.688)				
3 离职意向	11.5600	3.45880	−.041	−.174	(.767)			
4 个体组织 公民行为	13.0535	2.71237	.202**	.391**	−.146**	(.710)		
5 组织承诺	11.2722	3.75670	.204**	.551**	−.053**	.427**	(.844)	
6 个体任务绩效	13.3660	.88089	.308**	.121**	−.075**	.141**	.166**	(.813)

注:** $p<0.01$(双尾检验),对角线括号内的数据表示该量表的 Cronbach's α 系数。

8.4.2 问卷整体验证性因素分析

相关理论综述的基础上我们提出了本研究的假设。根据假设,整个问卷由6个潜变量和32个观测变量构成,问卷模型构想模型应该如图8.2所示,我们运用LISREL8.70软件,采用验证性因素分析(使用极大似然估计)对750个有效样本数据进行分析,以确定各变量的聚合效度和区分效度,同时,得到问卷整体内容结构构想模型的完全标准化解。具体结构与各参数的标准化解如图8.3所示,构想模型与观测数据的拟合情况如表8.3所示。

通过表8.3中三类主要验证性因素分析的指标比较和图8.3的完全标准化解,我们可以发现,本问卷验证性因素分析的各项结果均达到较好的程度,构想模型与观测数据基本拟合,表示该问卷具有较好的结构效度。本研究所涉及的6个变量具有良好的区分效度,它们确实是9个不同的构念。同时,验证性因素分析结果显示,在六因素模型中各因子的因素负荷及 T 值均达到了显著性水平($p<0.001$)且未出现不恰当解,这说明各构念均具有良好的聚合效度。

表8.3 构想模型与观测数据的拟合指标($N=750$)

χ^2	df	χ^2/df	RMSEA	IFI	CFI	PNFI	PGFI
1740.64	449	3.88	0.033	0.98	0.98	0.88	0.76

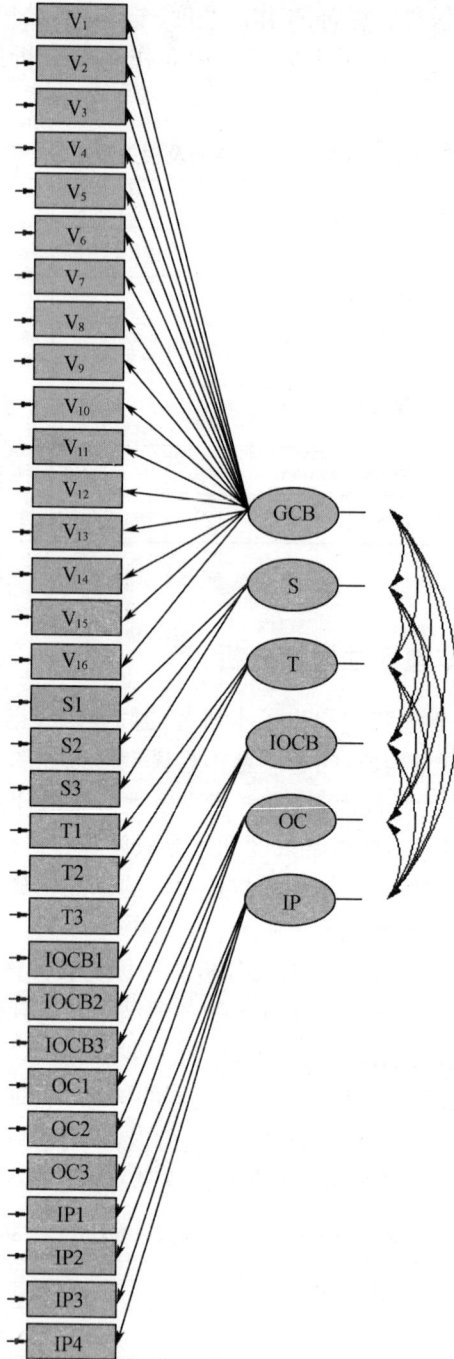

图 8.2 研究问卷的构想模型

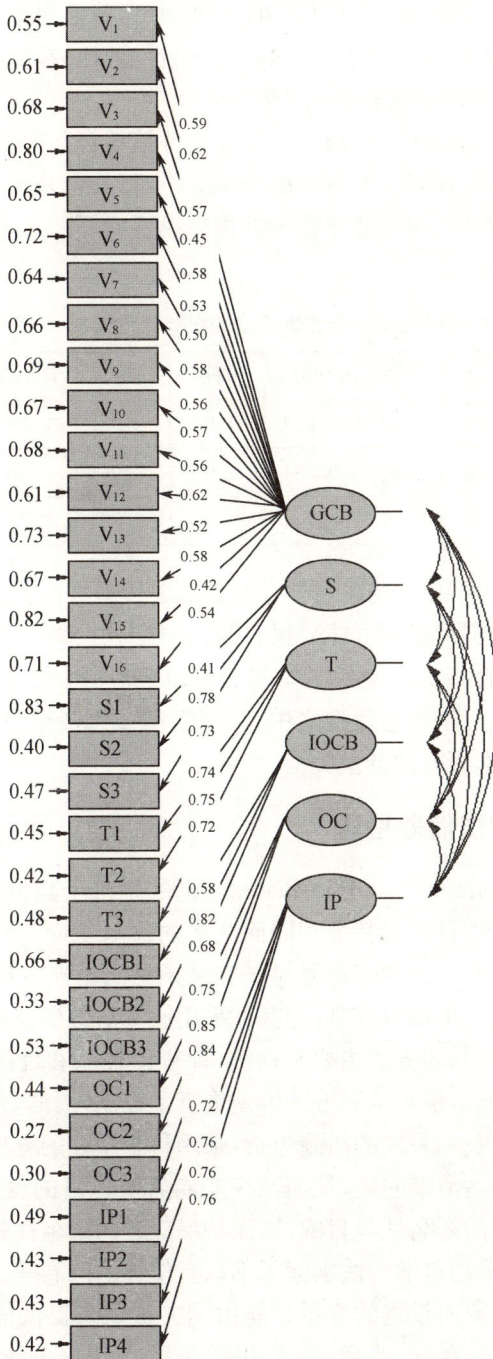

0.55 →	V₁
0.61 →	V₂
0.68 →	V₃
0.80 →	V₄
0.65 →	V₅
0.72 →	V₆
0.64 →	V₇
0.66 →	V₈
0.69 →	V₉

Chi-Square＝1740.64，df＝449，P-value＝0.00000，RMSEA＝0.033

图 8.3　研究问卷的构型模型完全标准化解

此外,为了进一步验证本研究所使用问卷的效度,我们提出了以下几个可能存在的竞争模型,将它们与本问卷的六因素模型进行优劣比较,以判断六因素模型是否为最佳模型。可能存在的竞争模型具体为:

五因素模型:将个体组织公民行为与个体任务绩效合并为个人绩效因素。

单因素模型:根据前述对六个因素的相关分析,将其合并为一个因素。

因为篇幅有限,本文不再将竞争模型的构想模型图一一列出,仅将三类主要拟合指数的结果列于表8.4。

表 8.4 本研究中问卷竞争模型的指标比较表($N=750$)

	χ^2	df	χ^2/df	RMSEA	IFI	CFI	PNFI	PGFI	NCP
六因素模型	1740.64	449	3.88	0.033	0.98	0.98	0.88	0.76	2078.64
五因素模型	2672.41	454	5.89	0.081	0.95	0.95	0.86	0.79	2218.41
单因素模型	5791.98	464	12.48	0.124	0.85	0.85	0.79	0.63	5327.98

通过表8.4中六因素模型与各可能存在的竞争模型之间在三类主要拟合指标的比较(比较标准和依据请参阅群体公民行为内容结构一章),我们能够发现虽然五因素模型的各类拟合指标也能够基本符合要求(χ^2/df的值在5左右),但是综合各种指标来看,在这三个构想模型之中,六因素模型无疑是最优的。故而,本研究最终选定六因素为本研究的变量类型。

8.4.3 共同方法偏差检验

共同方法偏差(Common Method Biases),指的是由于数据来源或评分者、测量环境、项目语境以及项目本身特征相同而造成的预测变量与效标变量之间人为的共变,是一种系统误差。它的存在会对研究结果与结论产生比较严重的混淆与误导。因此,必须在研究中加以控制,尤其在采用问卷法的研究中更应如此。当前对共同方法偏差进行控制的方法主要有两类,即程序控制和统计控制。本研究中我们也是从这两个方面尽量对共同方法偏差进行了控制(周浩,龙立荣,2004)。

在程序控制方面,我们采取的措施包括:采用科学严谨的方法收集项目编制问卷,保证题项意义的表达清晰明确,从而减少答卷者对题目的理解偏差;在施测过程中,明确了问卷调查的匿名性与目的,以保护反应者的匿名性并减小对测量目的的猜度;问卷回收后,采用科学方法剔除了不认真作答的问卷等。但是受调查条件和问卷本身限制,本研究所设置的变量只能由同一被试来提供信息,这样一来,共同方法偏差就仍然可能存在,为此,我们仍然需要在数据分析阶段进行检验和控制。

采用统计控制的方法控制共同方法偏差的方法有多种,根据周浩、龙立荣

(2004)的建议,我们采用的是当前应用较为普遍的潜在误差变量控制法,也就是非可测方法变异因子的方式。具体做法是:将共同方法偏差作为一个潜在变量进入结构方程模型并允许所有标识变量在这个共同方法偏差潜在变量上负载,形成一个新的模型,然后与不包含共同方法偏差潜在变量的模型进行拟合优度的比较,如果前者的拟合度显著优于后者,那么就表示存在共同方法偏差(周浩、龙立荣,2004)。也就是比较两个模型的拟合优度。具体到本研究中,不包含共同方法偏差潜变量的模型是由群体公民行为因素与其他相关的五个因素构成了一个包含六个潜在因素的结构模型,如图 8.2 所示。由于共同方法偏差因子的来源不确定,包含共同方法偏差潜在变量的模型是在以上六个潜在因素结构模型的基础上,将共同方法偏差因素作为另外一个独立的潜在变量进入模型,使群体公民行为及另外五个潜变量的所有观测变量都在共同方法偏差的潜在因素上存在负载,也就是说,我们假设包含共同方法偏差变量模型中的所有项目都是共同方法偏差的来源,其模型图如图 8.4 所示。

通过结构方程模型可以判断是否存在共同方法偏差。在本研究中,采用温忠麟等(2004)提出的结构方程模型检验的卡方准则,其认为模型比较时应采用卡方检验,只是针对不同的样本量选取不同的临界值:$N \leqslant 150$ 时,$\alpha = 0.01$;$N = 200$ 时,$\alpha = 0.001$;$N = 250$ 时,$\alpha = 0.0005$;$N \geqslant 500$ 时,$\alpha = 0.0001$。本研究所选取的样本量为 750,所以应参考当 $N \geqslant 500$ 时的情况,选取 $\alpha = 0.0001$ 作为临界值。换言之,卡方的显著性水平为 0.0001,即在自由度变化下,相对应的卡方值的变化随概率在 0.9999 以内,表明不存在共同方法偏差,如果在自由度变化下,相对应的卡方值的变化大于显著水平,表明存在共同方法偏差。按照侯杰泰、温忠麟、成子娟(2004)所提出的方法,如果 $\Delta \chi^2$(自由度为 Δdf)显著,说明卡方改变很大,两个模型有显著的差异。

经过计算,结果如表 8.5,两个模型的自由度之差 $\Delta df = 32$,χ^2 之差 $\Delta \chi^2 = 69.57$,查表得伴随概率为 $0.000134386 > 0.0001$,即加入共同方法变异因子后,模型并未显著改善,所以可以认为研究方法对前因变量和效果变量之间的关系不具有显著的共同影响,这些潜变量之间不存在显著的共同方法偏差。

表 8.5　共同方法偏差检验结果($N = 750$)

拟合指标	χ^2	df	χ^2/df	RMSEA	IFI	CFI	PNFI	PGFI
不含共同方法偏差模型	1740.64	449	3.88	0.033	0.98	0.98	0.88	0.76
含有共同方法偏差模型	1670.07	417	4.00	0.032	0.98	0.98	0.78	0.69

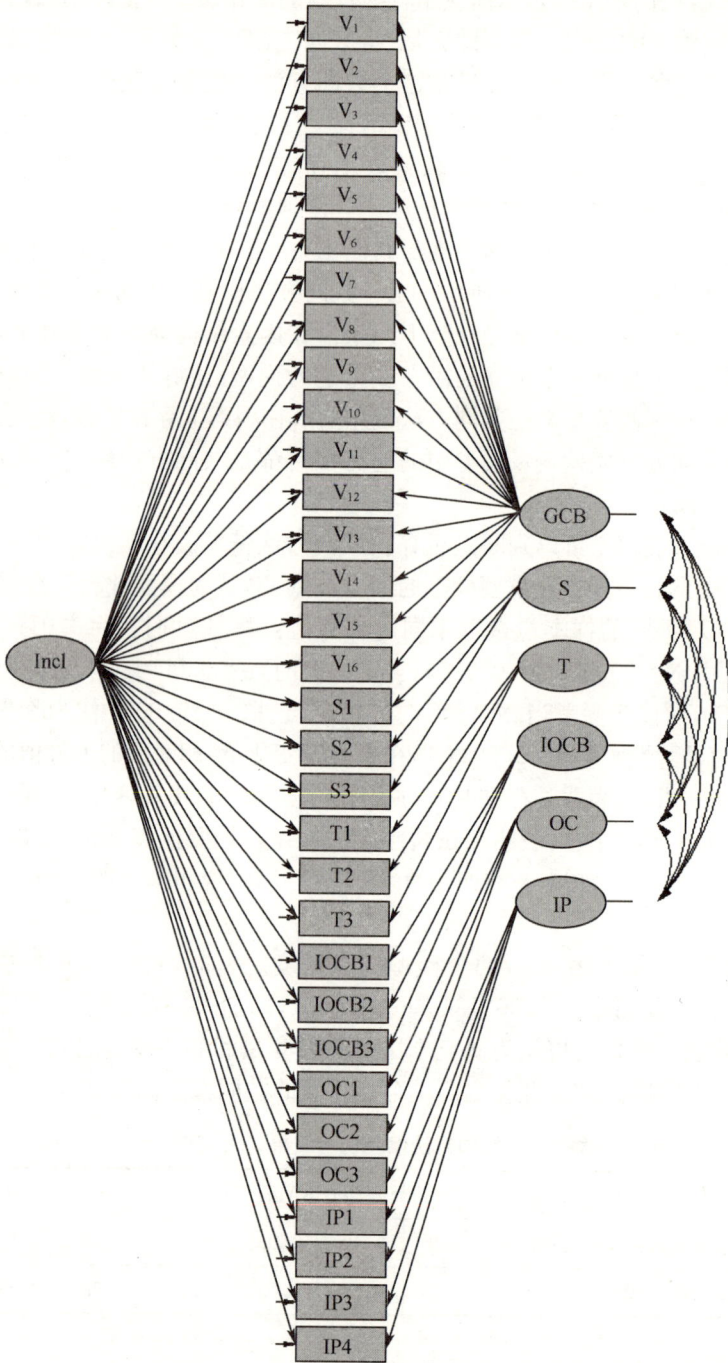

图 8.4　包含共同方法偏差的潜在变量模型示意图

8.4.4 个体的回答聚合到群体层次的指标检验

在本研究所涉及的变量中,只有群体公民行为是群体层次的构念,而且为共享单位特性类型的构念。操作此类型构念的关键在于将相同单位内的个别成员的回答份数计算为单位平均数,以聚合为单位层次,而聚合的方法需要理论和实证的支持(陈晓萍,徐淑英,樊景立,2008)。在前面的文献综述中,我们也曾提到,群体公民行为关注的是整个群体的组织公民行为,是一个标准水平(Normal Level),而不是平均水平(Average Level)。Ehrhart(2004)强调:群体公民行为是一种对群体标准行为模式的知觉,因而其关注点应放在"群体作为整体是如何被知觉的"上面,而不是放在每个成员的组织公民行为上,所以聚合是可行的。实证方面,本研究采用Bliese 等(2000,2003)所提出的三个指标,即:组内一致度(Within-Group Agreement)也称组内同质性、跨级相关性指标 $ICC(1)$ 和 $ICC(2)$,具体计算公式与判断标准,请参考第六章的相关论述。本研究以群体公民行为的整体为对象,进行相关指标的计算,经检验群体公民行为变量的 r_{wg} 值如表 8.6 所示。可以看到,群体公民行为变量的 r_{wg} 值各组平均值为 0.76,此外,$ICC(1)$ 和 $ICC(2)$ 的值分别为 0.22 和 0.76。验证结果表明本研究中的工作群体之间存在足够的方差以进行多层线性模型分析,因此我们将各个工作小组群体公民行为的个体层面分数加总平均,得到群体层次变量的分数,并用这个分数替代小组成员内的个体分数,以进行后续的假设验证。

表 8.6 群体公民行为变量的 r_{wg} 值一览表

Group	r_{wg}	Group	r_{wg}	Group	r_{wg}	Group	r_{wg}
Group 1	0.71	Group 18	0.90	Group 35	0.77	Group 52	0.83
Group 2	0.82	Group 19	0.64	Group 36	0.83	Group 53	0.88
Group 3	0.90	Group 20	0.79	Group 37	0.65	Group 54	0.89
Group 4	0.54	Group 21	0.83	Group 38	0.35	Group 55	0.72
Group 5	0.78	Group 22	0.91	Group 39	0.72	Group 56	0.91
Group 6	0.83	Group 23	0.62	Group 40	0.80	Group 57	0.89
Group 7	0.98	Group 24	0.57	Group 41	0.22	Group 58	0.92
Group 8	0.79	Group 25	0.78	Group 42	0.84	Group 59	0.76
Group 9	0.96	Group 26	0.81	Group 43	0.74	Group 60	0.83
Group 10	0.81	Group 27	0.40	Group 44	0.86	Group 61	0.90

Group	r_{ug}	Group	r_{ug}	Group	r_{ug}	Group	r_{ug}
Group 11	0.77	Group 28	0.67	Group 45	0.57	Group 62	0.71
Group 12	0.88	Group 29	0.93	Group 46	0.74	Group 63	0.74
Group 13	0.55	Group 30	0.77	Group 47	0.85	Group 64	0.53
Group 14	0.86	Group 31	0.63	Group 48	0.38	Group 65	0.88
Group 15	0.68	Group 32	0.85	Group 49	0.57	Group 66	0.83
Group 16	0.83	Group 33	0.73	Group 50	0.80	Group 67	0.92
Group 17	0.71	Group 34	0.87	Group 51	0.62	平均值	0.76

8.5 研究结果

8.5.1 群体公民行为对员工行为与态度的直接影响

采用聚合之后的数据,运用回归技术,以群体公民行为为预测变量,分别探讨对工作满意度、离职意向、个体组织公民行为、组织承诺、个体任务绩效的影响。具体结果如表 8.7、表 8.8、表 8.9、表 8.10 和表 8.11 所示。

表 8.7 群体公民行为对员工工作满意度的回归分析结果($N=750$)

变量	回归方程的描述统计				变量的描述统计			
	R	R^2	df	F	B	SE	β	t
	.206	.042	1	33.044***				
常数					−.065	1.961		−.033
群体公民行为					.168	.029	.206	5.748***

注:因变量:员工工作满意度;*** 表示 $p<0.001$

从表 8.7 中可以看出,群体公民行为对员工工作满意度的标准化回归系数是 0.206($t=5.748$***),在 $p<0.001$ 水平上显著,这表明群体公民行为对员工工作满意度有显著的正向影响作用。

表 8.8　群体公民行为对员工离职意向的回归分析结果（$N=750$）

变量	回归方程的描述统计				变量的描述统计			
	R	R^2	df	F	B	SE	β	t
	.041	.002	1	1.233				
常数					9.204	2.126		4.329***
群体公民行为					−.035	.032	−.041	−1.110

注：因变量：员工离职意向；*** 表示 $p<0.001$

从表 8.8 中可以看出，群体公民行为对员工离职意向的标准化回归系数是 -0.041（$t=-1.110$），在 $p<0.05$ 水平上没有发现显著性，这表明群体公民行为对员工离职意向不存在显著的影响作用。

表 8.9　群体公民行为对员工个体组织公民行为的回归分析结果（$N=750$）

变量	回归方程的描述统计				变量的描述统计			
	R	R^2	df	F	B	SE	β	t
	.202	.041	1	31.902***				
常数					3.841	1.634		2.350*
群体公民行为					.137	.024	.202	5.648***

注：因变量：员工个体组织公民行为；*** 表示 $p<0.001$，* 表示 $p<0.05$

从表 8.9 中可以看出，群体公民行为对员工个体组织公民行为的标准化回归系数是 0.202（$t=5.648***$），在 $p<0.001$ 水平上显著，这表明群体公民行为对员工个体组织公民行为有显著的正向影响作用。

表 8.10　群体公民行为对员工组织承诺的回归分析结果（$N=750$）

变量	回归方程的描述统计				变量的描述统计			
	R	R^2	df	F	B	SE	β	t
	.204	.042	1	32.408***				
常数					−1.584	2.262		−.700
群体公民行为					.191	.034	.204	5.693***

注：因变量：员工组织承诺；*** 表示 $p<0.001$

从表 8.10 中可以看出，群体公民行为对员工组织承诺的标准化回归系数是 0.204（$t=5.693***$），在 $p<0.001$ 水平上显著，这表明群体公民行为对员工组织承诺有显著的正向影响作用。

表 8.11　群体公民行为对员工个体任务绩效的回归分析结果（$N=750$）

变量	回归方程的描述统计				变量的描述统计			
	R	R^2	df	F	B	SE	β	t
	.119	.014	1	10.752***				
常数					9.170	2.296		3.993***
群体公民行为					.112	.034	.119	3.279**

注:因变量:员工个体任务绩效;*** 表示 $p<0.001$,** 表示 $p<0.01$

从表 8.11 中可以看出,群体公民行为对员工个体任务绩效的标准化回归系数是 0.119($t=3.279**$),在 $p<0.01$ 水平上显著,这表明群体公民行为对员工个体任务绩效有显著的正向影响作用。

根据表 8.8~表 8.11 的分析结果,我们将群体公民行为对员工的工作满意度、离职意向、个体组织公民行为、组织承诺、个体任务绩效这五个效果变量的回归分析结果总括如下:(见表 8.12)

表 8.12　群体公民行为对五个效果变量的回归分析结果汇总($N=750$)

效果变量	F	β	t	假设验证
工作满意度	33.044***	.206	5.748***	假设 1 得到验证
离职意向	1.233	−.041	−1.110	假设 2 没有得到验证
个体组织公民行为	31.902***	.202	5.648***	假设 3 得到验证
组织承诺	32.408***	.204	5.693***	假设 4 得到验证
个体任务绩效	10.752***	.119	3.279**	假设 5 得到验证

注:*** 表示 $p<0.001$,** 表示 $p<0.01$

从以上分析结果我们可以看出,群体公民行为能够显著地预测员工的工作满意度、个体组织公民行为、组织承诺、个体任务绩效这四个效果变量。由于群体公民行为是一个包含四个维度的变量,故而,我们接下来对群体公民行为与效果变量的关系进行典型相关分析,以进一步检验群体公民行为的四个维度作为一组变量与作为一组的效果变量之间的关系,以及群体公民行为组内各个维度对后果变量组的影响强度。

8.5.2　典型相关分析

1936 年,Hotelling 首先提出了典型相关分析法,用于研究一组随机变量与另一组随机变量之间的相关关系。它借用了主成分分析的思想,根据变量间的相关关系,寻找一个或少数几个综合变量(实际观察变量的线性组合)对来代替原变量,从而将两组变量的关系集中到少数几对综合变量的关系上。

典型相关分析首先在每组变量中找出变量的线性组合,使其具有最大相关性,然后再在变量中找出第二对线性组合,使其与第一对线性组合不相关,而第二对本身具有最大的相关性。如此继续下去,直到两组变量之间的相关性被提取完毕为止。这些综合变量被称为典型变量,第 i 对典型变量间的相关系数则被称为第 i 典型相关系数。一般说来,只需要提取 1～2 对典型变量即可比较充分地概括样本信息。

设两组变量用 $X=(X_1,X_2,X_3\cdots X_P)'$ 及 $Y=(Y_1,Y_2,Y_3\cdots Y_P)'$ 表示(设 $p\leqslant q$)。设 $p+q$ 维随机向量 $Z=\begin{pmatrix} X \\ Y \end{pmatrix}$ 的协方差矩阵 $\sum = \begin{bmatrix} \sum_{11} & \sum_{12} \\ \sum_{21} & \sum_{22} \end{bmatrix}$,其中 $\sum_{11}$ 是 X 的协差阵,$\sum_{22}$ 是 Y 的协差阵,$\sum_{12}=\sum_{21}'$ 是 X,Y 的协差阵。

用 X 和 Y 的线性组合 $U=a'X,V=b'Y$ 之间的相关来研究 X 和 Y 之间的相关性。典型相关分析的目的就是希望找到向量 a 和 b,使 $\rho=(U,V)$ 最大,从而找到替代原始变量的典型变量 U 和 V。在实际问题中,也可以从样本的相关矩阵 R 出发来计算样本的典型相关系数和典型变量。

可以证明,当两个变量组均只有一个变量时,典型相关系数即为简单相关系数;当一组变量只有一个变量时,典型相关系数即为复相关系数。故而,可以认为典型相关系数是简单相关系数、复相关系数的推广,或者说典型相关系数是简单相关系数、复相关系数的特例(张文彤,2004)。

在本研究中,研究者采用 SPSS16.0 专门提供的宏程序进行拟合。输出的结果按照典型相关分析的要求,依次表述如下。

(1)典型相关系数及典型相关显著性检验

将群体公民行为的四个维度——群体道德、组织忠诚、团队精神、助人行为分别用 X_1、X_2、X_3、X_4 表示,并进行线性组合成典型变量 U_i;将四个员工行为与态度方面的效果变量——工作满意度、个体组织公民行为、组织承诺、个体任务绩效分别用 Y_1、Y_2、Y_3、Y_4 表示,并组合成典型变量 V_i,形成线性组合如下:

$$U_i=a_1X_1+a_2X_2+a_3X_3+a_4X_4$$
$$V_i=b_1Y_1+b_2Y_2+b_3Y_3+b_4Y_4$$

然后计算典型相关系数。同时,和简单相关系数一样,此处也必须进行其总体系数是否为零的假设检验,即典型相关显著性检验。经过计算相关系数及典型相关系数显著性检验结果见表 8.13 所示。从表 8.13 中可以看出,第一对典型变量的相关系数为 0.269,而且只有这一对典型变量在 0.001 水平上达到显著。但是,第二对典型变量的相关系数也达到了较高的水平(0.129)。同时,由于典型相关系数的实际意义明确性尚存在争论,我们继续采用典型相关系数的平方代表典型变量间的共享方差,用两个典型变量各自方差中的比例进行辅助判断。从表 8.13 中可以看出,第一对典型变量的典型相关系数的平方为 0.0724,说明第一对典型变量的共享方差为 7.24%,第二对典型变量的典型相关系数的平方为 0.0166,说明第二对典型变量的共享方差只有 1.66%。因此,对第一对典型变量进行深入分析更加具有价值和意义。

表 8.13 群体公民行为和员工行为与态度相关变量的典型相关系数检验结果($N=750$)

	典型相关系数	典型相关系数平方	Λ 值	自由度	卡方值
第一对典型变量	.269	.0724	.909	16	70.763***
第二对典型变量	.129	.0166	.981	9	14.628
第三对典型变量	.049	.0024	.997	4	2.093
第四对典型变量	.020	.0004	.999	1	.285

注:*** 表示 $p<0.001$;Λ 值表示的是各组平均数的差异大小,Λ 值越小表明差异越大。

(2)典型变量的系数

由于本研究中的变量缺乏相同的量纲,因此,我们使用的是标准化的系数。具体结果列于表 8.14。根据表 8.14 中所列的群体公民行为和员工行为与态度相关变量的标准化典型系数,我们得出第一对典型变量的计算公式(公式中均为标准化变量):

$$U_1=0.235X_1+0.092X_2+0.730X_3+0.132X_4$$
$$V_1=0.428Y_1+0.418Y_2+0.506Y_3+0.162Y_4$$

表 8.14 群体公民行为和员工行为与态度相关变量的标准化典型系数($N=750$)

	标准化典型系数	
	U_1	V_1
团队精神 X_3	.730	
群体道德 X_1	.235	
助人行为 X_4	.132	
组织忠诚 X_2	.092	
组织承诺 Y_3		.506
工作满意度 Y_1		.428
个体组织公民行为 Y_2		.418
个体任务绩效 Y_4		.162

（3）典型结构分析

原始变量和典型变量之间的相关程度的分析就是典型结构分析。前面的研究说明只有第一对典型变量具有统计学意义，因此此处只考虑第一对典型变量。典型结构分析主要是对"典型负荷量"（Canonical Loadings）和"典型交叉负荷量"（Cross Loadings）的大小进行分析。其中，典型负荷表示一组原始变量与其相应的典型变量之间的关系；典型交叉负荷则表示一组原始变量与对立的典型变量之间的关系。对典型负荷和典型交叉负荷的解释类似于因素负荷的解释，表明其影响程度。表 8.15 和表 8.16 分别列出了群体公民行为和员工行为与态度相关变量的典型负荷、典型交叉负荷的统计结果。

表 8.15　群体公民行为和员工行为与态度相关变量的典型负荷结果（$N=750$）

	典型变量	
	U_1	V_1
团队精神 X_3	.954	
助人行为 X_4	.750	
群体道德 X_1	.607	
组织忠诚 X_2	.677	
组织承诺 Y_3		.840
工作满意度 Y_1		.800
个体组织公民行为 Y_2		.731
个体任务绩效 Y_4		.451

从上表 8.15 可以看出，在群体公民行为因素的典型变量 U_1 中，团队精神维度的负荷量最大，其次是助人行为、群体道德和组织忠诚。在表示员工行为与态度的典型变量 V_1 中，员工的组织承诺负荷最大，其次是工作满意度、个体组织公民行为和个体任务绩效。

表 8.16　群体公民行为和员工行为与态度相关变量的交叉负荷结果（$N=750$）

	典型变量	
	U_1	V_1
团队精神 X_3	.257	
助人行为 X_4	.202	
组织忠诚 X_2	.182	
群体道德 X_1	.164	

续表

	典型变量	
	U_1	V_1
组织承诺 Y_3		.226
工作满意度 Y_1		.216
个体组织公民行为 Y_2		.197
个体任务绩效 Y_4		.122

从表 8.16 中可以看出,在群体公民行为各维度中,团队精神维度的典型交叉负荷量最大,其次是助人行为、组织忠诚和群体道德维度。在员工行为与态度因素中,组织承诺的交叉负荷量最大,其次是工作满意度、个体组织公民行为和个体任务绩效。

通过以上对群体公民行为因素和员工行为与态度相关变量组的典型负荷量的分析表明,在反映群体公民行为因素的第一对典型变量 U_1 中,群体公民行为各维度对员工的态度和行为的影响程度依次为:团队精神(X_3)、助人行为(X_4)、群体道德(X_1)、组织忠诚(X_2),但是彼此之间的负荷量差异并不大,居于 0.677—0.954 之间,这表明群体公民行为各维度的聚合效度很好。而在反映效果变量指标的第一典型变量 V_1 中,通过表 8.16 可以看出,效果变量组中,各变量的负荷量差异则比较明显,最小值为 0.451,最大值为 0.840,也就是说,相对于个体任务绩效(Y_4)而言,组织承诺(Y_3)、工作满意度(Y_1)、个体组织公民行为(Y_2)的表现更明显一些。

根据上述群体公民行为和员工行为与态度相关变量的典型负荷量统计结果,汇总研究结果如下图 8.5 所示:

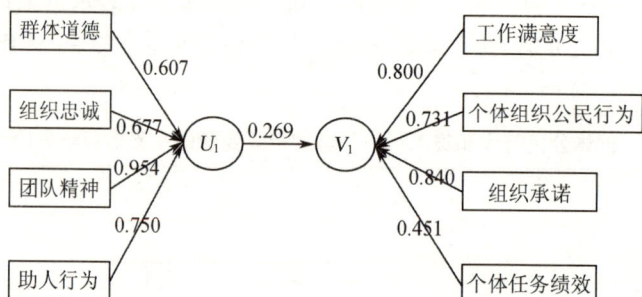

图 8.5　第一对典型变量典型结构示意图

（4）典型冗余分析

典型冗余分析是用来表示各典型变量对原始变量组整体的变差解释程度（张

文彤,2004)。进行典型冗余分析的指标主要是典型冗余指数,其表示一组变量的变异数被对方典型变量解释的平均比例。计算方法为"抽取变异量的百分比"乘以"典型相关系数的平方"(朱建平等,2007)。本研究中,群体公民行为因素与员工态度与行为变量组被第一组典型变量解释的变异量具体如表 8.17 所示。

表 8.17　群体公民行为因素和员工态度与行为变量被相应的典型变量解释的变异量($N=750$)

典型变量	抽取变异量百分比	典型相关系数的平方	典型冗余指数
U_1	.575	.0724	.042
V_1	.521	.0724	.038

从表 8.17 中的数据可以看出:群体公民行为因素被典型变量 U_1 解释的百分比为 57.5%,员工态度与行为变量组被典型变量 V_1 解释的百分比为 52.1%;群体公民行为的四个维度通过第一个典型变量 U_1,可以有效解释效果变量组的四个变量总变异量的 3.8%,第一对典型变量(U_1,V_1)可以解释总变异的 7.24%。

综合以上研究结果,群体公民行为主要通过第一对典型变量(U_1,V1)影响员工态度与行为。在群体公民行为各维度中,按在第一典型变量 U_1 上的负荷量大小排序依次是团队精神(X_3)、助人行为(X_4)、群体道德(X_1)、组织忠诚(X_2)。在效果变量中,在第一典型变量 V_1 上负荷量较高的是组织承诺(Y_3)、工作满意度(Y_1)和个体组织公民行为(Y_2),个体任务绩效(Y_4)稍次,这与回归分析的结果是一致的。回归分析的结果也同样表明群体公民行为对员工态度与行为的四个变量的影响程度的高低排序同样依次是组织承诺、工作满意度、个体组织公民行为和个体任务绩效。因而,在第一对典型相关变量分析中,工作群体的公民行为团队精神、助人行为、群体道德、组织忠诚做得越好,其效果是:相对于个体任务绩效(Y_4)而言,组织承诺(Y_3)、工作满意度(Y_1)、个体组织公民行为(Y_2)的表现更明显一些。

8.5.3　中介效应检验

前几个研究中对中介效应的检验主要是采用结构方程的方法。本阶段的中介变量检验,我们为了检验不同的中介变量的检验方法得到的结果是基本一致的(陈晓萍、徐淑英、樊景立,2008),选用了 Baron & Kenny(1986)的三步回归法,并参照温忠麟等(2004)的做法,首先对所有变量进行了中心化处理(即变量减去其均值)。理论依据与一般做法,请参考第六章 6.5.2 中对中介效应的介绍,此处不再赘述,本研究中的具体做法和结果表述如下。

(1) 工作满意度和组织承诺在群体公民行为与个体组织公民行为间的中介效应分析

采用层次回归分析方法,探讨工作满意度和组织承诺对群体公民行为和个体组织公民行为的中介效应。第一步,以个体组织公民行为为因变量,群体公民行为为自变量进行回归分析。回归系数 c 为 0.202,在 0.001 水平上显著,所以可以继续进行以下的步骤。第二步,分别以工作满意度和组织承诺为因变量,群体公民行为为自变量进行回归分析。第三步,将个体组织公民行为作为因变量,群体公民行为和工作满意度以及组织承诺为自变量进行回归分析。

由于在工作满意度的作用路径上,系数 a_1 为 0.206,b_1 为 0.210 都是在 0.001 水平上显著的,在组织承诺的作用路径上,系数 a_2 为 0.204,b_2 为 0.291 都是在 0.001 水平上显著的意味着群体公民行为对个体组织公民行为的影响至少有一部分是通过了工作满意度和组织承诺这两个中介变量来实现的。然后,检验系数 c',因为 c' 为 0.100 是在 0.01 水平上显著的,说明此处的中介只是部分中介过程,即群体公民行为对个体组织公民行为的影响只有一部分是通过中介变量工作满意度和组织承诺来实现的。层次回归分析过程如表 8.18 所示,工作满意度和组织承诺在群体公民行为与个体组织公民行为间的中介效应模型图如图 8.6 所示。

表 8.18　工作满意度和组织承诺在群体公民行为与个体公民行为间的中介效应分析($N=750$)

因变量		第一步	第二步		第三步
		个体公民行为	工作满意度	组织承诺	个体组织公民行为
自变量	群体公民行为	.202***(c)	.206***(a₁)	.204***(a₂)	.100**(c')
	工作满意度				.210***(b₁)
	组织承诺				.291***(b₂)
R		.202	.206	.204	.476
R^2		.041	.042	.042	.226
F		31.902***	33.044***	32.408***	72.724***

注:** 表示在 0.01 水平上显著,*** 表示在 0.001 水平上显著。

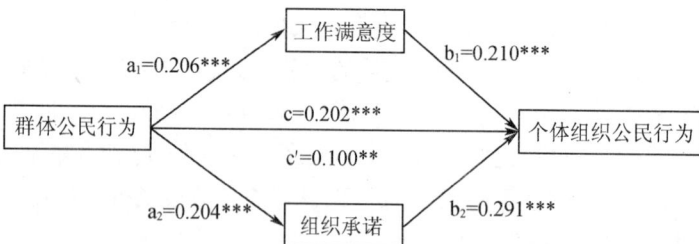

图 8.6　工作满意度在群体公民行为与个体组织公民行为间的中介效应模型

由于在第三步中,群体公民行为对个体组织公民行为的效应值是显著的,所以工作满意度与组织承诺是群体公民行为与个体组织公民行为之间的部分中介变量,其部分中介效应为 0.103(0.206×0.210＋0.204×0.291),中介效应占总效应的比例为 51%(0.103/0.202×100%)。

(2) 工作满意度和组织承诺在群体公民行为与员工个体任务绩效间的中介效应分析

采用层次回归分析方法,探讨工作满意度和组织承诺对群体公民行为和个体任务绩效的中介效应。第一步,以个体任务绩效为因变量,群体公民行为为自变量进行回归分析。回归系数 c 为 0.119,在 0.01 水平上显著,所以可以继续进行以下的步骤。第二步,分别以工作满意度和组织承诺为因变量,群体公民行为为自变量进行回归分析。第三步,将个体任务绩效作为因变量,群体公民行为和工作满意度以及组织承诺为自变量进行回归分析。

由于在工作满意度的作用路径上,系数 a_1 为 0.206,b_1 为 0.229 都是在 0.001 水平上显著的,在组织承诺的作用路径上,系数 a_2 为 0.204,b_2 为 0.337 都是在 0.001 水平上显著的,意味着群体公民行为对个体任务绩效的影响至少有一部分是通过了工作满意度和组织承诺这两个中介变量来实现的。然后,检验系数 c',因为 c' 为 0.003 没有达到统计学上的显著性水平,说明此处的中介只是完全中介过程,即群体公民行为对个体任务绩效的影响完全是通过中介变量工作满意度和组织承诺来实现的。层次回归分析过程如表 8.19 所示,工作满意度和组织承诺在群体公民行为与个体任务绩效间的中介效应模型图如图 8.7 所示。

由于在第三步中,群体公民行为对个体任务绩效的效应值是不显著的,所以工作满意度与组织承诺是群体公民行为与个体任务绩效之间的完全中介变量,其完全中介效应为 0.116(0.206×0.229＋0.204×0.337)。

表 8.19　工作满意度和组织承诺在群体公民行为与个体任务绩效间的中介效应分析($N=750$)

因变量		第一步	第二步		第三步
		个体公民行为	工作满意度	组织承诺	个体组织公民行为
自变量	群体公民行为	.119＊＊(c)	.206＊＊＊(a_1)	.204＊＊＊(a_2)	.003(c′)
	工作满意度				.229＊＊＊(b_1)
	组织承诺				.337＊＊＊(b_2)
R		.119	.206	.204	.528
R^2		.014	.042	.042	.279
F		10.752＊＊	33.044＊＊＊	32.408＊＊＊	96.224＊＊＊

注:＊＊表示在 0.01 水平上显著,＊＊＊表示在 0.001 水平上显著。

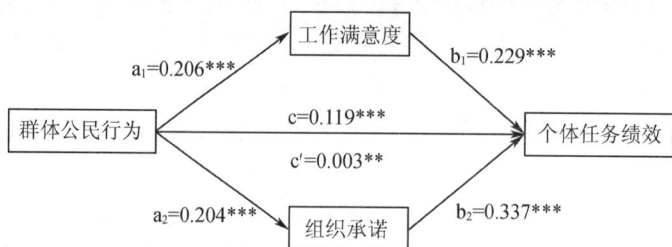

图 8.7　工作满意度在群体公民行为与个体组织公民行为间的中介效应模型

8.6　综合讨论

8.6.1　群体公民行为对员工个体行为与态度的直接影响

本研究中,群体公民行为对员工行为与态度的回归分析结果表明,群体公民行为对员工工作满意度、个体组织公民行为、组织承诺、个体任务绩效有显著的正向影响,对离职意向具有负向影响,但是这种影响没有达到统计学上的显著性水平。同时,通过对群体公民行为与员工行为及态度相关变量的典型相关分析表明,群体公民行为的四个维度在反映群体公民行为因素的典型变量上的典型负荷量相差不大。也就是说,群体公民行为的四个维度有较好的聚合效度。因此,在对员工行为与态度的影响作用上,群体公民行为的四个维度是一个有着密切内在联系的有机整体,在进行相关研究的过程中,应该将群体公民行为作为一个整体而不专门就其每个维度对员工行为与态度的影响作用进行讨论。但是,通过对员工行为与态度变量组的典型相关分析,表明组织承诺、工作满意度、个体组织公民行为和个体任务绩效这四个变量在反映该组的典型变量上的典型负荷量相差较大。也就是说,在群体公民行为之下,员工行为与态度各个变量的体现程度不同,由大到小依次是组织承诺、工作满意度、个体组织公民行为和个体任务绩效。所以,我们就群体公民行为对每个员工行为与态度相关变量的影响作用分别进行讨论。

（1）群体公民行为正向影响员工组织承诺

在群体公民行为之下,员工态度与行为变量组中的四个变量中,员工的组织承诺是体现程度最明显的变量。西方有研究者(Clugston,2000)的研究表明,员工组织承诺中的规范承诺因子是早于个体进入组织的,其主要受社会文化和规范的影响,是内化了的社会规范在个体对组织的态度上的反映。因此,本研究中的组织承诺主要研究的是情感承诺。情感承诺(Affective Commitment),主要是指员工对组织的情感依赖、感情认同和精力投入以及员工对组织所表现出来的忠诚和努力工作。产生这些现象的主要原始是员工对组织有深厚的感情,而非物质利益。群体公民行为主要的表现是对本群体及其成员、对群体所在组织、组织内其他群体及其成员以及组织外部利益相关公众的一种支持行为。在工作群体内,随着工作群体对其成员的支持行为的增加,不仅关注员工工作上的困难,还会帮助成员解决生活中的难题。这样就会使员工在工作实践中体会到组织的关心与厚待,体验到心理的愉悦感和幸福感,进而会增加对组织的依赖,产生强烈的归属感。而工作群体对外的公民行为增多,会使得群体获得组织内外相关个人和群体的美誉。这种美誉的获得,会使得成员产生强烈的自豪感和荣誉感,从而产生对群体和组织的依赖感和归属感,也就是组织承诺会增强。

(2) 群体公民行为正向影响员工工作满意度

工作满意度是个体对所从事的工作的一般态度,是对工作情境的一种情绪反应。由于工作满意度对员工和组织的重要性,因此,工作满意度这一概念一经提出,便备受心理学家和组织行为学家的关注,一直处于研究的焦点位置。在工作满意度的影响因素方面,已有的研究表明,员工工作满意度会受到包括工作本身、薪酬福利、晋升轮换、上级的领导方式、领导风格、上下级的关系、同事之间的人际关系等诸多因素的影响。但是根据相关的研究结果和本研究的主要内容,我们的工作满意度问卷主要是调查员工对工作岗位和工作环境的满意度。美国行为科学家赫茨伯格(Fredrick Herzberg)1968 年指出:引起人们工作动机的因素主要有两个:一是保健因素,二是激励因素。只有激励因素才能够给人们带来满意感,而保健因素只能消除人们的不满,但不会带来满意感(即双因素理论,Two Factor Theory,又称激励保健理论,Motivator-Hygiene Theory)。使员工感到非常满意的因素(即激励因素),主要是工作富有成就感,工作本身带有挑战性,工作的成绩能够得到社会的认可,以及职务上的责任感和职业上能够得到发展和成长等等。这些因素的满足,能够极大地激发员工的热情,对于员工的行为动机具有积极的促进作用。群体公民行为盛行的组织中,员工个体不仅能够切实感受到来自组织和工作群体的支持与关怀,同时对他人和其他群体所实施的帮助支持等行为也能为员工带来工作上的比较高的成就感和责任感,从而使员工对自己的工作岗位和工作环境感到满意,进而能够从整体上显著地提升其工作满意度,激发他们的工作积极性。

(3) 群体公民行为正向影响员工个体组织公民行为

组织公民行为是一种角色外行为,是员工的一种创造性与自发性行为,其行为表现超越角色规范,在组织正式的薪酬体系中尚未得到明确或直接的确认,但却能从整体上促进组织运作的成效的行为总和。早就有研究(Bommer, Miles, Grover,2003)指出,在一个工作群体中,如果某位员工的同事们表现出较高水平的组织公民行为,那么该员工也倾向于表现出较高水平的组织公民行为。而这种感召的来源就是个体对其他人组织公民行为水平一致性中感知到的社会规范。而群体公民行为是群体作为一个整体所实施的组织公民行为,其会形成一种氛围或者说群体规范,这种氛围或群体规范会促使员工个体主动增加自己的组织公民行为频率与强度。换句话说,群体公民行为能够对组织中员工个体的组织公民行为产生显著的正向影响。尤其是在中国的集体主义文化氛围下,员工会认为自己与组织的交换是公平的,而且组织公民行为本身是自觉维持群体利益的行为,因而更容易出现组织公民行为。而本研究也验证了这一结论。

(4) 群体公民行为正向影响员工个体任务绩效

一直以来,组织公民行为与绩效之间的因果关系很难定论。Podsakoff 和 Mackenzie(1998)的研究表明,组织公民行为能够对工作绩效产生显著的影响。但是 Karambayya(1989)对工作绩效与工作满意感、组织公民行为之间的关系的研究结果却表明,高绩效、高满意感的员工比低绩效的员工更多地表现出组织公民行为。因此,就从以往研究来看,我们很难断定是组织公民行为导致了绩效的提高,还是高绩效导致员工具有较高的组织公民行为,两者间具有交叉滞后的因果关系,但有一点可以肯定,较高的组织公民行为与高绩效之间存在着密切的联系。本研究主要是探讨群体公民行为对员工个体任务绩效的影响,因此,我们主要探讨组织公民行为对员工任务绩效的影响这条路径,经过检验是显著的。也就是说,群体公民行为与员工个体的任务绩效水平之间存在着显著的正相关关系,具体在本研究中就是一种显著促进作用。究其原因,我们推断,很可能是群体公民行为的规范性对群体成员的行为产生了影响,将组织目标、群体目标内化为自己的目标。由于目标的一致,因此能够得到更多的资源和支持,从而导致个体任务绩效的显著提升。

(5) 群体公民行为对离职意向的影响不显著

虽然已经有很多研究(Salancik & Pfeffer, 1978;Chen 等, 2005)表明个体层面或者群体层面的组织公民行为能够显著地降低员工的离职意向。但是,在本研究中,虽然发现了二者的负相关关系,但是却没有达到统计学上的显著性水平。虽然有很多研究都证实了组织公民行为对离职意向的负向影响,但是 Porter 和 Steers(1974)认为离职意向是当员工经历了不满意以后的下一个退缩行为。同时,Mobley (1977)也认为,员工经历了不满意以后的下一个步骤是离职念头,而离职意向则跟在好几个其他步骤(离职念头、寻找工作机会、评估比较其他工作机会)之后,是实际离职行为前的最后一个步骤。Mobley, Horner 和 Hollingsworth (1978)则也指出,离职意向是工作不满意、离职念头、寻找其他工作意向与找到其他工作可能性之总和表现。本研究进行的时间段正好处于全球经济危机爆发的时候,经济增长速度趋缓,对就业的拉动能力减弱,就业机会明显减少。因此,企业员工在离职之后找到其他工作可能性势必会降低,员工在对此进行评估之后,即使产生了工作不满意、离职念头和寻找其他工作意向,但是迫于形势也难以产生离职意向。

8.6.2　工作满意度与组织承诺的中介效应

本研究采用层次回归的方法对工作满意度和组织承诺在群体公民行为与个体组织公民行为间的中介效应以及在群体公民行为和个体任务绩效间的中介效应进行了检验,结果均为显著。其中,工作满意度和组织承诺在群体公民行为与个体组织公民行为间的中介作用为部分中介作用,也就是说,群体公民行为既能直接对个体组织公民行为产生影响,同时也需要通过工作满意度和组织承诺的中介来实现作用。工作满意度与组织承诺在群体公民行为与个体任务绩效间的中介效应为完全中介效应。群体公民行为与个体组织公民行为之间,工作满意度和组织承诺的部分中介效应为 0.103,约占总效应的 50.08%;群体公民行为与个体任务绩效之间,工作满意度和组织承诺的完全中介效应为 0.116。

工作满意度和组织承诺在群体公民行为与个体组织公民行为间的部分中介效应表明,工作满意度、组织承诺、个体组织公民行为是三个需要同等关注的员工行为与态度问题,不存在谁比较重要的问题。在以往对三者的研究也表明了这一点,如 Shore 和 Wayne(1993)的研究结果显示,情感承诺与组织公民行为呈正相关的关系,并且对员工的工作满意感有显著的影响,即组织承诺与组织公民行为相互影响,继而对工作满意感产生影响;Koys(2001) 的研究结果表明,员工的组织公民行为对餐馆的顾客满意度和收益具有预测作用等。此外,Meryer 和 Allen 的一项元分析指出情感承诺与离职意图和离职行为负相关;与出勤率、组织公民行为和绩效正相关;与员工的身体健康和幸福感正相关。持续承诺与离职意图和离职行为负相关;与出勤率、组织公民行为和绩效零相关或负相关;与员工的身体健康和幸福感零相关或负相关。规范承诺与离职意图和离职行为负相关;与出勤率、组织公民行为和绩效正相关;与员工的身体健康和幸福感零相关或负相关。

工作满意度和组织承诺在群体公民行为与个体任务绩效间的完全中介效应则表明,群体公民行为对个体任务绩效的作用完全是通过工作满意度和组织承诺引起的。Bommer,Miles 和 Grover (2003) 研究发现,工作群体中同事的组织公民行为对员工的组织公民行为具有正向影响,在一个工作群体中,如果某位员工的同事们表现出较高水平的组织公民行为,那么该员工也倾向于表现出较高水平的组织公民行为。也就是说,作为群体层次的群体公民行为能直接对员工的个体组织公民行为产生影响,但是作为一种群体层次的角色外行为,无法直接对员工个体的任务绩效产生直接的影响。其作用的显现必须通过个体的相关态度加以转化,工作满意度和组织承诺就是其中的典型代表。群体公民行为是群体作为一个整体所实施的组织公民行为,其会形成一种氛围,这种氛围会促进个体态度的转变,由于对组织的满意度提高,对组织的承诺水平增强,就会显著提高自己的绩效水平。

8.7　小结

通过本阶段的研究,可以得出以下结论:

(1) 群体公民行为对员工工作满意度、个体组织公民行为、组织承诺、个体任务绩效有显著的正向影响,对离职意向具有负向影响,但是这种影响没有达到统计学上的显著性水平。

(2) 在群体公民行为之下,我们探讨的这一组员工行为与态度相关变量的体现程度不同,由大到小依次是组织承诺、工作满意度、个体组织公民行为和个体任务绩效。

(3) 工作满意度和组织承诺在群体公民行为与个体组织公民行为间中介效应为部分中介效应,在群体公民行为与个体任务绩效间的中介效应为完全中介效应。其中,群体公民行为与个体组织公民行为之间,工作满意度和组织承诺的部分中介效应约占总效应的 50.08%。

第九章　群体公民行为与群体效能的关系研究

9.1　研究目的

在个体组织公民行为方面,朱瑜和凌文辁(2003)总结了组织公民行为对组织绩效的影响。他们指出组织公民行为与组织的工作绩效、产品质量、小组的工作量都存在显著相关;组织公民行为与组织中的浪费行为、操作效率、客户抱怨、客户满意感、工作质量等变量也有密切关系。作为群体层次变量的群体公民行为,其最突出的表现莫过于对群体和组织效能的显著提升作用,在这一方面,George 和Bettenhausen (1990),Koys(2001),Ehrhart,Bliese 和 Thomas (2006)均采用不同的样本,从不同的侧面进行了阐述,初步表明了这一影响效果。但是对其具体影响机制以及影响效果的研究,还没有达到对个体组织公民行为与个体任务绩效的关系研究那样的深度。为此,本研究拟就群体公民行为对群体效能的影响展开较为深入的研究。研究构想如图 9.1 所示。

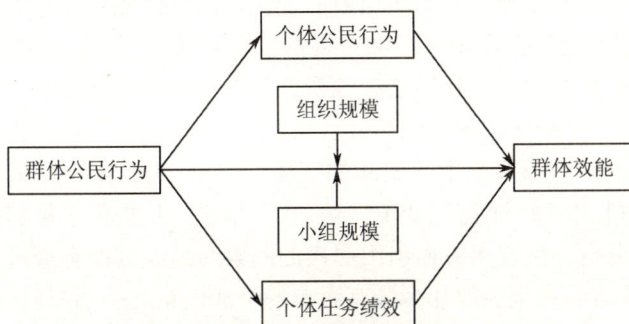

图 9.1　研究总体构想图

9.2　研究假设

首先根据第八章的相关研究,本研究中将群体公民行为作为一个整体变量进入研究,验证群体公民行为对群体效能的影响,根据相关研究,提出:

假设1：群体公民行为对群体效能具有显著的正向影响。

其次，由于群体公民行为是一个群体层面的变量，其最重要的作用是形成一种氛围和"群体规范"，而群体效能是一种客观存在的绩效水平，其是由个体层面的绩效水平聚合而成的，故而，我们认为群体公民行为对群体效能的影响应该是间接作用的，也就是说，应该通过一定的中介，这个中介也就是个体的工作绩效，根据绩效的研究成果，我们选择了个体组织公民行为与个体任务绩效两个变量作为中介变量进行研究，提出：

假设2：个体组织公民行为是群体公民行为与群体效能的中介变量。

假设3：员工个体任务绩效是群体公民行为与群体效能的中介变量。

第三，在不同的组织和不同的工作小组中，群体公民行为对群体效能的影响是否不同？Campion等人研究发现，团队规模与团队效能成正相关关系，团队成员背景的异质性及其特长与团队效能则没有相关或成负相关关系。而Magjuka & Baldwin(1991)调查研究了同样的一些问题，结果发现，团队规模越大，团队成员的异质性越大（据各种各样的工作，团队成员所拥有的）以及获得信息的途径越畅通，这些因素与团队效能的关系就越明确。而诸如花在开会上的时间和员工的计时工资等其他因素则与团队效能没有关系。因此我们提出：

假设4：工作小组规模是群体公民行为和团队效能的调节变量，随着工作小组规模的扩大，群体公民行为对团队效能的影响加强。

同时，团队几乎总是被置于一个更大的社会系统之中（如社区、学校、商业组织等）。这些社会系统被认为是影响团队绩效的重要因素之一。团队引入组织会引起整个组织的性质和效能及其团队绩效的变化。团队效能的变化能使比其更大的社会系统随之产生变化。Harris(1994)揭示了成分绩效（个体、团队、部门）与组织总体效能之间联系的规律性和强度。该研究认为，计算机技术的投资可以改善成分绩效，但并不一定会转化为组织绩效。团队与组织间的关系也显示了社会系统的变化导致置于该组织系统中的团队的变化。Macy和Izumi(1993)汇总了1800个现场研究，对其中131个组织变革已达30多年之久且提供了足够的定量化数据的研究作了元分析。发现多方面组织层次的因素对组织效能有最可靠的积极的影响，而面向团队的因素是少数几个最有影响的干涉因素之一，并且面向团队的因素对绩效的财务指标和行为指标都有影响。根据相关研究和前面对群体公民行为的相关论述，我们提出：

假设5：组织规模是群体公民行为和团队效能的调节变量，随着组织规模的扩大，群体公民行为对团队效能的影响减弱。

9.3　研究方法与程序

9.3.1　研究工具

（1）企业群体公民行为问卷

采用前一阶段经过探索性因素分析与验证性因素分析所得到的包含四个因素、十六个项目的企业群体公民行为问卷。

（2）个体组织公民行为问卷

采用张艳秋、凌文辁（2003）编制的组织公民行为量表，问卷包括"我愿意帮助新同事适应工作环境"等三个项目，本问卷也已经过验证具有较好的信度和效度（覃大嘉，2008）。

（3）个体任务绩效问卷

采用国外 Gould（1979）和 Pazy（1988）曾使用过的自评问卷，分别评价员工在组织评价中、上司评价中、与他人比较中的地位以及所获得的成就水平，由"和同事相比，我的工作成绩比较优秀"等四个项目构成。本问卷也已经过验证具有较好的信度和效度（王明辉，2006）。

（4）团队效能问卷

采用 Heilman，Block and Lucas（1992）开发的团队效能问卷，该问卷使用如"我的工作小组做事非常有效率"等三个项目测量一个工作团队或群体整体上的绩效水平。陈晓萍（2005）曾经使用该问卷测量团队绩效水平，证明该问卷具有较高的信效度，但是其采用的被试是团队领导者，而本研究将被试改为员工，并用员工评价的平均分数代替一个小组的得分。本问卷在使用前进行了严格的翻译与回译以及理解性、适应性分析等处理。

9.3.2　被试

选用两次正式调查中以企业组织中的工作小组为单位进行调查所获得的被试样本。同时根据前述研究和前人的研究结果，本研究对数据进行了删减，具体为：删除小组规模小于五人的被试样本，删除工作时间小于两年的被试样本以及小组有效样本低于 50% 的小组数据，最后获得 69 个有效小组的数据，共涉及被试 750名，被试者样本分布情况参见表 6.1。

9.3.3　统计分析方法

本研究采用 SPSS16.0、LISREL8.70 对数据进行统计分析。我们主要分以下几个阶段进行：

第一阶段：采用探索性因素分析和相关分析，分析各分量表在本研究中各项目的因素负荷，并同时检验各量表的内部一致性系数（Cronbach α 系数）以及各变量之间的相关性。

第二阶段：采用验证性因素分析进行模型比较，以确认本研究中涉及的变量的聚合效度与区分效度。

第三阶段：检验问卷的共同方法偏差。

第四阶段：检验将个体的回答聚合到群体层次的指标 r_{ug}、$ICC(1)$、$ICC(2)$，若达标，将个体层次的回答聚合到群体层次，我们采用平均数代替的方法，用小组成员在项目上的平均分取代所有小组成员在项目上的得分，以分析与相关变量的关系。

第五阶段：采用回归分析的方法验证群体公民行为对群体效能的影响。

第六阶段：采用层次回归方法验证个体组织公民行为和个体任务绩效在群体公民行为对群体效能影响过程中的中介作用。

第七阶段：采用多元调节回归分析方法分析小组规模和组织规模的调节作用。

9.4　问卷质量分析

9.4.1　各问卷的项目因素负荷与描述性统计结果

（1）各问卷的项目因素负荷

由于前述研究已经对群体公民行为问卷、个体组织公民行为问卷和个体任务绩效问卷进行了检验，因此本研究中主要是采用主成分分析法对群体效能问卷进行探索性因素分析，运用正交方差极大法进行因素转轴，根据特征根大于 1，并结合碎石图，抽取公共因素，得到结果如表 9.1 所示。从表 9.1 我们可以看出，本研究新加入的群体效能问卷因子结构清晰，没有交叉负荷，各项目负荷值在 0.702～0.854 之间，同时，该问卷总方差解释量为 60.700%，达到良好的水平。

表 9.1　群体效能问卷项目的因素负荷值（$N=750$）

项　　目	因素负荷
1. 我的工作小组是非常具有胜任力的	.854
2. 我的工作小组做事非常有效率	.774
3. 我的工作小组能够把工作做得很好	.702

（2）各变量的描述性统计分析

我们进一步计算了各变量的平均数、标准差、各变量间的相关系数及各分量表的信度系数。结果见表9.2。

从表9.2中我们可以看出,各分量表的Cronbach's系数值在0.659～0.883之间,表明了各量表具有良好的信度。同时,我们还可以看出,群体效能、个体组织公民行为和个体任务绩效均与群体公民行为相关显著。这为后面的中介作用的分析提供了必要的前提(Baron & Kenny, 1986)。

表 9.2　各个变量的平均数、标准差及相关系数($N=750$)

	M	SD	1	2	3	4
1 群体公民行为	67.1383	3.99773	(.883)			
2 群体效能	13.3660	.88039	.308**	(.659)		
3 个体公民行为	13.0535	2.71237	.202**	.141**	(.710)	
4 个体任务绩效	13.3660	.88089	.119**	.205**	.430**	(.813)

注:** $p<0.01$,(双尾检验),对角线括号内的数据表示该量表的Cronbach's系数。

9.4.2　问卷整体验证性因素分析

相关理论综述的基础上我们提出了本研究的假设。根据假设,整个问卷由四个潜变量和26个观测变量构成,问卷模型构想模型应该如图9.2所示,我们运用LISREL8.70软件,采用验证性因素分析(使用极大似然估计)对750个有效样本数据进行分析,以得到问卷整体内容结构构想模型的完全标准化解并确定各变量的聚合效度和区分效度。具体结构与各参数的标准化解如图9.3所示,构想模型与观测数据的拟合情况如表9.3所示。

通过表9.3中三类主要验证性因素分析的指标比较和图9.3的完全标准化解,我们可以发现,本问卷验证性因素分析的各项结果均达到较好的程度,构想模型与观测数据基本拟合。表明该问卷具有较好的结构效度。本研究所涉及的四个变量具有良好的区分效度,它们确实是四个不同的构念。同时,验证性因素分析结果显示,在四因素模型中各因子的因素负荷及 T 值均达到了显著性水平($p<0.001$)且未出现不恰当解,这说明各构念均具有良好的聚合效度。

表 9.3　构想模型与观测数据的拟合指标($N=750$)

χ^2	df	χ^2/df	RMSEA	IFI	CFI	PNFI	PGFI
974.22	293	3.32	0.044	0.98	0.98	0.87	0.77

此外,为了进一步验证本研究所使用问卷的效度,我们提出了以下几个可能存在的竞争模型,将它们与本问卷的四因素模型进行优劣比较,以判断四因素模型是否为最佳模型。可能存在的竞争模型具体为:

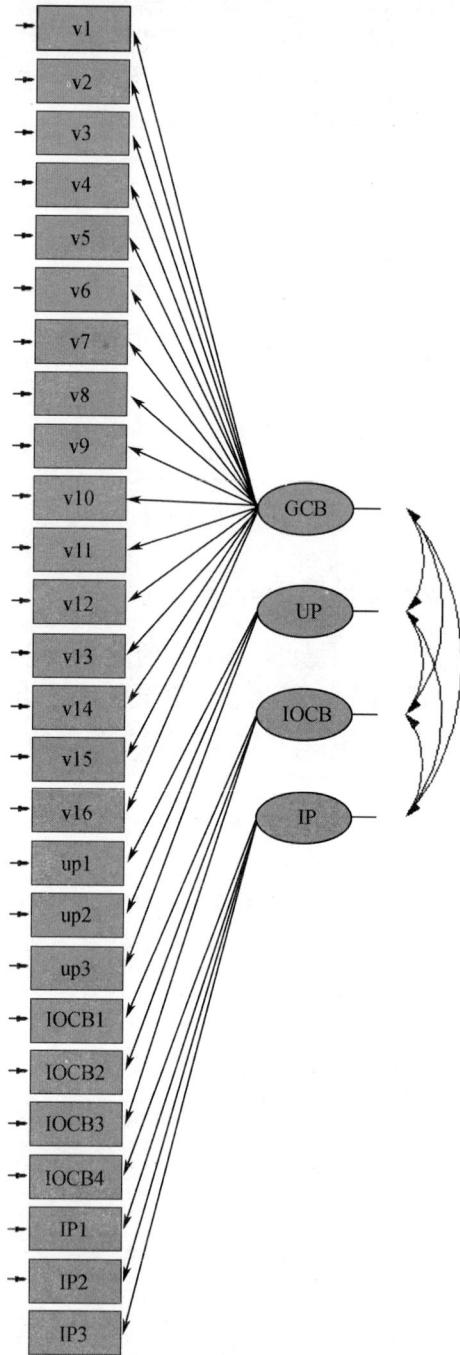

图 9.2　研究问卷的构想模型

0.62 → V₁		
0.59 → V₂		
0.66 → V₃	0.62	
0.77 → V₄	0.64	
0.65 → V₅	0.58	
0.72 → V₆	0.47	
0.63 → V₇	0.60	
0.67 → V₈	0.53	
0.70 → V₉	0.61	
0.69 → V₁₀	0.58	GCB — 1.00
0.70 → V₁₁	0.55	
0.65 → V₁₂	0.55	
0.75 → V₁₃	0.59	UP — 1.00
0.69 → V₁₄	0.50	
0.82 → V₁₅	0.56	IOCB — 1.00
0.73 → V₁₆	0.42	
0.42 → UP1	0.52	IP — 1.00
0.41 → UP2	0.76	
0.49 → UP3	0.77	
0.64 → IOCB1	0.72	
0.32 → IOCB2	0.60	
0.54 → IOCB3	0.82	
0.50 → IOCB4	0.68	
0.39 → IP1	0.70	
0.43 → IP2	0.76	
0.44 → IP3	0.76	
	0.75	

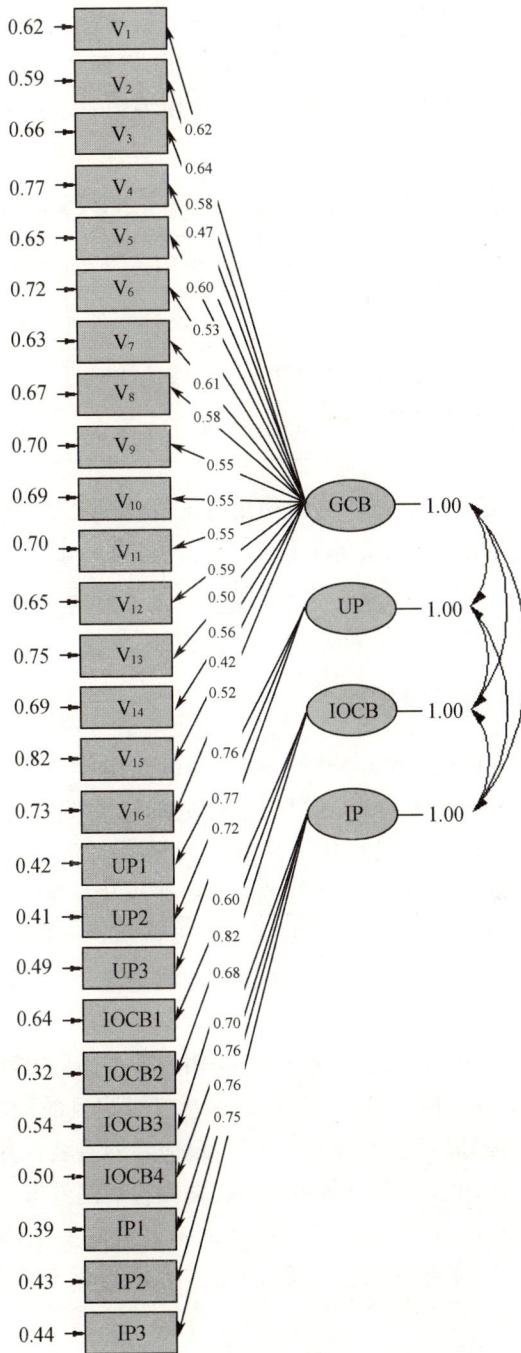

Chi-Square=974. 22，df=293，P-value=0. 00000，RMSEA=0. 044

图 9.3 研究问卷的构型模型完全标准化解

三因素模型：将个体组织公民行为与个体任务绩效合并为个人绩效因素。

单因素模型：根据前述对四个因素的相关分析，将其合并为一个因素。

因为篇幅有限，本文不再将竞争模型的构想模型图一一列出，仅将三类主要拟合指数的结果列于表 9.4。

表 9.4　本研究中问卷竞争模型的指标比较表（$N=750$）

	χ^2	df	χ^2/df	RMSEA	IFI	CFI	PNFI	PGFI	NCP
四因素模型	974.22	293	3.32	0.044	0.98	0.98	0.87	0.77	1681.22
三因素模型	2539.43	296	8.58	0.101	0.92	0.92	0.83	0.67	2243.43
单因素模型	3460.65	299	11.57	0.119	0.89	0.89	0.81	0.63	3161.65

通过表 9.4 中四因素模型与各可能存在的竞争模型之间在三类主要拟合指标的比较（比较标准和依据请参阅群体公民行为内容结构一章），我们能够发现，综合各种指标来看，在这三个构想模型之中，四因素模型无疑是最优的。故而，本研究最终选定四因素为本研究的变量类型。

9.4.3　共同方法偏差检验

共同方法偏差（Common Method Biases），指的是由于数据来源或评分者、测量环境、项目语境以及项目本身特征相同而造成的预测变量与效标变量之间人为的共变，是一种系统误差。它的存在会对研究结果与结论产生比较严重的混淆与误导。因此，必须在研究中加以控制，尤其在采用问卷法的研究中更应如此。当前对共同方法偏差进行控制的方法主要有两类，即程序控制和统计控制。本研究中我们也是从这两个方面尽量对共同方法偏差进行了控制（周浩，龙立荣，2004）。

在程序控制方面，我们采取的措施包括：采用科学严谨的方法收集项目编制问卷，保证题项意义的表达清晰明确，从而减少答卷者对题目的理解偏差；在施测过程中，明确了问卷调查的匿名性与目的，以保护反应者的匿名性并减小对测量目的的猜度；问卷回收后，采用科学方法剔除了不认真作答的问卷等。但是受调查条件和问卷本身限制，本研究所设置的变量只能由同一被试来提供信息，这样一来，共同方法偏差就仍然可能存在，为此，我们仍然需要在数据分析阶段进行检验和控制。

采用统计控制的方法控制共同方法偏差的方法有多种，根据周浩、龙立荣（2004）的建议，我们采用的是当前应用较为普遍的潜在误差变量控制法，也就是非可测方法变异因子的方式。具体做法是：将共同方法偏差作为一个潜在变量进入结构方程模型并允许所有标识变量在这个共同方法偏差潜在变量上负载,形成一个新的模型,然后与不包含共同方法偏差潜在变量的模型进行拟合优度的比较,如果前者的拟合度显著优于后者,那么就表示存在共同方法偏差(周浩,龙立荣,2004)。也就是比较两个模型的拟合优度。具体到本研究中,不包含共同方法偏差潜变量的模型是由群体公民行为因素与其他相关的三个因素构成了一个包含四个潜在因素的结构模型,如图9.2所示。由于共同方法偏差因子的来源不确定,包含共同方法偏差潜在变量的模型是在以上四个潜在因素结构模型的基础上,将共同方法偏差因素作为另外一个独立的潜在变量进入模型,使群体公民行为及另外三个潜变量的所有观测变量都在共同方法偏差的潜在因素上存在负载,也就是说,我们假设包含共同方法偏差变量模型中的所有项目都是共同方法偏差的来源,其模型图如图9.4所示。

通过结构方程模型可以判断是否存在共同方法偏差。在本研究中,采用温忠麟等(2004)提出的结构方程模型检验的卡方准则,其认为模型比较时应采用卡方检验,只是针对不同的样本量选取不同的临界值:$N \leqslant 150$ 时,$\alpha = 0.01$;$N = 200$ 时,$\alpha = 0.001$;$N = 250$ 时,$\alpha = 0.0005$;$N \geqslant 500$ 时,$\alpha = 0.0001$。本研究所选取的样本量为750,所以应参考当 $N \geqslant 500$ 时的情况,选取 $\alpha = 0.0001$ 作为临界值。换言之,卡方的显著性水平为 0.0001,即在自由度变化下,相对应的卡方值的变化随概率在 0.9999 以内,表明不存在共同方法偏差,如果在自由度变化下,相对应的卡方值的变化大于显著水平,表明存在共同方法偏差。按照侯杰泰、温忠麟、成子娟(2004)所提出的方法,如果 $\Delta\chi^2$(自由度为 Δdf)显著,说明卡方改变很大,两个模型有显著的差异。

经过计算,结果如表9.5,两个模型的自由度之差 $\Delta df = 26$,χ^2 之差 $\Delta\chi^2 = 61.15$,查表得伴随概率为 0.000117243 > 0.0001,即加入共同方法变异因子后,模型并未显著改善,所以可以认为研究方法对前因变量和效果变量之间的关系不具有显著的共同影响,这些潜变量之间不存在显著的共同方法偏差。

表9.5　共同方法偏差检验结果($N = 750$)

拟合指标	χ^2	df	χ^2/df	RMSEA	IFI	CFI	PNFI	PGFI
不含共同方法偏差模型	974.22	293	3.32	0.044	0.98	0.98	0.87	0.77
含有共同方法偏差模型	913.07	267	3.42	0.044	0.98	0.98	0.87	0.79

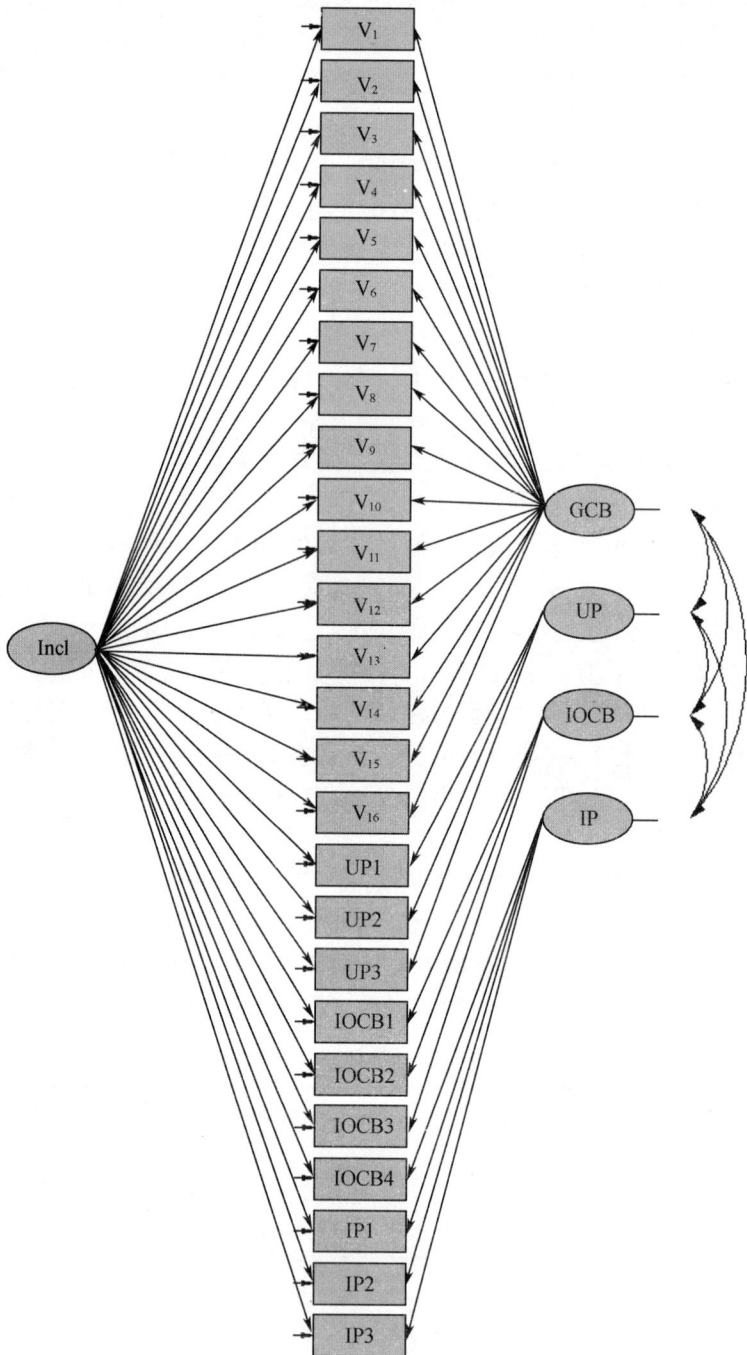

图 9.4　含共同方法偏差的潜在变量模型示意图

9.4.4　个体的回答聚合到群体层次的指标检验

在本研究所涉及的变量中,群体公民行为和群体效能是群体层次的构念,而且为共享单位特性类型的构念。操作此类型构念的关键在于将相同单位内的个别成员的回答份数计算为单位平均数,以聚合为单位层次,而聚合的方法需要理论和实证的支持(陈晓萍,徐淑英,樊景立,2008)。在前面的文献综述中,我们也曾提到,群体公民行为关注的是整个群体的组织公民行为,是一个标准水平(Normal Level),而不是平均水平(Average Level)。Ehrhart(2004)强调:群体公民行为是一种对群体标准行为模式的知觉,因而其关注点应放在"群体作为整体是如何被知觉的"上面,而不是放在每个成员的组织公民行为上,所以聚合是可行的,群体效能变量亦然。实证方面,本研究采用Bliese等(2000,2003)所提出的三个指标,即:组内一致度(Within-Group Agreement)也称组内同质性、跨级相关性指标$ICC(1)$和$ICC(2)$,具体计算公式与判断标准,请参考第六章的相关论述。已经检验群体公民行为变量的r_{wg}值如表8.6所示:群体公民行为变量的r_{wg}值各组平均值为0.76,此外,$ICC(1)$和$ICC(2)$的值分别为0.22和0.76。因此,本研究以群体效能为对象,进行相关指标的计算,验证结果如表9.6,群体效能变量的r_{wg}值各组平均值为0.76,此外,$ICC(1)$和$ICC(2)$的值分别为0.32和0.84。表明本研究中的工作群体之间存在足够的方差以进行多层线性模型分析,因此我们将各个工作小组群体公民行为与群体效能的个体层面分数加总平均,得到群体层次变量的分数,并用这个分数替代小组成员内的个体分数,以进行后续的假设验证。

表9.6　群体公民行为变量的r_{wg}值一览表

Group	r_{wg}	Group	r_{wg}	Group	r_{wg}	Group	r_{wg}
Group 1	0.73	Group 18	0.83	Group 35	0.80	Group 52	0.89
Group 2	0.63	Group 19	0.83	Group 36	0.81	Group 53	0.92
Group 3	0.48	Group 20	0.78	Group 37	0.68	Group 54	0.76
Group 4	0.51	Group 21	0.90	Group 38	0.91	Group 55	0.83
Group 5	0.63	Group 22	0.85	Group 39	0.63	Group 56	0.90
Group 6	0.83	Group 23	0.70	Group 40	0.49	Group 57	0.71
Group 7	0.46	Group 24	0.85	Group 41	0.75	Group 58	0.74
Group 8	0.59	Group 25	0.88	Group 42	0.71	Group 59	0.53
Group 9	0.76	Group 26	0.86	Group 43	0.64	Group 60	0.88
Group 10	0.57	Group 27	0.90	Group 44	0.62	Group 61	0.83

Group	r_{ug}	Group	r_{ug}	Group	r_{ug}	Group	r_{ug}
Group 11	0.78	Group 28	0.69	Group 45	0.73	Group 62	0.92
Group 12	0.90	Group 29	0.84	Group 46	0.75	Group 63	0.81
Group 13	0.64	Group 30	0.67	Group 47	0.57	Group 64	0.84
Group 14	0.79	Group 31	0.81	Group 48	0.80	Group 65	0.89
Group 15	0.83	Group 32	0.74	Group 49	0.81	Group 66	0.92
Group 16	0.91	Group 33	0.70	Group 50	0.68	Group 67	0.76
Group 17	0.62	Group 34	0.79	Group 51	0.91	平均值	0.76

9.5　研究结果

9.5.1　群体公民行为对群体效能的直接影响

采用聚合之后的数据,运用回归技术,以群体公民行为为预测变量,探讨其对群体效能的影响。具体结果如表 9.7 所示。

从表 9.7 中可以看出,群体公民行为对群体效能的标准化回归系数是 $0.308(t=8.852***)$,在 $p<0.001$ 水平上显著,这表明群体公民行为对群体效能有显著的正向影响作用。

表 9.7　群体公民行为对群体效能的回归分析结果($N=750$)

变量	回归方程的描述统计				变量的描述统计			
	R	R^2	df	F	B	SE	β	t
	.308	.095	1	78.358***				
常数					48.459	2.115		22.916***
群体公民行为					1.397	.158	.308	8.852***

注:因变量:群体效能;*** 表示 $p<0.001$

9.5.2　个体组织公民行为和员工个体任务绩效对群体公民行为和群体效能行为的中介效应检验

采用层次回归分析方法,探讨个体组织公民行为和员工个体绩效对群体公民行为和群体效能行为的中介效应。第一步,以群体效能为因变量,群体公民行为为自变量进行回归分析。回归系数 c 为 0.308，在 0.001 水平上显著，所以可以继续进行以下的步骤。第二步，分别以个体组织公民行为和个体任务绩效作为因变量，群体公民行为为自变量进行回归分析。第三步，将群体效能作为因变量，群体公民行为和个体组织公民行为以及个体任务绩效为自变量进行回归分析。

在个体组织公民行为的作用路径上，由于系数 a_1 为 0.202 在 0.001 水平上显著，b_1 为 0.011 没有达到统计学上的显著性水平，意味着群体公民行为对群体效能的影响没有通过个体组织公民行为的中介作用来实现，也就是说个体组织公民行为不是群体公民行为与群体效能的中介变量。在个体任务绩效的作用路径上，由于系数 a_2 为 0.202 在 0.001 水平上显著，b_2 为 0.166 也在 0.001 水平上显著，意味着群体公民行为对群体效能的影响至少有一部分是通过个体任务绩效的中介作用实现的。故而，停止检验个体组织公民行为的中介效应，只检验个体任务绩效的中介效应。检验系数 c'，因为 c' 为 0.286，也是在 0.001 水平上显著的，说明只是部分中介过程，即群体公民行为对群体效能的影响只有一部分是通过中介变量个体任务绩效来实现的。层次回归分析过程如表 9.8 所示，个体任务绩效（包括中介效应不显著的个体组织公民行为）在群体公民行为与群体效能间的中介效应模型图如图 9.5 所示。

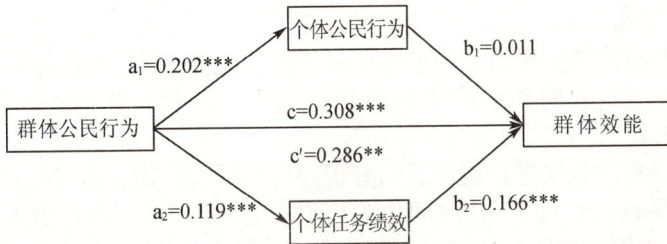

图 9.5 任务绩效在群体公民行为与群体效能间的中介效应模型

表 9.8 个体组织公民行为在群体公民行为与群体效能间的中介效应分析（$N=750$）

因变量		第一步	第二步		第三步
		个体公民行为	工作满意度	组织承诺	个体公民行为
自变量	群体公民行为	.308***(c)	.202***(a_1)	.119**(a_2)	.286***(c')
	个体公民行为				.011(b_1)
	个体任务绩效				.166***(b_2)
R		.308	.202	.119	.352
R^2		.095	.041	.014	.124
F		78.358***	31.902***	10.752**	35.121***

注：** 表示在 0.01 水平上显著，*** 表示在 0.001 水平上显著。

由于在第三步中,群体公民行为对群体效能的效应值是显著的,所以个体任务绩效是群体公民行为与群体效能之间的部分中介变量,其部分中介效应为0.0198(0.119×0.166),中介效应占总效应的比例为6.43%(0.0198/0.308×100%)。综合而言,假设3得到验证,假设2没有得到验证。

9.5.3　工作小组规模与组织规模的调节效应检验

在研究类别变量作调节变量的研究中,很多研究人员会把样本分成若干组,分别做一个回归分析(如性别变量作回归变量时,男性样本做一个回归分析,女性样本做一个回归分析)。但是却有两个问题存在:第一,无法比较两个回归系数是否真的存在显著差异,即"b_1-b_2"的值是否达到显著性水平;第二,会受到样本数的影响,因为如果原先样本不够大,那么再分成若干组之后,每个组的样本数就更少了,其统计功效(Statistical Power)会降低。因此,检验调节变量,最好使用多元调节回归分析(Moderated Multiple Regression,MMR)。其具体步骤是:(1)用虚拟变量代表类别变量;(2)对连续变量进行中心化处理;(3)构造乘积项;(4)构造方程,进行调节作用的分析(陈晓萍,徐淑英,樊景立,2008)。

本研究中,我们首先将工作小组规模与组织规模进行虚拟化,即将工作小组分成两个类别,小型群体(10人及以下)和较大型群体(10人以上);将组织也分成两个类别,较小型群体(500人以下)和较大型群体(500人及以上),然后分别赋值为"0"和"1"。并对群体公民行为与群体效能变量进行中心化处理,即均减去其平均数。然后将自变量和调节变量相乘,得到"工作小组规模×群体公民行为"和"组织规模×群体公民行为"这两个交互效应项。

对以上得到的数据进行层次回归分析,具体步骤是:第一步(M_0):引入被试的性别、年龄、受教育程度、工作时间作为控制变量;第二步(M_1):引入群体公民行为、工作小组规模和组织规模变量求其主效应;第三步(M_2、M_3):依次引入交互项"工作小组规模×群体公民行为""组织规模×群体公民行为"检验工作小组规模和组织规模对群体凝聚力和群体公民行为的调节效应。得到结果如表9.9所示。

表9.9　工作小组规模的调节作用分析结果($N=750$)

变量		群体公民行为			
		M_0	M_1	M_2	M_3
第一步 控制变量	性别	−.026	−.030	−.036	−.019
	年龄	.036	.039	.036	.031
	受教育程度	−.015	.008	.004	−.009
	工作时间	.165	.078	.063	.090
	公司性质	.025	.028	.033	.027
	行业属性	.017	.009	.006	.012

续表

变量		群体公民行为			
		M_0	M_1	M_2	M_3
第二步主效应	群体公民行为		.251***	.045*	.259*
	工作小组规模		.136***	.086*	.099*
	组织规模		.042*	.037*	.024*
第三步两维交互	工作小组规模×群体公民行为			.260***	.257***
第四步两维交互	组织规模×群体公民行为				—.273***
R^2		.033	.131	.147	.171
F		6.332***	28.044***	13.402***	21.726***
ΔR^2		.033	.098***	.015***	.024***

注: * $p<0.05$, * * * $p<0.001$;所有回归系数均经过标准化;所有变量均进行了中心化处理。

　　层次回归的分析结果表明,控制人口学变量之后,加入群体公民行为和工作小组规模和组织规模的主效应之后,对群体效能的解释变异量明显增加(增加的 $\Delta R^2 = 0.098, p<0.001$)。加入交互项"工作小组规模×群体公民行为"之后发现,该交互效应对群体效能的影响显著($\Delta R^2 = 0.016, p<0.001$),加入交互项"组织规模×群体公民行为"之后发现,该交互效应对群体效能的影响显著(所增加的 $\Delta R^2 = 0.024, p<0.001$)。这说明工作小组规模与组织规模能够调节群体公民行为与群体效能的关系。

　　同时,图9.6和图9.7分别显示了当工作小组规模与组织规模变量分别作为调节变量时,群体公民行为和群体效能的关系变化。从图9.6中我们可以发现,不管群体规模大小,群体公民行为对群体效能的影响均是正向的。只是与群体规模较小的群体相比,在群体规模较大的群体中,群体公民行为对群体效能的影响更为明显。从图9.7中我们可以发现,较小规模的组织与较大规模组织相比,较小组织规模的组织中,群体公民行为对群体效能的影响更为明显。而且在较大组织中,群体公民行为甚至对群体效能具有轻微的反向影响作用。也就是说,随着工作小组规模的变大,群体公民行为对团队效能的影响加强,而随着组织规模的扩大,群体公民行为对团队效能的影响缩小。因此,假设4和假设5得到验证。

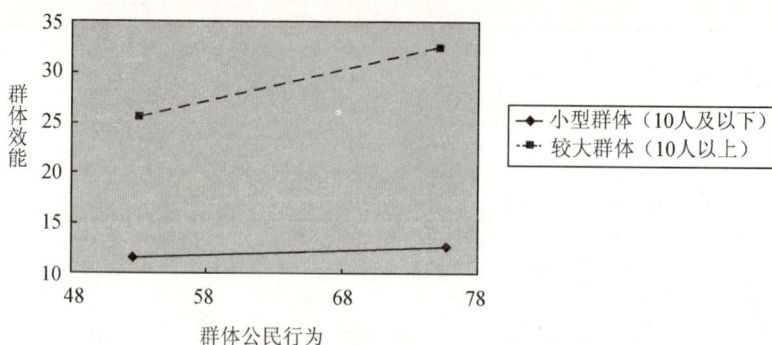

图 9.6 工作群体规模对群体公民行为与群体效能的调节效应图

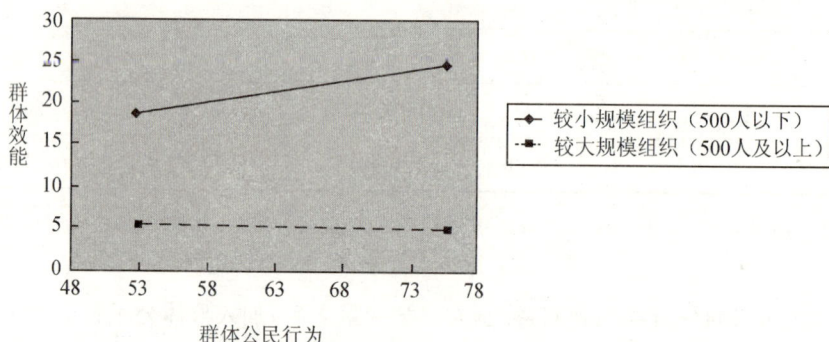

图 9.7 组织规模对群体公民行为与群体效能的调节效应图

9.6 综合讨论

本研究证实了群体公民行为对群体效能的显著影响以及个体组织公民行为和个体任务绩效的中介作用,并检验了组织规模和工作小组规模对群体公民行为与群体效能影响的调节作用。

9.6.1 群体公民行为对群体效能有显著的正向影响作用

本研究的结果与很多以往的研究结论基本一致。纵观以往研究,对群体效能的定义并不一致,这也正是由于群体效能的本身特点所决定的,团队效能不存在单一的、始终如一的衡量的标准:既可以从群体的层次取"硬件",如产量、利润率等加以衡量,也可以从群体的层次了解群体的基本绩效特质。如 Hackman(1987)和 Sundstrom 等(1990)认为,团队效能是指团队实现预定目标的实际结果,主要包括三个方面:群体生产的产量(数量、质量、速度、顾客满意感等);群体对其成员的影响(结果);提高团队工作能力,以便将来有效地工作。本研究所采用的问卷是对工作群体的胜任工作的能力,群体生产效率和产出质量三个方面加以测量,因此具有一定的代表性。本研究的结果不仅进一步证明了群体公民行为对群体效能的正向显著影响,即群体公民行为能够显著提升群体效能,也证实了群体公民行为对群体效能影响的普适性,不仅在国外和港澳企业如此,在中国大陆企业也是如此;不仅在高科技企业是如此,在一般的企业也是如此。因此,不管什么类型的企业,要想取得较高的效益,就必须重视企业群体公民行为的培养与建设。

9.6.2　个体组织公民行为与个体任务绩效是群体公民行为与群体效能的中介变量

众所周知,企业战略目标与战术目标的实现必须通过组织体系落实到每个员工,通过发挥组织中人的作用来实现目标。也就是说,必须将员工的努力与组织的目标联系在一起,通过提高员工的个人绩效来提高企业的整体绩效,才能实现组织的最终目标。因此,群体绩效是由群体成员的个体绩效通过一定的系统累积而成的。在个体绩效方面,Motowidlo 和 Scotter(1993)认为在涉及工作绩效的行为中存在着两种方式:一种是涉及任务效率而促进工作绩效的工作行为;另一种是通过其他方式促进工作绩效的行为。Borman 和 Motowidlo(1993)提出"任务绩效(Task Performance)—关系绩效(Context Performance)二维模式",前者又称为作业绩效、工作绩效;而后者也称为周边(边际)绩效或是情境绩效。同时,他们还指出:任务绩效是任务的完成情况,即职务说明书中所规定的绩效,它和个体的能力、完成任务的熟练程度和工作知识密切相关,它是强制性的,其最主要的成分是效率,这就意味着知识、技能、能力上的差异对于任务绩效的影响程度要大于对关系绩效的影响程度;关系绩效是指一种心理和社会关系的人际和意志行为,与绩效的组织特征密切相关,是一种有助于完成组织工作的活动。它是指一系列自愿的、人际间、面向组织或团体的行为,这些行为营造了一个良好的心理和社会环境,从而有利于组织整体的任务达成。在本研究中的组织公民行为与个体任务绩效正切合了这些研究结论。群体公民行为对群体效能的影响是通过个体任务绩效的中介作用实现的。但是,由于群体公民行为是一种群体层次的组织公民行为,如果按照个体绩效的分类方法,群体绩效也包括群体任务绩效与群体关系绩效两个方面的话,群体公民行为也可以被认为是群体绩效的关系绩效。同时,由于本研究所选用的群体效能问卷主要是调查的企业的任务绩效水平,故而,没有发现个体组织公民行为的中介作用。同时由于中介效应占总效应的值较低(只有 6.43%),所以,我们认为在这其间肯定还有其他比较重要的中介变量在起作用。由于本研究所选取变量的原因,只能留待以后的研究继续探索。

9.6.3 工作小组规模与组织规模是群体公民行为与群体效能的调节变量

虽然工作小组规模与组织规模都对群体公民行为对群体效能的作用具有显著的调节作用,但是其作用模式存在显著不同。不管群体规模的大小,群体公民行为都能对群体效能产生正向的影响,同时,随着工作群体规模的增大,群体公民行为对群体效能的影响更为明显;但是随着组织规模的扩大,群体公民行为对团队效能的影响却是呈现减弱的趋势,甚至有可能产生反向影响。实践证明,并非小组规模越大,小组绩效水平就越高,也要看公司性质与行业属性。而组织规模对群体效能的影响也比较复杂,受到多种因素影响。主要的影响因素也是行业属性与公司性质。因此,本研究中我们在控制了员工的性别、年龄、受教育程度和工作时间以及公司性质、行业属性之后探讨其调节效应。我们认为,随着工作群体规模的扩大,工作群体内部成员之间和各工作群体之间的异质性也将增大,必然会影响群体内部与群体之间信息的沟通与工作的协调,而群体公民行为在这样的群体或组织中的表现也将更为明显。而随着组织规模的扩大,一般而言,企业的项目会比较多,业务分工也越来越细,各工作群体之间必需的工作联系越来越少,有时甚至各工作群体之间是完全独立的(如某些集团企业的房地产项目与机械制造项目之间),故而群体公民行为对其群体效能的影响自然也会受到影响,产生下降的趋势。在这样的组织中,如果不同工作群体之间的群体公民行为增多还可能会对群体效能产生不利影响,因为过多地帮助其他小组会导致不能在自己小组的业务上精益求精,从而产生负向的影响。

9.7 小结

通过本阶段的研究,可以得出以下结论:

(1)群体公民行为对群体效能有显著的正向影响作用。

(2)个体任务绩效是群体公民行为与群体效能的中介变量。

(3)工作小组规模与组织规模对群体公民行为与群体效能具有显著的调节作用。随着工作群体规模的增大,群体公民行为对群体效能的影响更为明显;但是随着组织规模的扩大,群体公民行为对团队效能的影响却是呈现减弱的趋势,甚至有可能产生负向影响。

第五篇　群体公民行为的定性比较研究

第十章 群体公民行为及其相关因素的个案比较研究

10.1 研究目的

鉴于我国目前对群体公民行为的研究还不广泛和深入,因此选取有代表性的典型企业个案,采用定量与定性两种方法对当前我国企业的群体公民行为及其相关因素进行研究,深入探讨群体公民行为在我国具体企业中的表现与差异,了解具体企业中群体公民行为与相关因素的关系,探索群体公民行为的形成过程及促进因素与阻碍因素具有重要的理论意义和实践价值。本研究采取代表性理论抽样的方法,选取有代表性的企业,运用问卷调查和扎根理论的研究方法,从定量的方面研究群体公民行为在企业中的具体表现,了解企业中群体公民行为与其相关因素的关系;从定性的角度探讨企业中群体公民行为的形成过程及促进因素与阻碍因素。

10.2 公司个案简介

中国最大的实际就是现在处于并将长期处于社会主义初级阶段。我们社会主义现代化建设必须从这一基本的国情出发。具体到经济方面,就是要建设有中国特色社会主义的经济,就是在社会主义条件下发展市场经济,坚持和完善社会主义公有制为主体、多种所有制经济共同发展的基本经济制度。在这一基本政策的指导下,我国形成了国有企业、集体所有企业、中外合资企业、外商独资企业、民营企业等若干种企业类型,在经济建设过程中发挥着各自的独特作用。同时,社会主义市场经济体制中的国有企业与发达市场经济体制中的国有企业之间有区别。这种区别集中表现为,在社会主义市场经济体制中,国有企业不仅是政府干预经济的手段,它也是政府参与经济的手段。作为参与经济的手段的国有企业,与作为干预经济的手段的国有企业相比较,前者在数量上要多很多、分布领域要广很多、企业组织形态也更为复杂。当前中国以公有制为主体的经济结构仍未改变,大型国有企业仍然是我国国民经济的主干,这是我国经济的特点,也是国家的特点。故而在选取企业的时候,首先选取了老牌国有企业:莱芜钢铁股份有限公司(具体情况见后面的公司简介)和非国有制企业:杭州华三通信技术有限公司。

以下两个公司的简介及相关资料均来自于其公司网站主页。

10.2.1 莱芜钢铁股份有限公司

莱芜钢铁股份有限公司(以下简称莱钢股份或公司)是由莱芜钢铁集团有限公司(原莱芜钢铁总厂)作为独家发起人,通过募集设立方式组建的股份有限公司,并于 1997 年 8 月 28 日在上海证券交易所上市。公司始建于 1970 年 1 月。经过 40 多年的发展,现已成为具有年产 1800 万吨钢以上综合生产能力的大型钢铁企业集团,2005 年进入全国十大钢,列第六位。2007 年列全国制造业 500 强第 31 位。截至 2008 年年底拥有总资产 643 亿元,职工 3.9 万人,其中,钢铁主业 2.6 万人。

莱钢是全国规模最大、规格最全的 H 型钢精品生产基地,全国最大的齿轮钢生产基地,全国规模最大、附加值最高的粉末冶金生产基地。公司拥有转炉钢和电炉钢两大生产系统,主体设备从德国、意大利、日本进口,生产工艺达到国际先进水平。主要产品有 H 型钢、螺纹钢、轴承钢、齿轮钢等,产品销往全国 25 个省、市、自治区 1400 多家用户,出口美国、日本、韩国、新加坡、柬埔寨和台湾、香港等国家和地区,美国福特和中国一汽、东风等著名汽车制造商都是莱钢股份的核心战略用户,大亚湾核电站、浦东国际机场、三峡水利枢纽工程、中国南极长城站的建设都首选莱钢股份产品。

进入新世纪以来,莱钢确定了尽快做强做大的新世纪发展战略,加快配套改造和结构调整,首先立足填平补齐、深挖内潜,紧紧抓住市场机遇,创造了可观的经济效益。党的十六大召开以后,莱钢认真落实科学发展观,积极探索与实践提升企业发展品质的有效途径,制定并实施了《莱钢走新型工业化道路实施纲要》,搭建起"科技莱钢"、"数字莱钢"、"生态莱钢"和"人文莱钢"的基本框架,紧紧抓住重要战略机遇期,及时调整战略规划,加快国家发改委批准的大型 H 型钢及配套项目建设,最大限度地整合现有资源,持续推进结构战略性调整。

2007 年全年生产钢 1170 万吨、生铁 1079 万吨、坯材 1125 万吨;实现销售收入 586 亿元、利税总额 96.7 亿元,利润总额 56.7 亿元。与 2005 年相比,钢产量净增加 130 多万吨,销售收入增加 190 亿元,利润增加 40 亿元。截至目前,已经淘汰三座 25t 电炉、四座 128m³ 高炉、两座 4.3m 焦炉以及部分轧材线等落后设备,工艺和产品结构持续优化。全年吨钢综合能耗 663.78kg;吨钢水耗 3.43t,继续保持国内领先水平;全年节能 14.63 万吨标准煤,完成省政府下达的节能目标,荣获"山东省节能突出贡献企业"称号。COD、SO_2 排放量分别减少 4% 和 5%,完成莱芜市下达的减排指标,主要污染物排放达到国家清洁生产标准。目前,莱钢集团已有 11 个单位完成主辅分离辅业改制,公安、中小学教育系统顺利移交;成立了集团理事会,建立了以产权为纽带关系的新型管控模式,集团运作走上了科学化、规范化、制度化的发展轨道。

10.2.2　杭州华三通信技术有限公司

杭州华三通信技术有限公司(简称 H3C)是华为与美国 3Com 公司结晶的产物。2003 年 11 月,杭州华三通信技术有限公司(简称 H3C)成立,华为以产品技术和人力资源投入拥有 51% 的股权,3Com 以现金投入拥有余下 49% 的股份。此后,华三的股份构成几经变动:先是 3Com 从华为手中购得 2% 的合资公司股权,后来 3Com 又从华为手中购得剩余 49% 的股权,H3C 成为 3Com 旗下的全资子公司和利润奶牛。最近,也就是 2009 年 11 月 12 日,HP 宣布以 27 亿美元现金收购 3Com。如果交易获批,H3C 将纳入 HP 系。致力于 IP 技术与产品的研究、开发、生产、销售及服务。2008 年,H3C 销售收入净额 8.84 亿美金(US GAAP),缴纳各项税费近 8 亿人民币。公司在国内 31 省市和海外多个国家或地区设有分支机构。目前公司有员工 4800 人,其中研发人员占 55%。

H3C 每年将销售额的 15% 以上用于研发投入,在中国的北京、杭州和深圳设有研发机构,在北京和杭州设有可靠性试验室以及产品鉴定测试中心。截至 2009 年上半年,H3C 已申请专利超过 2000 件,其中 85% 是发明专利,年专利申请数在中国通信企业中位居前三。H3C 已参与中国通信标准化协会及 IETF, SMTA, SPC,PCI-SIG, Wi-Fi, USB, SNIA, VCCI 等国际标准组织。

为构建以业务应用为中心的动态 IT 架构,H3C 提出了 IToIP 理念。基于 IP 技术标准提供统一 IT 基础架构,具备"标准、融合、开放、增值"特征,基于 IToIP 构建网络、安全、存储、多媒体四大产品线,实现了从网络设备供应商到 IToIP 整体解决方案供应商的战略跨越,确立了牢固的市场领先地位。目前,H3C 在中国的交换机和企业级路由器市场份额排名第一,运营商 WLAN 设备市场份额排名第一,网络安全设备市场份额排名第一,IP 存储市场份额第一,IP 监控技术全球领先,已成为中国平安城市第一品牌,截至 2009 年 5 月底,已经累计承建超过 140 个平安工程项目。

根植中国,H3C 始终以"为客户创造价值"作为公司发展的源动力,不断细分客户需求,面向行业、商业(中小企业)、运营商三大客户类型分别提供量身定制的整体解决方案。服务于 70% 以上的中央部委、全部"211"高校和"985"高校、四大银行、全球最繁忙的机场之一首都机场、自然环境最为恶劣的青藏铁路、国家最高艺术殿堂国家大剧院、单体建筑面积最大的奥运项目国际会议中心及电信、移动、联通、广电等运营商市场。

服务全球,通过与 3Com、华为、NEC 等公司合作拓展国际市场,目前 H3C 的产品和解决方案已经覆盖全球近百个国家和地区,赢得包括瑞士电信、西班牙电信、英国沃达丰、法国国铁、法国标致雪铁龙集团、俄罗斯联邦储蓄银行、美国霍华德大学、日本社保厅、北海道大学在内的众多国际客户。

10.3 研究方法与程序

10.3.1 量化研究方法与程序

(1) 研究工具

采用前述研究过程中所使用的企业群体公民行为调查问卷,本问卷一共包含13 个变量 69 个项目。中心变量一个:企业群体公民行为四个维度十六个项目;前因变量四个:其中 CPM 领导行为三个维度九个项目、程序公正氛围一个维度四个项目、人际信任两个维度九个项目、群体凝聚力一个维度四个项目;后果变量六个:其中群体效能一个维度三个项目、工作满意度一个维度三个项目、离职意向一个维度三个项目、个体组织公民行为一个维度三个项目、组织承诺一个维度三个项目、个体任务绩效一个维度四个项目;调节变量两个:群体与组织目标一致性一个维度三个项目、任务依存性一个维度五个项目。所有变量问卷均经过前述研究较为严格的信效度检验,符合心理测量学的要求。

(2) 施测程序

①被试

分别从莱钢股份和 H3C 两个企业,采用随机抽样的方式,抽取四个工作团队(群体)。其中,莱钢股份炼钢车间抽取三个工作团队(分别为 12 人、15 人、14 人),人力资源部一个团队(9 人),总被试数为 50 人,其中男 45 人,女 5 人;H3C 研发部门抽取三个团队(分别为 9 人、10 人、12 人),销售部门一个团队(13 人)总被试数为 44 人,其中男 31 人,女 13 人。

②施测方法

经过与两个企业的人力资源部门联系和沟通,研究者直接进入企业进行问卷测试。在测试前申明本问卷调查的目的,并保证不会对其本人和公司产生任何不利影响,当场发放和回收问卷。分别在两个公司发放问卷 56 份和 50 份,回收有效问卷分别为 50 份和 44 份,有效回收率分别为 89.29% 和 88%。

(3) 统计方法

首先对获得有效数据中群体层次变量部分进行聚合,具体方法与前面的研究一致,即首先检验将个体的回答聚合到群体层次的指标 r_{wg}、$ICC(1)$、$ICC(2)$,若达标,则采用平均数代替的方法,用小组成员在项目上的平均分取代所有小组成员在项目上的得分,以分析与相关变量的关系。统计方法为相关分析,统计软件为SPSS16.0。

10.3.2 质性研究方法与程序

（1）研究工具

访谈提纲两份（其中访谈者提纲一份，被访谈者提纲一式多份，具体见附录，录音笔一支、手表一个、笔记本一个、圆珠笔若干。

（2）研究程序

①被试

质性研究抽样遵循的是"非概率抽样"的原则，不完全遵守量化研究中的抽样规则和程度。研究者可以根据自己研究项目的具体需要以及实际实施的可能性选择不同的抽样策略（陈向明，2000）。在质性研究中，我们要关注的是概念的代表性以及概念在各个方面变异的情况，找寻显示出研究现象的事例，而非着眼于研究对象或地点的数目。

本研究采用的取样方法是定性研究中的理论取样。理论取样，又称为目的性取样，是扎根理论模式的本质特征之一。抽样时，按照研究的目的和研究设计的理论指导抽取。这种抽样方法能够为研究问题提供最大信息量的研究对象。研究者应随着访谈的进行逐步确定哪些人是下一个取样的对象。本研究在前面量化研究的基础上，分别根据莱钢股份和 H3C 的组织结构，随着访谈过程主题的逐步深入，共选定不同层次的相关访谈对象 13 人，其中莱钢股份 7 人，H3C6 人。受访者的基本资料如表 10.1 所示。

表 10.1 访谈对象基本资料（N＝13）

访谈者编号	性别	年龄	学历	职务	工作年限
L1	男	29	硕士研究生	人力资源部主管	5
L2	女	28	本科	行政人员	4
L3	男	35	本科	行政人员	10
L4	男	37	专科	车间主任	11
L5	女	27	本科	行政人员	4
L6	男	48	初中	普通工人	21
L7	男	46	初中	普通工人	22
H1	女	28	硕士研究生	研发部研究员	4
H2	男	29	硕士研究生	研发部研究员	4
H3	男	26	硕士研究生	研发部研究员	3

访谈者编号	性别	年龄	学历	职务	工作年限
H4	男	27	硕士研究生	研发部研究员	2
H5	女	30	硕士研究生	研发部研究员	4
H6	男	25	硕士研究生	研发部研究员	3

注:莱钢股份的访谈对象以字母 L 开头编号,H3C 的访谈对象以字母 H 开头编号。

②访谈方法

首先,通过两个企业的人力资源部门选定第一个访谈者,在进行访谈之前,先了解被访谈者的相关工作背景,并确定访谈时间和地点。

接下来,在事先约定的访谈时间和访谈地点进行访谈。访谈前向被访谈者发放访谈提纲,说明要进行录音以及访谈资料的处理方式,并保证为受访者的隐私保密,在征得受访者的同意后开始进入访谈。由研究者本人进行本研究所有的访谈,访谈时间均在 40~60 分钟之间,访谈者在访谈过程中对被访谈者的表情动作及一些重要词语做书面文字记录。

采用开放式的访谈方式,在访谈过程中借鉴了很多心理咨询和治疗中的谈话技巧,在尽量不打断受访者谈话的前提下,适时地梳理、简述,并澄清,以便访谈能流畅围绕研究主题进行。每个访谈结束前,均询问了被访谈者同一个问题,"您对本研究主题是否有其他要说明的内容?"

③访谈资料整理

访谈结束后,研究者将所获得的录音资料与主题相关部分进行文字转录,并对每份文字稿都进行三次复核校对,以保证完整性。然后运用扎根理论方法进行资料分析,访谈资料的分析和处理按照以下主要步骤:文字稿分辨、提炼并描述与研究有关的资料;进一步概念化意义单元;发展初步类别;发展层次性类别;发展核心类别。这五个步骤具体是由研究者和另外一名已经掌握扎根理论分析方法的应用心理学硕士研究生分别进行,然后共同讨论确定的。

④研究工具

本研究所使用的分析工具为 Microsoft Office Word 2003(用于转录和将文档另存为.rtf 格式)和质性资料分析软件 MAXQDA 2007。

10.4　量化研究结果

10.4.1　个体的回答聚合到群体层次的指标检验

在本研究所涉及的变量中,群体公民行为、领导行为、程序公正氛围、群体与组织目标的一致性、群体凝聚力和群体效能都是群体层次的构念。因此在前面理论阐述的基础之上,对本研究所获得的数据进行了三个指标的检验,分别是即组内一致度(Within-Group Agreement)也称组内同质性、跨级相关性指标 $ICC(1)$ 和 $ICC(2)$。

经过计算,得到本研究中群体层次三个群体变量的共八个分变量的 r_{wg} 值,列在表 10.2 中,从表 10.2 中,我们可以看出,八个变量的 r_{wg} 均值和中位数均等于或大于 0.70,按照其衡量标准,若 r_{wg} 均值超过 0.70,则表示聚合有足够的一致度(James 等,1984,1993),本研究中的六个群体层次变量均具有足够的一致度。

表 10.2 　各群体变量的 r_{wg} 值一览表

	群体公民行为	领导行为	程序公正氛围	目标一致性	群体凝聚力	群体效能
L-Group 1	0.69	0.78	0.42	0.74	0.40	0.69
L-Group 2	0.81	0.90	0.84	0.75	0.67	0.68
L-Group 3	0.85	0.85	0.74	0.78	0.93	0.81
L-Group 4	0.77	0.70	0.86	0.81	0.77	0.70
H-Group 1	0.89	0.85	0.57	0.70	0.63	0.60
H-Group 2	0.86	0.88	0.74	0.74	0.85	0.87
H-Group 3	0.85	0.86	0.85	0.73	0.73	0.74
H-Group 4	0.81	0.90	0.56	0.86	0.87	0.69
平均值	0.82	0.84	0.70	0.76	0.73	0.72
中位数	0.83	0.86	0.74	0.75	0.75	0.70
最小值	0.69	0.70	0.42	0.70	0.40	0.60
最大值	0.89	0.90	0.86	0.86	0.93	0.87

注:莱钢股份的调查对象以字母 L 开头编号,H3C 的调查对象以字母 H 开头编号。

在本研究中,首先使用 SPSS16.0 对所涉及的六个群体层次变量进行单因素方差分析(One-Way ANOVA),将方差分为组内方差与组间方差,进行组间差异检验,并分别根据 MSB 和 MSW 计算 $ICC(1)$ 和 $ICC(2)$ 值,由于八个小组的人数不等,故而计算公式中的 k 值,取其平均数,得到 $k=11.75$,计算得到的最终结果列在表 10.3 中。从表 10.3 我们可以看出,方差分析的结果显示,六个变量的组间差异均显著,$ICC(1)$ 的取值范围在 0.192～0.248 之间,$ICC(2)$ 均大于 0.70,说明本研究中的工作群体之间存在足够的方差以进行多层线性模型分析。因此我们将各个工作小组群体公民行为、领导行为、程序公正氛围、群体与组织目标的一致性、群体凝聚力和群体效能变量的个体层面分数加总平均,得到群体层次变量的分数,并用这个分数替代小组成员内的个体分数,以进行后续的假设验证。

表 10.3 各群体变量的 $ICC(1)$ 与 $ICC(2)$ 值一览表($k=(50+44)/8=11.75$)

	F_1	F_2	F_3	F_4	F_5	F_6
MSB	63.549	57.956	61.630	92.385	58.460	47.823
MSW	16.680	14.332	15.377	22.115	12.010	10.128
F 检验值	3.810***	4.044***	4.008***	4.177***	4.868***	4.722***
ICC(1)	0.192	0.206	0.204	0.213	0.248	0.241
ICC(2)	0.738	0.753	0.750	0.761	0.795	0.788

注:①*** 表示在.001 水平上显著;②六个变量依次为:F_1=群体公民行为,F_2=领导行为,F_3=程序公正氛围,F_4=群体与组织目标一致性,F_5=群体凝聚力,F_6=群体效能。

10.4.2　群体公民行为现状

在现状描述方面,我们分别计算了各公司的群体公民行为的总体及其在四个维度上的平均分,以描述群体公民行为现状,并同时对其相关变量的平均分进行了统计分析。

(1) 莱芜钢铁股份有限公司

首先,从莱芜钢铁股份有限公司的群体公民行为特征来看(如图 10.1 所示),群体公民总体水平还是不算太高的(4.18 分),如果放在选项中就是出于"比较符合"和"符合"之间,倾向"比较符合"一些。具体到四个维度上,群体道德与组织忠诚维度得分要明显高于团队精神和助人行为。这表明在该企业组织内的工作群体或团队对于群体道德和组织忠诚的关注程度较高,在处理群体利益与组织利益的过程中,能够兼顾,其分数均高于 4.28 分,说明在二者出现冲突的过程中一般会以组织利益为重。该结果再次说明了,在中国文化氛围下,不管是个人还是群体对道德和忠诚的重视程度都非常之高。同时也说明了该企业的群体公民行为主要受到其群体道德与组织忠诚程度的影响,建设群体公民行为应更多地从这两个方面入手。

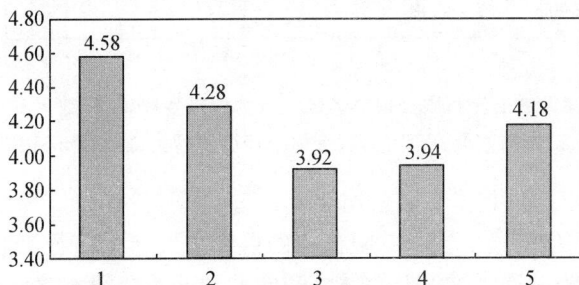

图 10.1　莱芜钢铁股份有限公司群体公民行为现状(数字 1~5 分别依次代表群体公民的四个维度:群体道德、组织忠诚、团队精神、助人行为和群体公民行为总体)

其次,从莱芜钢铁股份有限公司的群体公民行为的四个前因变量来看(如图10.2所示),群体凝聚力的分值要显著高于CPM领导行为、人际信任和程序公正氛围,除了前者的分值高于4分以外,另外三个变量均低于4分。说明该公司的工作群体的凝聚力不错,但是其他三个方面存在较大的继续改善提高的空间。

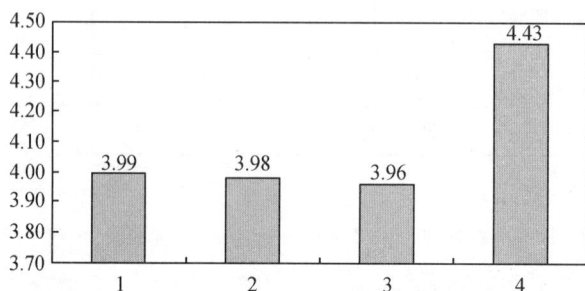

图10.2 莱芜钢铁股份有限公司群体公民行为前因变量现状(数字1~4分别依次代表CPM领导行为、程序公正氛围、人际信任与群体凝聚力)

再次,从莱芜钢铁股份有限公司的群体公民行为的后果变量来看(如图10.3所示),离职意向的得分要显著低于群体效能、工作满意度、个体组织公民行为、组织承诺和个体任务绩效四个变量的得分,前者的得分在3.5分以下,而后五者的得分则均在4分以上。该结论表明该企业的员工离职意向较低,而员工的工作满意度较高、个体组织公民行为和个体任务绩效水平比较理想,有较高的组织承诺水平,并达到了较高的群体效能水平。

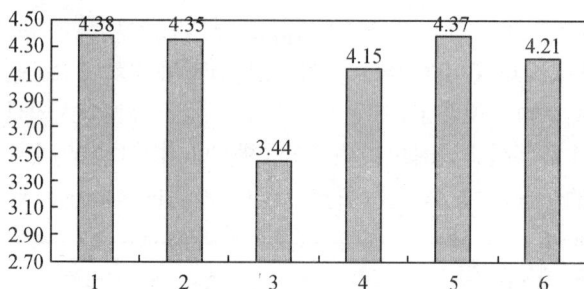

图10.3 莱芜钢铁股份有限公司群体公民行为后果变量现状(数字1~6分别依次代表群体效能、工作满意度、离职意向、个体组织公民行为、组织承诺和个体任务绩效)

(2) 杭州华三通信技术有限公司

首先,从杭州华三通信技术有限公司的群体公民行为特征来看(如图10.4所示),群体公民行为的四个维度及总体之间的差别并不是很大,分值在3.81~4.16之间。四个维度上,只有助人行为维度得分稍微低一些,为3.81,这与莱钢股份是类似的,但是在团队精神维度上的得分却比莱钢股份要高。这说明该公司在七年的不断中国化的过程中,具有了中国企业的一些普遍特点,如重视道德与忠诚等,但同时也仍然保留了高科技外资企业中的员工工作积极性高的特点。

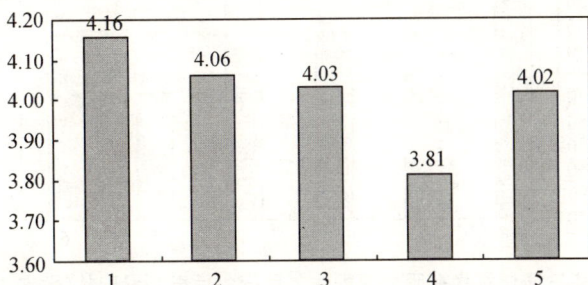

图 10.4　杭州华三通信技术有限公司群体公民行为现状(数字 1～5 分别依次代表群体公民的四个维度:群体道德、组织忠诚、团队精神、助人行为和群体公民行为总体)

其次,从杭州华三通信技术有限公司的群体公民行为的前因变量来看(如图 10.5 所示),与莱钢股份相类似的是,群体凝聚力的分值依然是最高的,但是其"一枝独秀"的优势已经减弱,CPM 领导行为和人际信任两个变量的分值也超过了 4 分。说明该企业在领导行为与员工关系管理方面做得较好,但是薪酬福利方面仍存在程序不清晰的现象。

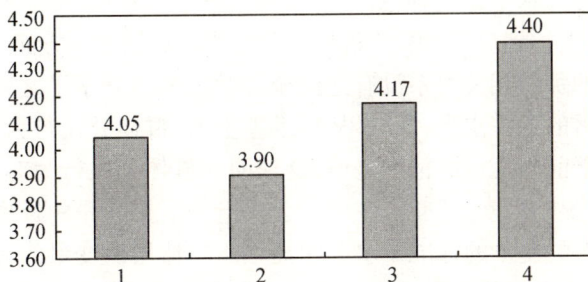

图 10.5　杭州华三通信技术有限公司群体公民行为前因变量现状(数字 1～4 分别依次代表 CPM 领导行为、程序公正氛围、人际信任与群体凝聚力)

再次,从杭州华三通信技术有限公司的群体公民行为的后果变量来看(如图 10.6 所示),工作满意度与组织承诺的水平均较低,均低于 4 分,分别为 3.76 和 3.73,其他几个变量则都超过了 4 分。通过对该公司流动率的调查,发现其员工的学历水平均比较高,大都在本科以上,研究生占了很大比例,这些人在社会上仍属较为紧俏的人才,与其他低学历水平的人相比,辞职后找到新工作的可能性也大得多,因此其流动率较高;同时根据前因变量的分析,其程序公正氛围方面也较差,可能这是造成其工作满意度与组织承诺水平较低,以及离职意向水平较高的原因。至于群体效能水平和个体组织公民行为及个体任务绩效水平仍然保持一个较高的水平,研究者认为这主要是由其员工个体素质和组织结构及制度方面的原因和所造成的。

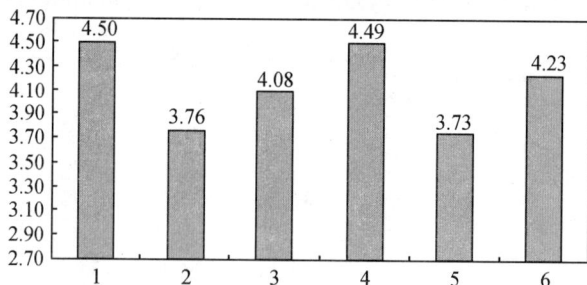

图 10.6　杭州华三通信技术有限公司群体公民行为后果变量现状（数字 **1～6** 分别依次代表群体效能、工作满意度、离职意向、个体组织公民行为、组织承诺和个体任务绩效）

10.4.3　群体公民行为及其与前因、后果变量的关系检验

为了进一步验证群体公民行为及其四个前因变量和六个后果变量之间的关系，我们对从两个公司所获得的数据进行了标准差和相关分析，结果分述如下。

（1）莱芜钢铁股份有限公司

从表 10.4 可以发现：第一，群体公民行为的前因变量方面，四个前因变量均显著的与群体公民行为水平相关，而且除了人际信任变量在 0.05 水平上显著之外，都是在 0.01 水平上达到显著；第二，群体公民行为的后果变量方面，除了离职意向与群体公民行为的负向相关关系没有达到统计学上的显著水平之外，其他的五个变量均达到了显著的相关水平；第三，从标准差上看，群体公民行为后果变量的标准差值明显的大于前因变量的标准差值，这说明在群体公民行为对后果变量影响方面，存在其他的影响因素。同时，在群体公民行为后果变量的标准差比较上，本研究发现群体层次的变量的标准差水平明显小于个体层次变量的标准差水平，因此，本研究认为个体自身的因素可能是影响因素中比较重要的一个方面。

（2）杭州华三通信技术有限公司

从表 10.5 可以发现：第一，群体公民行为的前因变量方面，群体凝聚力与群体公民行为的相关水平没有达到统计学上的显著水平，其他的几个变量均达到了 0.01 水平的显著相关；第二，群体公民行为的后果变量方面，与莱钢股份公司相同的是都没有发现离职意向与群体公民行为的显著相关，其他几个变量均于群体公民行为显著相关，不同的地方在于工作满意度与群体公民行为的相关关系发生了逆转，呈现出了在 0.05 水平上的负相关；第三，从标准差上看，与莱钢股份公司非常一致，均显示出群体公民行为后果变量的标准差值明显的大于前因变量的标准差值，进一步验证了我们的猜想，即在群体公民行为对后果变量影响方面，存在其他的影响因素。

表 10.4　莱芜钢铁股份有限公司群体公民行为及其前因后果变量之间的相关系数矩阵表（N=50）

变量	均值	标准差	1	2	3	4	5	6	7	8	9	10
1 群体公民行为	4.1806	.37574										
2 领导行为	3.9942	.27931	.953**									
3 程序公正氛围	3.9836	.46505	.896**	.937**								
4 群体效能	4.3813	.31744	.600**	.346**	.440**							
5 人际信任	3.9578	.90068	.322*	.059	.115	.260						
6 工作满意度	4.3533	1.03332	.449**	.403**	.462**	.400**	.464**					
7 离职意向	3.4400	1.08046	−.124	−.141	−.074	−.032	−.227	−.022				
8 个体组织公民行为	4.1467	.93595	.448**	.106	.141	.210	.686**	.265	−.293*			
9 组织承诺	4.3733	1.19644	.309*	.273	.331*	.302*	.629**	.631**	−.045	.452**		
10 个体任务绩效	4.2100	.96278	.315*	.075	.206	.269	.750**	.505**	−.333*	.626**	.487**	
11 群体凝聚力	4.4294	.84533	.473**	.215	.236	.301*	.695**	.436**	−.201	.526**	.472**	.632**

注：** 表示在 0.01 水平上显著，* 表示在 0.05 水平上显著

表 10.5　杭州华三通信技术有限公司群体公民行为及其前因后果变量之间的相关系数矩阵表（N=50）

变量	均值	标准差	1	2	3	4	5	6	7	8	9	10
1 群体公民行为	4.0188	.14481										
2 领导行为	4.0459	.12288	.593**									
3 程序公正氛围	3.9048	.38586	.431**	.871**								
4 群体效能	4.5010	.22779	.821**	.760**	.493**							
5 人际信任	4.1732	.79844	.369*	-.145	.029	-.020						
6 工作满意度	3.7558	1.21610	-.304*	-.366*	-.246	-.241	.445**					
7 离职意向	4.0833	1.45052	-.267	-.511**	-.466**	-.367*	.361*	.183				
8 个体组织公民行为	4.4890	.98987	.448**	-.034	.071	.001	.523**	.341*	.240			
9 组织承诺	3.7348	1.37827	.372*	.070	.153	.088	.444*	.587**	-.077	.379*		
10 个体任务绩效	4.2273	1.20900	.401*	-.138	-.093	-.048	.486**	.465**	.105	.237	.742**	
11 群体凝聚力	4.4023	1.18355	.227	-.058	.106	.020	.650**	.572**	.094	.577**	.556**	.481**

注：**表示在 0.01 水平上显著，*表示在 0.05 水平上显著

综上,我们认为,群体公民行为在不同的企业具有不同的表现,其与前因、后果变量的关系也比较复杂,需要具体情况具体分析。比如在华三通信公司呈现出的工作满意度与群体公民行为负相关,我们认为可能就是由于在取样时,主要是从科研团队取得的数据,由于科研人员的工作与莱钢股份公司中炼钢车间的工人相比,独立性要强一些,所以过多的群体公民行为反而会让员工认为影响到了自己的工作,打扰了自己的工作时间和思维一贯性,导致工作满意度的降低等。但是我们也不能否认其存在的大量共性的内容,比如,在前面全国大范围取样中的调查结果与本研究中的个案研究数据均表明离职意向与群体公民行为呈现负相关的关系,但是都没有达到统计学上的显著性水平;领导行为、程序公正氛围、人际信任和群体凝聚力都会显著影响群体公民行为,而群体公民行为对与群体效能和员工的个体行为与态度也有相当的影响。

10.5 质性研究结果与比较

10.5.1 初步类别构建

本阶段主要是通过逐行的检查资料并在逐行编码(Line-by-Line Coding)中定义行动或事件而进行的(Glaser,1978)。这一阶段除了开始使用归纳法形成思想之外,逐行编码还阻止我们将外部理论或我们自己的一些信念强加给资料。这种编码形式帮助我们尊重研究对象自己对于现实的看法,而不是假定大家拥有同样的观点和共享同样的世界。本阶段主要是包括以下几个步骤的工作:

首先,通过前面经过转录的文字进行校对之后,逐字逐句地进行文字稿分辨、提炼并描述与研究有关的资料,发展出概念化意义单元。本步骤最终形成 372 个叙述句,主要采用被访谈人的语言,使用他们的词语。同时,在对不同的人的表述进行不断比较的基础上,对叙述句进行初步的合并与概括,从而归纳成 189 个意义单元。

然后,开始进行开放编码,即给每一个码号进行初步的命名。按照扎根理论的研究原则,当前阶段主要是一个命名,而不用担心这个命名现在是否合适。因此,命名主要是采用研究者自己的语言。最终,通过进一步对意义单元进行开放编码,生成 95 个概念含义。

第三,对 95 个概念含义的性质与意义等进行深入分析,按照"性质相似或是意义关联合并为同一概念类别"的原则,再将概念含义进行初步归类,最终得到 36 项初步概念类别。其中,能够促进群体公民行为形成与实施的因素有 19 项:管理者重视群体公民行为;制度规范要求群体之间相互配合;群体成员工作积极性高;组织具有互帮互助的文化氛围;管理者对员工的情感支持;公民行为实施起来难度低;公民行为实施花费时间较少;成员之间的情感支持;组织内部人本主义氛围;公民行为能得到一定的物质报酬;公民行为能得到认可和鼓励;公民行为能得到组织的支持;群体领导大公无私;群体之间不存在矛盾;群体之间的关系是平等的;人与人之间关系融洽;管理层之间具备群体公民行为;群体及其成员具有帮助别人的能力;能及时获得相关信息。

从对群体公民行为的影响作用来看:阻碍群体公民行为形成与实施的因素有17项:工作独立性强;制度规范要求各安其位;分工明确;公民行为得不到承认和肯定;管理层尔虞我诈;员工流动率过高;管理层频繁调整;强调个人任务;群体之间存在较强竞争;群体及其成员不具备实施公民行为的能力;群体及其成员没有实施公民行为的时间;担心个人的绩效受到影响;本身任务较重;需要帮助的群体或个人的困难是由于其不积极的原因造成的;不了解哪些人或群体需要帮助;需要帮助的群体或个人人际关系差;独善其身的文化氛围。

但是,根据上述研究程序的表述,我们可以看出,本阶段抽取初步概念类别主要依据的是概念间的层次,而非原始资料的层次。同时,命名主要采用的是研究者的语言。换句话说,这些命名不是唯一的,面对同样的资料,其他研究者可能会按照自己关注点、训练和诠释而使用别的命名。但是扎根理论的研究主要是使概念能够显示出事件所处的情景脉络,即情景的上下关系(邓丽芳,郑日昌,2008),故而,我们接着进行了下一个步骤,以期发现和建立概念类属之间的各种联系,以表现资料中各个部分之间的有机关联。

10.5.2　层次类别构建

对在上一阶段中所形成的36项初步概念类别进行更深入的观察和分析,根据这36项概念类别之间的逻辑关系和结构层次,对它们进行了进一步的合并与连接,将36项概念合并、分解之后,形成了30个概念类别,然后,分别归属到14个主要类别中,如表10.6所示。

表10.6　分析后得到的主要类别及其包含的主要概念类别

主要类别	项目数	概念类别
组织文化促进	3	互帮互助、人本主义、鼓励公民行为
组织文化阻碍	1	独善其身
制度规范促进	4	明确要求、物质奖励、精神鼓励、信息沟通
制度规范阻碍	2	各安其位、否定或忽视公民行为
工作设计促进	1	强调组织目标
工作设计阻碍	1	强调个人任务

续表

主要类别	项目数	概念类别
管理者促进	3	公民行为、情感支持、大公无私
管理者阻碍	2	尔虞我诈、频繁调动
工作群体促进	3	积极主动、关系和谐、条件具备
工作群体阻碍	4	存在竞争、不具备条件、关系恶劣、被动消极
员工促进	2	条件具备、关系融洽
员工阻碍	2	影响自身、信息闭塞
行为本身促进	1	行为者付出代价小
行为本身阻碍	1	行为者付出代价大

10.5.3　核心类别构建

在本阶段中,研究者通过对主要类别和概念类别及其属性和维度进行描述并通过不断比较的方法,将相关的类属连接起来,剔除关联不够紧密的类属。在此基础上挑选出核心类别并在核心类别与主要类别之间建立起一种系统的联系。最终,研究者从各因素对群体公民行为的具体影响作用方向和每个影响因素来源,形成八个核心类别,每个核心类别下都包含其他主要类别,具体如下表10.7所示。

表 10.7　群体公民行为影响因素的核心类别及其包含的主要类别

核心类别	主要类别
来自组织方面的促进因素	人本主义、互帮互助的文化氛围,鼓励公民行为;制度上明确要求公民行为,并能为出现的公民行为提供信息支持和物质、精神的奖励。
来自组织方面的阻碍因素	独善其身的组织文化氛围;制度规范要求员工与群体各安其位;工作设计强调个体任务的完成。
来自工作群体的促进因素	工作群体之间关系和谐,努力完成自己的工作,具备时间和能力为别人提供帮助。
来自工作群体的阻碍因素	工作群体之间竞争激烈,关系较差,对待本职工作消极被动。
来自人的方面的促进因素	管理者的公民行为示范和大公无私的精神;员工之间关系和谐,具备帮助别人的时间和能力。

续表

核心类别	主要类别
来自人的方面的阻碍因素	管理者尔虞我诈、频繁调动;员工担心公民行为会影响到自身的绩效水平,信息闭塞。
群体公民行为本身的促进	群体公民行为本身需要行为主体付出的代价较小。
群体公民行为本身的阻碍	群体公民行为本身需要行为主体付出较大的代价。

10.5.4 小结

本研究运用扎根理论的方法以及与研究主题相关的文献探讨,对访谈结果进行了分析。在核心类别逐渐成形之后,再对群体公民行为在企业中的形成机制进行了归纳,归纳为如图10.7所示的群体公民行为形成与发展的理论架构图。

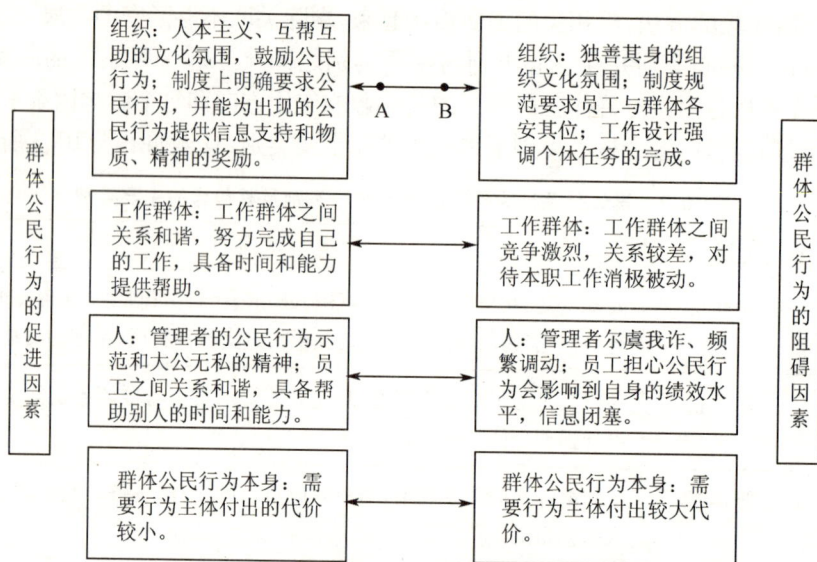

图10.7 群体公民行为形成与发展的理论模型

表10.7描述了一个组织中群体公民行为形成与发展的平衡机制。在组织中,群体公民行为的形成与发展受到来自于组织、组织中的人、工作群体和群体公民行为本身的影响,中间的四个双向箭头直线表示组织中四个因素的有利条件和不利条件的博弈,任何一个组织都可以在双向箭头的直线上找到自己的位置,越是靠近左边有利的促进因素方面,越有利于群体公民行为的形成与发展。例如第一个双

向箭头的直线上的 A、B 点就分别表示两个企业,这两个企业比较的话,在群体公民行为形成与发展上,A 企业在组织方面所创造的条件就要比 B 企业有利得多。

10.6　综合结果与讨论

本研究选取两个具体的公司作为个案,用量化和定性两种研究手段相结合的方式,深入探讨了群体公民行为在企业中的具体表现及其与相关变量之间的关系,并进一步探讨了群体公民行为形成与发展的促进因素与阻碍因素。在微观层面上对群体公民行为与其相关变量的关系及企业中群体公民行为的形成与发展进行了细致、动态的描述和分析,这是大范围取样研究所不具备的一个优势。

研究内容方面,本研究中的量化研究部分群体公民行为在不同的企业中均有体现,但是在具体的体现方面却受到多种因素的影响而有所不同。那么造成这种现象的原因是什么呢,到底是什么因素影响了群体公民行为的形成与发展? 这就为质性研究要探讨的主题提供了方向。研究者采用扎根理论的质性研究方法,对企业群体公民行为的形成与发展过程中所受到的影响因素进行了分析,得到了来自组织、工作群体、人和群体公民行为本身四个方面的影响因素的研究结果。

对比本研究中得到的量化研究与质性研究的结果可以看出,在群体公民行为的影响因素方面,量化研究告诉我们,群体公民行为受到领导行为、程序公正氛围、群体凝聚力和人际信任四个变量的影响,这种影响的显著性在两个企业中均得到了验证;而质性研究则在量化研究基础上,通过分析得出了更多细微、具体的内容。

首先,在群体公民行为形成与发展的过程中,受到来自组织、工作群体、人和群体公民行为本身的影响。具体而言,包括组织文化氛围、企业的制度规范、组织工作设计、管理者自身的行为、工作群体的能力和表现、员工个体的能力和表现以及群体公民行为本身是否需要行为实施者付出较大的代价等。这个结论不仅进一步证实了量化研究中群体公民行为与前因变量的关系,同时还更加细化。尤其是员工个体的能力与表现和群体公民行为本身需要行为者付出的代价两个变量的发现,更是前述量化研究所不可能得出的。

其次,具体描述了组织、工作群体、人和群体公民行为本身四个方面哪些行为能够促进或者阻碍群体公民行为的产生与发展。如:组织方面如果具有人本主义、互帮互助的文化氛围,鼓励公民行为,则能促进群体公民行为;制度上明确要求公民行为,并能为出现的公民行为提供信息支持和物质、精神的奖励,也能促进群体公民行为。反之,如果组织方面独善其身的组织文化氛围,制度规范要求员工与群体各安其位,工作设计强调个体任务的完成,则会阻碍群体公民行为。在另外的三个方面也有具体的行为或者情形的描述。工作群体之间如果关系和谐,努力完成自己的工作,具备时间和能力为别人提供帮助则能促进群体公民行为;工作群体之间竞争激烈,关系较差,对待本职工作消极被动则会阻碍群体公民行为。管理者的公民行为示范和大公无私的精神,员工之间关系和谐,具备帮助别人的时间和能力能促进群体公民行为;管理者尔虞我诈、频繁调动,员工担心公民行为会影响到自身的绩效水平,信息闭塞则会阻碍群体公民行为。群体公民行为本身需要行为主体付出的代价较小能促进群体公民行为,群体公民行为本身需要行为主体付出较大的代价则会阻碍群体公民行为。

综合本研究所得到的研究结果,我们可以为实践层面促进群体公民行为的产生与发展,提供以下建议:

第一,在组织方面,应该发挥企业的人本主义精神,强调员工的"主人翁"意识,建立起互帮互助的文化氛围,采取相应的奖励措施以鼓励公民行为,制度上明确工作群体所实施的公民行为是组织所认可和鼓励的,并能为出现的公民行为提供信息支持,工作设计坚持个体、团队与组织任务的目标一致性原则,强调组织任务的完成。同时,要及时发现和纠正组织中"独善其身"、"自扫门前雪"的行为与态度。

第二,重视工作群体与团队的建设,及时协调组织中各工作群体之间的关系,积极搭建群体间沟通的桥梁,及时解决群体之间的矛盾与冲突,避免群体之间过度竞争的现象,在工作分配上注意难度和工作量的适中,保持工作群体较高的工作热情和积极性,避免工作群体的任务过重,自顾不暇,甚至导致积极性和工作热情降低。

第三,管理者要"德行垂范",培养管理者的无私精神并努力实践公民行为。管理者的调动不可过于频繁,努力培养管理者之间以及管理者与员工之间的和谐融洽的关系;为员工提供培训,促进员工能力的提高和员工之间和谐关系的建立,对员工个人的绩效考评系统不可过于强调结果,以避免员工会担心公民行为影响到自身的绩效水平,而不敢实施。

最后,工作设计虽然不可能面面俱到,但是重要的、需要员工与工作群体付出较多时间和精力去解决的任务一定要合理分配,使员工与工作群体能有足够的时间和能力去完成,做到能力与任务的匹配,需要别人帮助才能完成的工作成分应该尽可能地减少。

总之,作为一个系统工程,群体公民行为的产生与发展需要组织内部各个子系统的协同运作,共同面对。任何一个环节的缺失都有可能成为群体公民行为的发展瓶颈。

10.7　小结

本研究采用定量与定性两种研究方法,选取莱芜钢铁股份有限公司和杭州华三通信技术有限公司两个具体个案,具体分析了群体公民行为在企业中的表现及

其与前因后果变量的关系和群体公民行为形成与发展的影响因素,发现:

(1) 群体公民行为在不同的企业虽然存在大量共性的内容,具有一定的普遍性,但是在其具体表现方面具有差异性,与前因、后果变量的关系也比较复杂,需要具体情况具体分析。

(2) 在群体公民行为形成与发展的过程中,受到来自于组织、工作群体、人和群体公民行为本身四个方面因素的影响。

参考文献

［1］ Ah Chong, L. M., and Thomas, D. C. (1997). Leadership perceptions in cross-cultural context: Pakeha and Pacific Islanders in New Zealand. Leadership Quarterly, 8(3): 275—93.

［2］ Aiken, L. S. and West, S. G. (1991). Multiple Regressions: Testing and Interpreting Interactions, Sage Publications, Newbury Park, CA.

［3］ Arbuckle, J. L. (2006). Amos 7.0 User's Guide. Chicago: SPSS, Inc.

［4］ Bachrach, D. G., Powell, B C, Collins, B J, et al. (2006). Effects of task interdependence on the relationship between helping behavior and group performance. Journal of Applied Psychology, 91 (6):1396—1405.

［5］ Bliese, P. D. (2000). Within-group agreement, non-independence, and reliability: Implications for data aggregation and analysis. In Klein, K. J, & Kozlowski, S. W. J. (Eds.), Multilevel theory, research, and methods in organizations: Foundations, extension, and new directions (pp. 349—381). San Francisco: lossey-Bass.

［6］ Bommer, W. H., Miles, E. W., and Grover, S. L. (2003). Does one good turn deserve another? Coworker influences on employee citizenship. Journal of Organizational Behavior, 24 (2):181—196.

［7］ Bond, M. H., and Hofstedc, G. (1989). The Cash Value of Confucian Values. Human Systems Management, 8:195—200.

［8］ Boon S. D., Holmes J. G. (1991). The dynamics of interpersonal trust: Resolving uncertainty in the face of risk. In Hinde R. A., Groebel J. Cooperation and Prosocial Behavior. Cambridge, Cambridge University Press.

［9］ Brockner, J. (2002). Making sense of procedural fairness: How high procedural fairness can reduce or heighten the influence of outcome favorability. Academy of Management Review, 27:58—76.

［10］ Burton C. H. (2003). An empirical investigation of the interrelationships of organizational culture, managerial values and organizational citizenship behavior. Unpublished Doctoral Dissertation. George Washington University.

[11] Campion, M. A. , Papper, E. M. , & Medsker, G. J. (1996). Relations between work team characteristics and effectiveness: A replication and extension. Personnel Psychology, 49:429—452.

[12] Chan, D. (1998). Functional relations among constructs in the same content domain at different levels of analysis: A typology of composition models. Journal of Applied Psychology, 83: 234 —246.

[13] Chen, P. , and Partington, D. (2004). An interpretive comparison of Chinese and Western conceptions of relationships in construction project management work. International Journal of Project Management, 22: 397—406.

[14] Chen, X. P, Lam, S. S. K, Naumann, S. , & Schaubroeck, J. (2005). Group citizenship behavior: Conceptualization and preliminary test of its antecedents and consequences. Management and Organization Review, 2: 273 —300.

[15] Chen, X. P, Lam, S. S. K, Schaubroeck, J. , & Naumann S. (2002). Group organizational citizenship behavior: A conceptualization and preliminary test of its antecedents and consequences. Academy of Management Proceedings, 1—6.

[16] Chen, X. P. , Hui, C. & Sego, D. J. (1998). The role of organizational citizenship behavior in turnover: Conceptualization and preliminary tests of key hypotheses. Journal of Applied Psychology, 83:922—931.

[17] Chen, Y. R. , Brockner, J. and Katz, T. (1998). Towards an explanation of cultural differences in ingroup favoritism: The role of individual vs. collective primacy. Journal of Personality and Social Psychology, 75(6):1490 —1502.

[18] Cialdini, R. B. , & Trost, M. R. (1998). Social influence: Social norms, conformity and compliance. In Gilbert D. T. , Fiske S. T. , & Lindzey G. (Eds.). The handbook of social psychology (4th ed. , Vol. 2, pp. 151—192). New York: McGraw-Hill.

[19] Cohen, J. and Cohen, P. (1983). Applied Multiple Regression/ Correlation Analysis for the Behavioral Sciences (2nd ed.), Lawrence Erlbaum Associates, Hillsdale, NJ.

[20] Comrey, A. L. , & Lee, H. B. (1992). A first course in factor analysis (2nd ed.). Hillsdale, NJ: Lawrence Erlbaum.

[21] Cook J. , & Wall T. (1980). New work attitude measures if trust, organizational commitment and personal need non-fulfillment. Journal of Occupational Psychology, 53:39—52.

[22] Dansereau, F. , Graen, G. and Haga, W. J. (1975). A vertical dyad approach to leadership within formal organizations. Organizational Behavior and Human Performance, 13: 46—78.

[23] Deluga, R. J. (1995). The relationship between attributional charismatic leadership and organizational citizenship behavior, Journal of Applied Social Psychology, 26:1652—1669.

[24] Dennis Wat, Margaret A. Shaffer. (2005). Equity and relationship quality organizational citizenship behaviors, the mediation role of trust in the influences on supervisor and empowerment, Personnel review, 34:406—512.

[25] Ehrhart, M. G. , and Naumann, S. E. (2004). Organizational citizenship behavior in work groups: A group norm approach. Journal of Applied Psychology, 89 (6):960—974.

[26] Ehrhart, M. G. , Bliese, P. D. , and Thomas, J. L. (2006). Unit-level OCB and unit effectiveness: Examining the incremental effect of helping behavior. Human Performance, 19 (2):159 —173.

[27] Ehrhart, M. G. (2004). Leadership and procedural justice climate as antecedents of unit-level organizational citizenship behavior. Personnel Psychology, 57: 61—94.

[28] Ellemers, N. , Gilder T. C. , Haslam S. A. (2004). Motivating individuals and groups at work: A social identity perspective on leadership and group performance. Academy of Management Review, 29:459—478.

[29] Euwema, M. , Wendt, H. , & Emmerrik, H. V. (2007). Leadership styles and group organizational citizenship behavior across cultures. Journal of Organizational Behavior, 28:1035—1057.

[30] Farh, J. L. , Earley, P. C. , & Lin, S. C. (1997). Impetus for action: A cultural analysis of justice and organizational citizenship behavior in Chinese society. Administrative Science Quarterly, 42:421—444.

[31] George, J. M. , and Bettenhausen, K. (1990). Understanding prosocial behavior, sales performance, and turnover: A group-level analysis in a service context. Journal of Applied Psychology, 75:698—709.

[32] George, J. M. (1990). Personality, affect, and behavior in groups. Journal of Applied Psychology, 75, 107—116.

[33] Guzzo, R. A. , Salas, E. , & Associates. (1995). Team effectiveness and decision-making in organizations. San Francisco: Jossey-Bass

[34] H. Price Richard, Fang Liluo(2002). Unemployed Chinese workers: the survivors, the worried young and the discouraged old, International Journal

of Human Resource Management, (3):416—430.

[35]   Hofstede, G. (1984). The cultural relativity of the quality of life concept. Academy of Management Review, 9:389—398.

[36]   Hofstede, G. (2001). Culture's consequences: Comparing values, behaviors, institutions and organizations across nations, 2nd edition. Thousand Oaks, CA: Sage.

[37]   Hom, P. W. & Griffeth, R. W. (1991). Structural equations modeling test of a turnover theory: Cross-sectional and longitudinal analysis. Journal of Applied Psychology, 76: 350—366.

[38]   Howell, J. M. , B. Shamir. (2005). The role of followers in the charismatic leadership process: Relationships and their consequences. Academy of Management Review, 1:96—112.

[39]   Hu, L. T. , & Bentler, P. M. (1999). Cutoff criteria for fit indices in covariance structure analysis: Conventional criteria versus new alternatives. Structural Equation modeling, 6: 1—55.

[40]   James, L. R. (1982) Aggregation bias in estimates of perceptual agreement. Journal of Applied Psychology, 67:219—229.

[41]   Johns, G. (2006). The essential impact of context on organizational behavior. Academy of Management Review, 31:386—408.

[42]   Karam, C. , & Kwantes, C. T. (2006). Cross-cultural, cross-level OCB research: Understanding work behavior in context. Paper presented at the 18th IACCP Conference, Spetses, Greece.

[43]   Katerburg, R. , & Hom, P. W. (1981). Effects of within-group and between-group variations in leadership. Journal of Applied Psychology, 66: 218—223.

[44]   Katz, D. (1964). The Motivational Basis of Organizational Behavior. Behavioral Science, (9):131—133.

[45]   Klein, K. J. , and Kozlowski, S. W. J. (2000). Multilevel theory, research, and methods in organizations: Foundations, extensions, and new directions. San Francisco, CA: Jossey-Bass.

[46]   Klein, K. J. , Dansereau, F, and Hall, R. J. (1994). Level issues in theory development, data collection, and analysis. Academy of Management Review, 19 (2):195—229.

[47]   Koys, D. J. (2001). The effect s of employee satisfaction, organizational citizenship behavior, and turnover on organizational effectiveness: A unit-level, longitudinal study. Personnel Psychology, 54: 101—114.

[48] Lewis J. D. , Weigert A. (1985). Trust as a social reality. Social Forces, 63:967—985.

[49] Lin, W. Y. , Hau K. T. (1995). Structure equation modeling-equivalent models and modification. Pedagogy Report (Hong Kong), 23(1): 147 —162.

[50] Ling, W. Q. , & Fang, L. L. (1995). Theories in leadership and Chinese culture, in Henry K. , & Jia Sinha. (Eds.) Behavior and culture in Work Organization, CA: Sage

[51] Ling, W. Q. , Chen, L. , & Wang, D. (1987). Construction of CPM scale for leadership behavior assessment. Acta Psychologica Sinica, 2:199—207.

[52] Ling, W. Q. , Rosina, C. C. , & Fang, L. L. (2000). Chinese implicit leadership theory. Journal of Social Psychology, 6:729—739.

[53] Litchfield R. C. , Fan J. Y. (2007) Sequential and simultaneous multiple explanation: Implications for alternative consideration when response options are not provided. Judgment and Decision Making, 2(1):54—69

[54] Martin C. E. , et al. (2007). Leadership styles and group organizational citizenship behavior across cultures. Journal of Organizational Behavior. 28:1035—1057.

[55] Mayer R. C. , Davis J. H. , Schoorman T. D. (1995). An integration model of organizational trust. Academy of Management Review, 20: 709—734.

[56] McAllister D. J. (1995). Affect-and cognition-based trust as foundations for interpersonal cooperation in organizations. Academy of Management Journal, 38:24—59.

[57] Moorman R. H. (1991). Relationship between organizational justice and organizational citizenship behaviors: Do fairness perceptions influence employee citizenship? Journal of Applied Psychology, 78:845—855.

[58] Moorman R. H. (1993). The influence of cognitive and affective based Job satisfaction measures on the relationship between satisfaction and organizational citizenship behavior, Human Performance, 46:759—776.

[59] Morgeson, F. P. , & Hofmann, D. A. (1999). The structure and function of collective constructs: Implications for multilevel research and theory development. Academy of Management Review, 14: 249—265.

[60] Mossholder, K. W. , Bennett, N. , & Martin, C. L. (1998). A multilevel analysis of procedural justice context. Journal of Organizational Behavior, 19:131—141.

[61] Muthen, B. O. (1989). Multilevel aspects of varying parameters in structural models. In Bock, R. D. (ed.). Multilevel analysis of educational data. San Diego, CA: Academic Press: 87—99.

[62] Muthen, B. O. (1994). Multilevel covariance structure analysis. Sociological Methods and Research, 22: 376—398.

[63] Muthen, L. K. , & Muthen, B. O. (2007). Mplus: User's guide. Los Angeles: 221—276.

[64] Naumann, S. E. , & Bennett, N. (2000). A case for procedural justice climate: Development and test of a multilevel model. Academy of Management Journal, 43:881—889.

[65] Neil E. Fassina, David A. Jones & Kristal Uggerslev. (2008). Meta-analytic tests of relationships between organizational justice and citizenship behavior: testing agent-system and shared-variance models. Journal of Organizational Behavior, 29:805—828.

[66] Ng, R. M. C. (1998). Culture as a factor in management: The case of the People's Republic of China. International Journal of Management, 15(1): 86—93.

[67] Niehoff B. P. , Moorman R. H. (1993). Justice as a mediator of the relationship between methods of monitoring and organizational citizenship behavior. Academy of Management Journal, 36:527—556.

[68] Northouse P. G. (2001). Leadership: Theory and practice, (2nd edn). Thousand Oaks, CA: Sage.

[69] Organ D. W. , Ryan K. (1995). A meta-analytic review of attitudinal and dispositional predictors of organizational citizenship behavior. Personnel Psychology, 48(4): 775—802.

[70] Organ, D. W. & Hammer, W. C. (1982). Organizational Behavior. Plano, TX: Business Publications.

[71] Organ, D. W. (1988). Organizational citizenship behavior: The good soldier syndrome. Lexington, MA: Lexington Books: 3—5.

[72] Organ, D. W. (1990). The motivational basis of organizational citizenship behavior. Research in Organizational Behavior, 12:43—72.

[73] Organ, D. W. , Podsakoff, P. M. , & Mackenzie, S. B. (2006). Organizational citizenship behavior. Its nature, antecedents, and consequences. Thousand Oaks, CA: Sage.

[74] Osigweh, C. A. B. (1989). Concept fallibility in organizational science. Academy of Management Review, 14:579—594.

[75] Ostroff, C. , Kinicki, A. J. , & Clark, M. A. (2002). Substantive and operational issues of response bias across levels of analysis: An example of climate-satisfaction relationships. Journal of Applied Psychology, 87: 355—368

[76] Paula, P.C. , Kerry, D. C. &Betty, B. (2006). Looking for loyalty in all the wrong places: A study of union and organization commitments. Public Personnel Management, 35(2):137—151.

[77] Pearce, C. L. , and Herbik, P. A. (2004). Citizenship behavior at the team level of analysis: The effect of team leader ship, team commitment, perceived team support and team size. The Journal of Social Psychology, 144 (3):293—310.

[78] Pillai, R. , Schriesheim, C. A. , & Williams, E. S. (1999). Fairness perceptions and trust as mediators for transformational and transactional leadership: A two-sample study. Journal of Management, 25:897—933.

[79] Podsakoff P. M. , MacKenzie S. B. , Moorman R. H. , Fetter R. (1990). Transformational leader behaviors and their effects on followers' trust in leader, satisfaction, and organizational citizenship behaviors. Leadership Quarterly, 1:107—142.

[80] Podsakoff, P. M. , Ahearne, M. , and MacKenzie, S. B. (1997). Organizational citizenship behavior and the quantity and quality of work group performance. Journal of Applied Psychology, 82:226—270.

[81] Podsakoff, P. M. , and Mackenzie, S. B. (1994). Organizational citizenship behaviors and sales unit effectiveness. Journal of Marketing Research, 3:351—363.

[82] Podsakoff, P. M. , Mackenzie, S. B. , and Lee, J. Y. (2003). Common method biases in behavioral research: a critical review of the literature and recommended remedies. Journal of Applied Psychology, 88(5):879—903.

[83] Podsakoff, P. M. , & Mackenzie, S. B. (1997). The impact of organizational citizenship behavior on organizational performance: A review and suggestions for future research. Human Performance, 10: 133—1510.

[84] Podsakoff, P. M. , Mackenzie, S. B. , Paine, J. B. , & Bacharach, D. G. (2000). Organizational citizenship behaviors: A critical review of the theoretical and empirical literature and suggestions for future research. Journal of Management, 26: 513—563.

[85] Rempel J. K. , Holmes J. G. , & Zanna M. P. (1985). Trust in close relationships. Journal of Personality and Social Psychology, 49:95—112.

[86] Rosa Grau, Marisa Salanova and José María Peiró. (2001). Moderator

effects of self-efficacy on occupational stress, Psychology in Spain, 5(1):63—74.

[87] Salam, S. , Cox, J. , & Sims, H. P. (1996). How to make a team work: Mediating effects of job satisfaction between leadership and team citizenship. Academy of Management Proceedings, 1996: 293—297.

[88] Salancik, G. R. & Pfeffer, J. (1978). A social information processing approach to job attitudes and task design. Administrative Science Quarterly, 23:224—252.

[89] Sceihriesheim, C. A. , Cogliser, C. C. , & Neider, L. L. (1995). Is it trustworthy? A multiple level of analysis: Reexamination of an Ohio State leadership study, with implication for future research. Leadership Quarterly, Summer: 111—145.

[90] Schnake, M. E. , and Dumler, M. P. (2003). Level of measurement and analysis issues in organizational citizenship behavior research. Journal of Occupational and Organizational Psychology, 76 (2):283—301.

[91] Schnake, M. , Cochran, D. S. , & Dumler, M. P. (1995). Encouraging organizational citizenship: The effects of job satisfaction, perceived equity, and leadership. Journal of Managerial Issues, 2: 209—221.

[92] Schnake, M. , Dumler, M. P. , & Cochran, D. S. (1993). The relationship between " traditional " leadership, " super " leadership, and organizational behavior. Group and Organization Management, 18:352—365.

[93] Shimon L. Dolan, Shay S. Tzafrir, Yehuda Baruch. (2005). Testing the causal relationships between procedural justice, Trust and organizational citizenship behavior, Revue de Gestion des Ressources Humaines, 57:79—89.

[94] Shore L. M. , Wayne S. J. (1993). Commitment and employee behavior: Comparison of affective commitment and continuance commitment with perceived organizational support. Journal of Applied Psychology, 78:774—780.

[95] Smith C. A. , Organ D. W. , Near J. P. (1983). Organizational citizenship behavior: Its nature and antecedents. Journal of Applied Psychology, 68: 653—683.

[96] Somech, A. , and Drach-Zahavy, A. (2004). Exploring organizational citizenship behavior from an organizational perspective: The relationship between organizational learning and organizational citizenship behavior. Journal of Occupational and Organizational Psychology, 77 (3):281—298.

[97] Strauss, A. , & Corbin, J. (1990). Basics of qualitative research: Grounded theory procedures and techniques. Thousand Oaks, CA: sage.

[98] Strauss, A. , & Corbin, J. (1998). Basics of qualitative research: Grounded theory procedures and techniques (2nd ed.). Thousand Oaks, CA:

sage.

[99] Tepper, B. J., Duffy, M. K., Hoobler, J., et al. (2004). Moderators of the relationships between coworkers'organizational citizenship behavior and fellow employee's attitude. Journal of Applied Psychology, 89 (3): 455—465.

[100] Thomas, D. C. (2002). Essentials of International Managers: A Cross-Cultural Perspective, Sage, Thousand Oaks, CA.

[101] Triandis, H. C., Gelfand, M. J. (1998). Converging measurement of horizontal and vertical individualism and collectivism. J Pers Soc Psychol, 74 (1): 118—128.

[102] Triandis, H. C. (1995). Individualism and collectivism. Boulder, CO: Westview Press.

[103] Van der Kooij, A. J., Meulman, J. J. (1999). Regression with optimal scaling. in: Meulman, J. J., Heiser, W. J., SPSS Inc. (Eds.), SPPS Categories 10. 0. SPSS Inc., Chicago.

[104] Vecchio, R. P. (1982). A further test of leadership effects due to between-group variation and within-group variation, Journal of Applied Psychology, 67:200—208.

[105] Vigoda-Gadot, E., Beeri, I., Birman-Shemesh, T., & Somech, A. (2007). Group-level organizational citizenship behavior in the education system: A scale reconstruction and validation. Educational Administration Quarterly, 43, (4):462—493.

[106] Wang, D. X., Tsui Anne S., Ychi Zhang, Li Ma (2003). Employment relationship and firm performance: evidence from an emerging economy, Journal of Organizational Behavior, 24(5):511—535.

[107] Wang, X., & Armstrong, A. (2004). An empirical study of PM professionals' commitment to their profession and employing organizations. International Journal of Project Management, 22:377—386.

[108] Wayne, S. J., & Green, S. A. (1993). The effects of leader-member exchange on employee citizenship and impression management behavior. Human Relations, 46: 1431—1440.

[109] Williams, L. J., & Anderson, S. E. (1991). Job satisfaction and organizational commitment as predictors of organizational citizenship and in-role behaviors. Journal of Management, 17:601—617.

[110] Wong, K. C. (2001). Chinese Culture and Leadership. INT. J. Leadership in Education, 4(4):309—319.

[111] Wu, C. H. (2009). Factor analysis of the general self-efficacy scale

and its relationship with individualism/collectivism among twenty-five countries：Application of multilevel confirmatory factor analysis. Personality and Individual Differences，46：699－703.

[112] Yukl, G. (2002). Leadership in Organizations (5th edn). Upper Saddle River，NJ：Prentice Hall.

[113] 岑国桢,王丽,李胜男.(2004).6～12岁儿童道德移情、助人行为倾向及其关系的研究.心理科学,27(4):781－785.

[114] 陈晓萍,徐淑英,樊景立.(2008).组织与管理研究的实证方法.北京:北京大学出版社.

[115] 邓丽芳,郑日昌.(2008).组织沟通对成员工作压力的影响:质、量结合的实证分析.管理世界,(1):105－114.

[116] 丁美玲,童勋.(2005).群体工作满意感与组织公民行为之关系.南京大学学报,(6):134－140.

[117] 董秀丽.(2008).团队情境下的组织公民行为研究.硕士学位论文.苏州大学.

[118] 傅东波,沈贻愕.(1997).ICC值在量表信度分析中的应用.劳动医学14(3):188－189.

[119] 郭夏娟.(1994).个体道德与群体道德的相关性分析.杭州大学学报,24(3):22－28.

[120] 郭晓薇.(2004).企业员工组织公民行为影响因素的研究.博士论文.华东师范大学.

[121] 韩雪松.(2007).影响员工组织认同的组织识别特征因素及作用研究.博士学位论文.四川大学

[122] 侯杰泰,温忠麟,成子娟.(2004).结构方程模型及其应用.北京:教育科学出版社

[123] 季飞鹏,赵柳燕,李虎等.(2008).双组织承诺研究述评:1980－2006.江苏社会科学,(1):49－55.

[124] 柯丽菲,柯利佳.(2006).组织公民行为研究现状与发展方向探析.改革与战略,(6):137－140.

[125] 李超平,孟慧,时勘.(2006).变革型领导对组织公民行为的影响.心理科学,29(1):175－177.

[126] 李金兵,韩玉启,姜涛.(2009).从利益相关者视角对创意产业企业员工忠诚度的研究,价值工程,(8):126－129.

[127] 李辽.(1990).青少年的移情与亲社会行为的关系.心理学报,22(1)：22－77.

[128] 林泉,林志扬.(2008). 国内组织公民行为研究的进展、问题及研究

建议. 经济管理,30(15):74—78.

[129] 凌文辁,陈龙,王登.(1987).CPM 领导行为评价量表的建构.心理学报,(2):199—207.

[130] 凌文辁,方俐洛.(2004).心理与行为测量.北京:机械工业出版社.

[131] 刘时工.(2001).道德的个人与邪恶的群体——尼布尔对个人道德和群体道德的区分.华东师范大学学报(哲学社会科学版):33(2):38—43.

[132] 龙君伟,曹科岩.(2006).教师组织公民行为与教学效能感的关系研究.心理科学,29(4):874—877.

[133] Norman K. Denzin,Yvonna S. Lincoln.(2007).定性研究(第 1 卷):方法论基础.风笑天,等,译.重庆:重庆大学出版社.

[134] Norman K. Denzin,Yvonna S. Lincoln.(2007).定性研究(第 2 卷):策略与艺术.风笑天,等,译.重庆:重庆大学出版社.

[135] Norman K. Denzin,Yvonna S. Lincoln.(2007).定性研究(第 3 卷):经验资料收集与分析的方法.风笑天,等,译.重庆:重庆大学出版社.

[136] 彭定光,彭军.(2009).论清代政治忠诚的对象和层次.文史博览(理论),(6):30—33.

[137] 邱皓政.(2003).结构方程模式:LISREL 的理论、技术与应用.台北:双叶书廊有限公司.

[138] 邱静,张志学.(2008).员工助人行为与工作负荷感.经济管理,30(11):67—70.

[139] 王磊.(2008).企业群体层次组织公民行为前因变量研究.硕士学位论文.西北大学.

[140] 王启文,王洁贞,薛付忠等.(2007).多元多层分析模型在纵向研究资料中的应用研究.山东大学学报(医学版),45(4):333—336.

[141] 王维,陈青山,刘治民.(2008).应用 Excel 完成组内相关系数 ICC 的计算和评价.中国卫生统计,25(3):314—315.

[142] 温忠麟,侯杰泰,马什赫伯特.(2004).结构方程模型检验:拟合指数与卡方准则.心理学报,36(2):186—194.

[143] 温忠麟,侯杰泰,张雷.(2005).调节效应与中介效应的比较和应用.心理学报,37(2):268—274.

[144] 温忠麟,张雷,侯杰泰.(2006).有中介的调节变量和有调节的中介变量.心理学报,38(3):448—452.

[145] 温忠麟,张雷,侯杰泰,等.(2004).中介效应检验程序及其应用.心理学报,36(5):614—620.

[146] 吴明隆(2003).SPSS 统计应用实务.北京:科学出版社.

[147] 吴志明,武欣.(2006).组织公民行为与人力资源管理的创新.商业研

究，339(7)：105－108.

[148]　武欣,吴志明,张德.（2005).组织公民行为研究的新视角.心理科学进展,13（2）：211－218.

[149]　许多,张小林.(2007).中国组织情境下的组织公民行为,心理科学进展，15(3)：505－510.

[150]　薛天山,翟学伟(2009).西方人际信任研究的路径与困境.南京大学学报(哲学社会科学版),(2)：127－134.

[151]　约翰·W·克雷斯威尔.(2007).研究设计与写作指导:定性、定量与混合研究的路径.(崔延强 主译).重庆:重庆大学出版社.

[152]　曾秀芹,车宏生,孙晓敏.(2008).群体公民行为研究现状与展望.外国经济与管理，33(2)：23－29.

[153]　张文彤.(2004).SPSS统计分析高级教程.北京:高等教育出版社.

[154]　赵瑞美,李桂云.(2003).企业员工忠诚度下降的原因与对策分析.聊城大学学报(社会科学版),(4)：36－38.

[155]　周浩,龙立荣.(2004).共同方法偏差的统计检验与控制方法.心理科学进展，12(6)：942－950.

[156]　周浩,龙立荣.(2007).家长式领导与组织公正感的关系.心理学报,39(5)：909－917.

[157]　周浩,龙立荣,等.(2005).分配公平、程序公平、互动公平影响效果的差异.心理学报，37(5)：687－693.

[158]　朱瑜,凌文辁.(2003).组织公民行为理论研究的进展.心理科学,26(1)：186－187.

附　录

附录一:开放式问卷

尊敬的先生/女士:

您好,非常感谢您参与此项调查! 这是一份关于群体公民行为的学术研究调查问卷,目的是了解企业组织中的工作团队或者部门所做的那些不属于本部门职责范围内,但却对公司发展有利的行为。调查以匿名方式填写,绝不会以任何形式向他人公开您所提供的信息。因此填写时不要有任何顾虑,请认真、如实、独立地填写您的意见。

再次向您表示感谢!

一、请填写您及您所在企业的相关情况,在符合您情况的选项后括号内划"√"或填写具体内容。

您的性别:男(　　)　　女(　　)

工作年限:1年以下(　　);　　1~2年(　　);　　2~4年(　　);
　　　　　4~7年(　　);　　7~9年(　　);　　9年以上(　　)

学历:高中或中专(　　);　　大专(　　);　　本科(　　);
　　　硕士及以上(　　)

您在企业中是:普通员工(　　);　　基层管理人员(　　);
　　　　　　　中层管理人员(　　);　　高层管理人员(　　)

您所在企业的规模:50人以下(　　);　　50~100人(　　);
　　　　　　　　　101~500人(　　);　　501~1000人(　　);
　　　　　　　　　1001~2000人(　　);　　2000人以上(　　)。

企业经济类型:国有(营)企业(　　);　　民营企业(　　);
　　　　　　　港/澳/台独(合)资企业(　　);
　　　　　　　外商独(合)资企业(　　);　　其他类型企业(　　)

您的企业所从事的主要活动是:_____(比如:电脑销售,服装加工等)

您所在公司所处的城市是:_____

二、请您仔细阅读下面的问题,结合您的观察和亲身体验,尽可能详尽地列出10 条以上的答案。

为了促进整个公司的正常运作与发展,您所在的工作团队或者部门做过哪些不属于本部门职责范围内的事情?

比如:会展部在组织一场公关活动后主动帮助清洁工清理会场;部门以集体名义帮助公司的员工(不管是自己部门的还是其他部门的)解决生活或工作中的困难;积极参与公司组织的聚会等活动;刻意与其他小组融洽相处;主动提供支援给工作量沉重的小组等。

1) _____

2) _____

……

……

……

……

您认为您还有什么想补充的吗? 如果有的话,请您写在下面的空白处。

附录二:群体公民行为预试问卷条目

1. 我的工作小组会给其他工作量沉重的小组提供支援

2. 我的工作小组关心小组成员的个人生活问题

3. 我的工作小组会帮助小组成员解决生活中遇到的困难

4. 我的工作小组会帮助小组成员明确职业生涯

5. 我的工作小组会提供人员支持给其他工作性质不相同的小组,以帮助他们解决一些暂时问题

6. 我的工作小组会为其他工作小组提供相关信息与资料

7. 我的工作小组会引导小组内新员工形成正确的组织生活行为方式

8. 我的工作小组会随手完成一些简单的应属于其他小组或部门的工作

9. 我的工作小组会协助公司的联络工作

10. 我的工作小组刻意维护小组与公司内其他成员的关系

11. 我的工作小组会维护公司与相关利益公众的关系

12. 我的工作小组会时刻维护公司的形象

13. 我的工作小组会主动参与公司的变革行动

14. 我的工作小组会参加并支持公司的各种联谊、会议等

15. 我的工作小组会向公司提供相关的意见和建议

16. 我的工作小组会主动承担一些高风险,但会对公司发展做有益的工作

17. 我的工作小组会向其他小组提供相关工作的意见和建议

18. 即使不是本小组成员,一旦生活上遇到困难,我的小组会以小组名义提供帮助

19. 我的工作小组会刻意与其他小组融洽相处

20. 即使不是本小组成员,一旦工作上遇到困难,我的小组会以小组名义提供帮助

21. 我的工作小组会与其他小组联络与沟通

22. 我的工作小组会从不同方面为其他工作小组的工作完成提供便利

23. 我的工作小组会采取措施增强本小组成员的凝聚力

24. 我的工作小组会节省各种办公资源,以降低公司运营成本

25. 我的工作小组会主动配合与协助工作内容比较重要的人员

26. 我的工作小组会积极谋求内部变革,以谋求公司最大利益

27. 我的工作小组会向其他小组介绍自己的工作经验

28. 我的工作小组会集体帮助因各种原因而无法正常完成工作的小组成员

29. 与其他工作小组相比,我的工作小组较少在工作时间小休

30. 当面临一些对公司很重要的任务时,我的工作小组会积极与其他小组磋商,以协调行动。

31. 只要有机会,我的工作小组就会鼓励外人使用公司的产品

32. 我的工作小组会指引那些不是本小组的客户与相关的小组或部门取得接触

33. 我的工作小组会对在小组的名称前加上公司的名称而感到自豪

34. 我的工作小组会积极为潜在客户提供服务

35. 我的工作小组的行为规范符合公司的要求

36. 我的工作小组不会为了本小组利益而损害公司利益

37. 我的工作小组不会为了本组利益而损害其他小组的利益

38. 与其他工作小组相比,我的工作小组出勤率较高

39. 我的工作小组会以小组名义组织客户与员工间的联谊等活动,以促进沟通

40. 即使不是本小组成员,一旦出现影响可能较大的工作过失,我的小组都会尽可能帮助其弥补,以减少负面影响

附录三:群体公民行为正式问卷条目

1. 我的工作小组不会为了本小组利益而损害公司利益
2. 我的工作小组不会为了本小组利益而损害其他小组的利益
3. 我的工作小组的行为规范符合公司要求
4. 我的工作小组会刻意与其他小组融洽相处
5. 我的工作小组时刻维护公司形象
6. 我的工作小组会参加并支持公司的各种联谊、会议等
7. 我的工作小组会主动参与公司的变革行动
8. 我的工作小组会向公司提供相关的意见建议
9. 与其他工作小组相比,我的工作小组出勤率较高
10. 我的工作小组会主动向其他小组介绍自己的工作经验
11. 我的工作小组会积极进行内部变革,以谋求公司最大利益
12. 我的工作小组会与其他工作小组联络与沟通
13. 我的工作小组关心小组成员的个人生活问题
14. 我的工作小组会帮助小组成员解决生活中遇到的困难
15. 我的工作小组会给其他工作量沉重的小组提供支援
16. 我的工作小组会帮助遇到困难的其他工作小组的成员

附录四:群体公民行为前因与后果变量问卷条目

(1) CPM 领导行为量表
我的主管能公平地对待下级
我的主管能客观地评定下级的工作成果
当工作出了问题时,我的主管对下级没有不恰当的责备
我的主管任人唯贤,不嫉贤妒能
我的主管不给人穿小鞋,不搞打击报复
我的主管先人之苦,后人之乐
我的主管严格对待完成任务的期限

当情况发生变化时,我的主管能灵活采取应变措施

当需要决策时,我的主管敢于拍板

(2) 程序公正氛围量表

(提示:下列条目涉及贵部门薪酬发放的程序,主要考虑那些程序涉及的范围和程度)

那些程序在我所在部门能够得到一贯施行

那些程序在我所在部门不带有偏见

部门成员能够对那些程序发表意见和想法

那些程序符合伦理的和道德的标准

(3) 任务依存性量表

在工作中我同他人的工作关系很密切

我必须经常同他人一起努力

我自己的绩效依赖于来自他人的准确信息

我工作的方式对他人有重要影响

我的工作要求同他人很频繁地进行协商

(4) 人际信任量表

我们有共享的关系,成员之间可以自由地分享彼此的想法、感受和希望

我可以自由地与小组中其他成员交谈我在工作中遇到的困难,并且知道他们愿意倾听

如果我们小组中的某个人被调离并且再也不能与我们一起工作,我们都会感到失落

如果我和小组其他成员分析我遇到的问题,我知道他们会做出建设性的、同情的回应

我们小组中的同事做工作既专业又投入

根据我们小组成员的工作记录,我没有理由怀疑他们的工作能力和条件

我信赖我的小组成员,他们不会出现工作疏忽而加大我的工作难度

包括那些不是我们小组成员亲密朋友的大多数同事,都信任并尊重我们小组的成员

那些必须与我们小组成员交流的同事都认为他们值得信赖

(5) 群体凝聚力量表

我喜欢其他成员

我把其他成员看作自己的朋友

我们工作小组的凝聚力很高

我觉得我们的工作小组具有团队精神

（6）群体与组织目标的一致性量表

我们工作小组的优先目标与公司的优先目标相似

我们工作小组与公司有相似的工作目标

我们工作小组与公司的工作目标没有差异

（7）工作满意度量表

我觉得和其他公司做类似工作的人相比我的工资比较高

我对自己的工作环境很满意

我的工作具有挑战性并且有一种成就感

（8）离职意向量表

在不久的将来，我很可能会离职到其他公司上班

我经常想离开现在的工作

如果有机会，我很有可能去做新工作

（9）员工组织承诺量表

即使公司效益差，我也不会离开

我对公司感情很深厚

我愿意为公司贡献全部心血

（10）群体效能量表

我所在小组是非常具有胜任力的

这个小组做事非常有效率

这个小组能够把工作做得很好

（11）个体组织公民行为量表

我愿意帮助新同事适应工作环境

我的同事愿意帮助其他同事解决工作中的相关问题

我的同事愿意在需要的时候分担其他同事的工作任务

（12）个体任务绩效量表

和同事相比，我的工作成绩比较优秀

我的领导对我的工作成绩比较满意

同事对我的工作成绩评价比较高

我的工作成绩经常受到单位的表扬

附录五：质性研究中收集资料所使用的访谈提纲（摘要）

您好。我是×××，是暨南大学管理学院的博士研究生。本次访谈，是为了了解您所在的工作团队或者部门在过去的一年中，为了促进整个公司的正常运作与

发展,都做过哪些不属于本部门职责范围内的事情。您只需要详细向我们描述两次成功实施和两次不成功实施的事件即可。我向您保证,谈话记录仅供我们研究人员分析所用,在整理谈话内容时,也绝对不含有您的名字,并去掉您所谈到的所有单位、部门和个人的名字。整个过程大概需要一个小时。

下面请您仔细阅读您手中的访谈提纲(内容与本提纲基本一致,只是删去了里面的详细问题并留下空白以利于被访谈者做标记),我们将按照提纲上的内容展开讨论。当然,您也可以在你手头的提纲上作一些简单的标记,以提示您的谈话内容。有不明白的地方请向我们发问,谢谢!(*停顿大概十分钟*)

一、最成功的两次群体公民行为

在您日常工作中,您肯定参与了很多以工作群体为主体所实施的,虽不属于本部门明确职责范围内,却会对整个组织有益的工作。如果您觉得可以,希望我们可以分享一下。(*随时注意被访谈人的发言内容,尽量不要打断,如果出现偏离群体公民行为主题的内容,择机引导!*)

1. 第一件事

(1)是什么事情?为什么会发生?都涉及哪些部门和哪些人?

(2)您当时头脑中都想到了些什么?当时的感觉如何?

(3)您的工作团队或部门当时肯定会想到采取一些具体行动,为什么想采取这些行动?

(4)您的工作团队或部门实际上做了些什么?您认为这其中最关键的原因是什么?

(5)采取行动之后的结果如何?

(6)您认为您所在的工作团队或部门之所以采取这种行为的原因还包括哪些?

2. 第二件事(*引导问题与第一件事一致*)

二、最不成功的两次群体公民行为

当然,任何事情都不可能一帆风顺。您所在的工作团队或部门在实施这种行为时,也可能会有一些不成功的经历。希望您能对这样的事情选取两个实例进行一下阐述。

1. 第一件事

(1)是什么事情?为什么会发生?都涉及哪些部门和哪些人?

(2)您当时头脑中都想到了些什么?当时的感觉如何?

(3)您的工作团队或部门当时肯定会想到采取一些具体行动,为什么想采取这些行动?

(4)您的工作团队或部门实际上做了些什么?您认为这其中最关键的原因是

什么?

（5）采取行动之后的结果如何?

（6）您认为您所在的工作团队或部门之所以采取这种行为的原因还包括哪些?

2. 第二件事（引导问题与第一件事一致）

三、综合及结束

您觉得为了促进工作团队或者部门,为了促进整个公司的正常运作与发展,而去做那些不属于本部门明确职责范围内的事情,应该从哪些方面加以努力? 具体措施包括哪些? 哪些因素会影响这种行为的产生?

这次访谈耽误了您很长的时间,向您表示抱歉,再次对您的参与表示感谢,如果在以后的研究中有需要麻烦您的地方,还希望您能继续予以帮助。谢谢!